北京体育大学“211 工程”三期“世界体育发展”重点学科建设项目资助出版

从仪式到纪录：现代体育的本质

［美］阿伦·古特曼　著
花勇民　钟小鑫　蔡芳乐　编译
袁　旦　审译

北京体育大学出版社

策划编辑　力　歌
责任编辑　张　力
责任校对　罗乔欣
版式设计　博文宏图

图书在版编目（CIP）数据

从仪式到纪录：现代体育的本质/（美）阿伦·古特曼著；花勇民等译．－北京：北京体育大学出版社，2012.7（2023.9 重印）
ISBN 978－7－5644－1030－8

Ⅰ．①从…　Ⅱ．①古…　②花…　Ⅲ．①体育运动－研究－美国－现代　Ⅳ．①G817．12

中国版本图书馆 CIP 数据核字（2012）第 149710 号

从仪式到纪录：现代体育的本质

[美] 阿伦·古特曼　著
花勇民　钟小鑫　蔡芳乐　编译

出版发行：北京体育大学出版社
地　　址：北京市海淀区农大南路1号院2号楼2层办公B-212
邮　　编：100084
网　　址：http://cbs. bsu. edu. cn
发 行 部：010－62989320
邮 购 部：北京体育大学出版社读者服务部 010－62989432
印　　刷：三河市龙大印装有限公司
开　　本：710mm×1000mm　1/16
成品尺寸：240mm×170mm
印　　张：15
字　　数：242 千字
版　　次：2012 年 7 月第 1 版
印　　次：2023 年 9 月第 6 次印刷
定　　价：40.00 元

作者的话

1927年，哲学家马克思·舍勒[1]在给一本早期运动心理学著作作序时曾感叹道："如今几乎没有哪一种国际现象能像体育这样值得学者做深入的社会学和心理学的研究。虽然体育的范畴一直在无限地扩大，体育的社会地位也在无限地提高，但体育的内涵却很少得到严肃的对待。"50年后的今天，体育仍然处于饱受争议但却又最少被理解的认知之中。公众之所以对体育不甚了解，原因之一是公众对体育的熟知似乎使体育的意义显而易见，但事实并非如此；另一个原因是研究体育的哲学家、历史学家、社会学家和心理学家主要只和业内人士交流，其著书立说的读者对象并非普通民众。

我希望本书能向读者系统地阐述现代体育的本质，并向他们呈现出美国体育项目的独特之处，以及与其他项目的相似之处。需要特别指出的是，我尝试界定游戏、有组织的游戏、竞赛和体育之间的关系；试图展现现代体育与原始体育、古代体育与中世纪体育的不同之处；说明现

[1] 马克思·舍勒（Max Scheler，1874—1928），德国哲学家和社会学家，也是哲学人类学的主要代表。舍勒在现代西方哲学中占有特殊地位。他本人也常常被看作是一个"谜"。这是因为，这位被称为德国哲学界自谢林以来的又一位神童，在其30年学术生涯中几乎涉猎了现象学、伦理学、宗教哲学、知识社会学、哲学人类学、形而上学、社会批判和政治思想等现代精神科学的各个领域。

代体育产生的社会条件；对美国特有的体育项目——棒球和美式橄榄球加以评论；最后，尝试着深入分析美国人更偏爱于团体运动而非个人运动的原因。

我希望本书不仅能引起体育界专家的兴趣和关注，也能引起普通民众的兴趣和关注。我尽最大的努力阐述、解释和说明问题，既不使其复杂化，也不使其简单化。如果我成功了，我大部分的功劳应归功于我身后众多同事和朋友们。他们赋予了“学术界”（Community of Scholars）新的含义。对于他们的种种帮助，我深表感激。我要感谢 Ralph Beals、Yves 和 Nicole Carlet、Haskell Coplin、Friederike Dewitz、Peter Graham、Robert Grose、Ommo Grupe、Herbert 和 Mary Jim Josephs、Gerald S. Kenyon、Hans Lenk、John Loy、Tracy Mehr、Edward Mulligan、Russel Nye、Jack Salzman、George Stade、David Turesky、Horst überhorst、Harod VanderZwaag。此外，Doris Bargen、Jan Dizard、Frederick Errington 和 John William Ward 通读了书稿，并提出建设性的意见和建议。德国体育科学基金会[1]和美国全国人文学科捐赠基金会[2]对本研究提供了大量的经费资助，在此一并感谢。

阿伦·古特曼

1978 年 1 月

[1] Deutsche Froschungsgemeischaft

[2] National Endowment for the Humanities

中文版序

1969年初的寒冷的一天，我在柏林奥林匹克体育馆观看了一场足球赛。那时，我是一名富布莱特交换教授，在德国波鸿（Bochum）的鲁尔大学（Ruhr University）执教。在那以前，我从来没观看过一场足球比赛，五万德国人共同欢呼的场面和喧闹声对于我来说是新奇的。确切地说，这样的场面对我而言是一种异文化现象。那时我就决定研究美国体育与欧洲体育之间的差异。为什么欧洲小男孩是踢足球而美国小男孩却是打棒球和橄榄球呢？关于美国文化和欧洲文化之间更为深刻更为重要的差异之处，这一运动项目的差异能够告诉我们些什么呢？那一瞬间，这些问题不断地涌现，由此有了9年后《从仪式到纪录》的出版。

在我开始为《仪式与纪录》做认真的研究以前，我还必须先完成那时我正在写的一本书。那是一本研究美国犹太作家的书，1971年出版了，在那之后，我准备好了研究美国体育与欧洲体育间的差异。我开始进入到一个对于我来说全新的领域，那时我在马萨诸塞州阿默斯特大学的家中。我阅读的第一本书《体育、文化和社会》（1969），是由约翰·W·罗伊（John W. Loy）和杰拉尔德·S·肯扬（Gerald S. Kenyon）编辑的一本文集。那时我尝试着阅读该书参考文献中所列出的所有学术著作。这是一个很好的方法，因为罗伊和肯扬都是那个时期最重要的体育社会学家。为了文集的编辑，他们搜集了体育研究中的最优秀的作品。我努力读完《体育、文化和社会》中所有的参考文献（除了两篇找不到的文章之外），并且努力在回到德国之前完成，因为作为富布莱特交换教授，1973年到1974年间，我需要回到德国。那年我在图宾根（Tübingen）执教，广泛地扩展了研究的历史范畴。充分利用大学图书馆以及体育学院资料室中的资源，我研究了原始体育、古代体育、中世纪体育和现代体育。正如教育专家所说，这是一次“学习的体验。”1976年末，研究完成了，我改变了我的整个计划。我意识到，真正重要的文化差异并不在于我之前所想的欧洲与美国之间的差异，而是在于过去与现在之间的差异。换句话说，我意识到，17 世纪末 18 世纪初源于英国的现代体育，与之前任何时期的体育在结构上都存在着极大的差异。差异之处并不在这里与那里，而在历史与现在。因此，我按时间顺序组织《从仪式到纪录》而不是按地域差异。我系统地对比了现代以前的体育和现代体育，并得出了现代体育的 7 种特征。我认为，如果用一句话来概括本书的主旨，那就是——现代体育具有 7 种特征，这 7 种特征一起定义了现代体育。作为“理想形式”，现代体育是世俗的、平等的、理性化的、科层化的、专门化的、量化的并且对纪录的追求特别痴迷。（很多年后，我意识到，我本可以将科层化、专门化以及量化归入理性化中，这就只剩下世俗、平等、理性化，以及对纪录的追求四个特点，但是要重新修订已经太晚了，我在其他书中已经使用了之前的 7 种特征的说法。）

我在《从仪式到纪录》的前半部分对此论题进行了阐述，被广泛地接受了，当然也被广泛地批评。本书的第二部份，要稍微逊色些，对欧洲体育和美国体育之间的差异进行了后续讨论，当然，这是我在 1969 年原本非常感兴趣的话题。希望能使读者更专注于现代体育特征部分，我加上了一个副标题《现代体育的本质》。

我没有意识到我研究的范围是如此地有限，尽管这要比我最初在 1969 年所想的要广泛得多。那时，我对美国和欧洲的历史非常了解，但我对世界其他地区真的知之甚少。我知道一点关于 20 世纪中国的政治史，但是我却并未认识到中国体育史的丰富多彩和十足魅力。这一无知绝对是《从仪式到纪录》的缺陷之一。（另一缺陷是对文艺复兴时期欧洲体育的忽视。）

1980 年夏，在为期 6 个星期日本讲学期间，我开始弥补我在亚洲文化方面的重大缺陷，那时，我妻子桃瑞丝·巴根（Doris Bargen）开始她作为日本历史与文学学者的职业生涯。从 1985 年至今，我和她每年至少有一个月呆在日本。在此期间，我学习日语并能够阅读体育史。2001 年，我与李·汤普森（Lee Thompson）一起出版了一本有关日本体育史的书，李·汤普森的日本体育知识远超于我。

那时，看着我那几千页关于体育的笔记，我决定以那本某种意义上开启我事业的书来结束我作为一名体育历史学家的生涯。我决定写一本关于世界体育的社会文化史，从体育产生的时期开始一直到现在。成果就是《体育：第一个五千年》（2004）。副标题具有讽喻意味。我用副标题来承认，没有哪个人可能如此渊博来完成这么一个宏大的命题。

我是否取得了部分的成功，应由他人来评判，但是我可以说的是，《体育：第一个五千年》所做的研究给了我一个机会探索中国体育史的广阔天地，从史前足球赛到唐朝的马球赛到20世纪早期的篮球联赛再到当代中国男女运动员所取得的非凡成就。（很遗憾的是，这本书是出版于中国成功举办2008年奥林匹克运动会之前。）

当然我并不是中国体育的权威人士，但是我能够回应苏珊·布朗诺（Susan Brownell）这一真正权威人士所做出的批评。她指责欧洲和美国体育史学家可耻地忽略了亚洲体育。她指出，用英语、法语、德语和意大利语写作的学者写出了一整个图书馆关于古希腊罗马体育的书，却仅仅写了一点关于20世纪以前中国体育的书籍和文章。当然，她是对的。情况非常糟糕，以至于当我为《体育：第一个五千年》做研究的时候，我不得不通过艰难地阅读一本日本出版的关于中国体育的书来弥补我研究的不足。我回应布朗诺的批评，明确地告诉她，在《体育：第一个五千年》一书中有很多内容是关于古代中国和日本体育方面的，如同我写关于古希腊罗马体育一样。我对此很自豪。

更重要的是，我很感激花勇民教授将《从仪式到纪录》翻译成中文。他给我了一个很珍贵的机会，一个承认该书文化的局限以及间接地偿还对中国学者所欠下的债务。

阿伦·古特曼
阿默斯特，马萨诸塞州
11月29日，2011年

译　　序

袁　旦

【编者按】为了使读者能够更好地阅读和理解本书的内容，译者请国内著名学者袁旦教授特为此书中文版撰写译序，此文以《时代呼唤人文体育价值观和工具理性价值观批判——从一本西方体育学者著作说起》发表在《天津体育学院学报》2012 年第 1 期。

一

阿伦·古特曼教授的《从仪式到纪录：现代体育的本质》一书是一本主要从文化人类学视角探讨、揭示现代体育本质的体育学著作，1978 年出版后被翻译成法、德、意、日、韩等文字在各国出版。2004 年，本书出版 26 年后，作者对原文未作改动，仅添写了一篇后记，又再次出版。在今天这个信息爆炸时代，新的体育理论著作层出不穷，它依然醒目地立于其中，足见当年作者对人类体育所立之论的价值。笔者是在 7 年前（2005 年春）听说本书的。那是本书主译者花勇民博士[1]赴瑞士高访归来与我首次会面时谈到的。

我们能够在分别两年后首次会面便认真谈起本书，绝非偶然。首先，当然同这一著作本身有关，勇民告诉我他在瑞士期间与多位体育学术界、体育管理机构重要人士接触中，他们都介绍到这本书，而且之间的讨论还直接涉及到本书的观点、内容。其次，当然是我们自己的缘故。这与此前多年我同他以及多位体育管理研究方向的硕士、博士研究生在课上课下的讨论有关，同我们讨论建立的共识有关。我们讨论有一个共同的前提：现

〔1〕 本书由花勇民博士率文化人类学硕士研究生钟小鑫、英国文学硕士研究生蔡芳乐翻译。

代体育的管理是现代社会生活中一个特殊活动领域中的管理活动，从逻辑上讲，它是现代管理学一般原理在这种活动中的应用，所以不关注、不去把握体育学理论的进展，这和不关注、不去把握现代管理学一般原理的进展是一样的，都谈不上什么体育管理研究，谈不上什么正确、科学的体育管理。用一句显得粗鲁的话来说："你不懂体育，奢谈什么体育管理!" 此其一。其二，在我们看来，现代体育离不开管理，离开了管理就不可能有现代体育这种规模如此宏大的人类文化活动，而现代体育管理的正确理念却离不开正确的体育学理论，确切地说是离不开管理者对人类体育的正确理解、热爱和因此从他高尚人格和机敏之中升腾出的使命。总之，离不开对人类体育的正确认识或理解，离不开体育学。基于此，所以我们一向不敢不关注体育学理论的进展，我们聚首每每言及体育管理和体育的发展总要谈到体育学。其三，尤其在我们看来，现代体育发展是关系整个现代社会文化发展的问题，因而也是对人们的生活和生命有着不容忽视的深刻影响的问题。所以，人们对现代体育的理解和认识本身就是社会文化问题：它一贯在社会结构各个层面左右着人们的生活与体育的关系；因而，反过来，这种关系又一贯从这个方面影响着整个社会与文化的发展。但是，我们这方面的研究这些年来却恰恰落在体育学术研究这个圈子的边缘上，相当薄弱。像古特曼这样把对人类体育的研究推进到像他这本书的题目《从仪式到纪录：现代体育的本质》所表明的那样，在文化人类学的层面来揭示体育的本质回答体育"是什么"或"应该是什么"的问题，这种有影响的成果，至少我是未曾见到的。正因为此，我们分别两年后，一见面就自然要谈到这本书了。

二

现在看来，中国体育和体育学术的发展确实需要我们认真反思了。而且在我看来，若是反思就不逃出世纪末（1999）费孝通先生给一套社会学教材译丛作序时提出的"文化自觉"的问题。先生说：

21 世纪不会是一个平静的世纪，全球化增进了不同国家、不同文化之间的接触与交流，同时在相互碰撞中也隐藏着矛盾和冲突。我们需要了解其他社会的制度、文化、价值观念、行为规则，也需要认识我们中华文化的发展历史和精髓，逐步在比较研究中更深刻认识自己与他人，真正做到中国人的文化自觉。[1]

稍后2002年，先生在给一套人类学经典译丛作序时更说：

我曾经用“文化自觉”来形容中国文化在新世纪中所要承担的使命，“文化自觉”就是要在了解自身文化的基础上展望世界，对于自身在世界之中的地位“有自知之明”。[2]

人类体育的研究早在上世纪中叶就推进到文化人类学的高度和深度，但就我们的情况而言，不说那时文化人类学在中国的人文、社会学术研究的合唱中遇到了长达多少年的一个休止符，就说体育是不是文化，直到今天也还打着问号。譬如，尽管中国体育已有那么多令世人瞩目的成就，但对体育和体育人的所谓“头脑简单，四肢发达”的讥讽说法，在体育的业内外至今仍不绝于耳。在我看来，人类文明已经来到了21世纪的今天，我们生活其中的这个世界居然还会发生这种鄙视体育的事情，是不是说明这个世界有问题呢？体育真的不能登文化大雅之堂吗？时至今日，说起文化，人们心中竟还不把体育置于其中给它个合适的地位，动辄还把体育玩笑成本能般低级之列，那么这样所说的文化算是什么文化（当然也是文化）呢？我看，这无疑是我们生活其中的这个世界或者说现代体育赖以存在的文化环境对自己的一个讽刺。于是，我感到，我们似乎因此同本书的作者走到一起了。你看本书的前言，作者开宗便道：

1927年，哲学家马克斯·舍勒在给一本早期运动心理学著作作序时曾感叹道：“如今几乎没有哪一种国际现象能像体育这样值得学者做深入的社会学和心理学的研究。虽然体育的范畴一直在无限地扩大，体育的社会地位也在无限地提高，但体育的内涵却很少得到严肃的对待。”50年后的今天，体育仍然处于饱受争议但却又最少被理解的认知之中。公众之所以对体育不甚了解，原因之一是公众对体育的熟知似乎使体育的意义显而易见，但事实并非如此。[3]

作者此说至今又过去了30多年，我们的所遇所见仍是那样的相类似。这显然说明，实际上我们生活其中的这个世界的文化一贯在质疑着人类的体育。这是不是说明，现代文明自身内部，体育的背后一直存在着什么问题，从而影响着体育也影响着整个社会文化自身呢？

---

〔1〕《高校经典教材译丛·社会学》总序，华夏出版社，2000年

〔2〕《现代人类学经典译丛》总序，华夏出版社，2002年

〔3〕［美］阿伦·古特曼，《从仪式到纪录》前言

这里实际上提出了一个各国、各民族共同面对的文化自觉的课题，反思、追问和评价体育同社会文化间关系的课题。这是对体育和社会文化发展有着不容忽视深刻影响的课题。这个反思、追问和评价尤其要在不同历史和现实的文化之间相互比较中进行，才有利于真正提高我们对体育的文化的自觉性，得以自知之明，才对各种社会文化以及其中的体育的发展都具有积极的意义。

三

一旦为此而进行这种反思、追问和评价，尤其要在不同类型的文化间的比较中来进行，这当然要有一个合理的评价标准。看来，这个标准肯定同我们对体育本质的认识或主张联系在一起。

因为，从逻辑上讲，同一切事物一样，体育的本质作为一个人认为它之所以是体育而不是别的什么的理由，就是他认为体育在同一切其他事物的相互比较和相互联系中而存在的根据。所以，它是人们的体育价值观念和行动性质的集中反映。这在不同的人或不同性质的主体（例如个体、社会组织和国家）那里往往很不一样。你给体育下的定义不同，就是你认为它存在的理由和根据不同，于是同体育的关系便也不同了。譬如：对于个体而言，是体育同他的生活；对于把握权力和公共资源的政府官员而言，是体育同其行政辖区经济、社会的发展；对于体育企业的业主而言，是体育同其企业的经营方向和内容性质；对于体育研究者而言，是体育同其选题、研究方向和内容的性质；对于大众传媒而言，是体育同他要对公众传播或鼓吹什么的方向和内容的性质，等等就都不同了，体育因此在这些关系中的地位和命运就都不同了，社会文化的命运（至少是它的样态）也不同了。所以，由于体育本质的认识或主张（不论人们自觉与否）带来的社会生活中体育的地位、命运，以及由此造成的社会文化的命运，不是一个理论问题，而是一个实践问题。它并不是理论家、伟人、圣人说它是什么就是什么，也不是官方权威文件说几句大话就能规定下来或交代清楚的。它以人的生活境遇为转移（比如穷人和富人），它是人们生活本身的问题。不过说清它却要有理论。尤其，要把体育的发展导向正确合理的方向和路径，如果要使体育不致成为亚当·斯密所说的“理性人”的无理性冲动行为，则就必须依靠理论。因此，它这才是一个既理论又实践的问题，它是“理论—实践”关系问题的总根源或总前提。而联系我们体育的历史讲，我们过去究竟是怎么理解或认为体育的本质和它在中国社会存在的理由和根据的？今日中国的社会转型，体育赖以存在的政治、经济条件已从根本上改变，则这个既理论又实践的问题、社会文化观念问题是不是因此便十分突出地摆到了我们面前？答案显然是肯定的。

可见，正因为人们种种体育本质的观念和理论对他们生活和生活中的体育实践都会产生具有决定性的重要影响，显然不是现实生活中任何一种体育本质的理论或主张都可以当成标准的，否则体育究竟应该在人们生活中居于何种地位，社会文化因此究竟应该怎样发展就更没有标准了，简直成了一种“公说公有理，婆说婆有理”的事，根本无法比较，也无需比较，这就离开文化自觉更远了。所以，以上分析只说明了一点：虽然进行这种研究离不开对于种种自觉或不自觉的体育本质的理论和观念的研究，但更要在不同类型文化的比较中进行反思、追问和评价，找到一个对于公婆之理都可以进行合理评价的更高的理、更高的标准。而且，这个标准一定是有的。

因为，朝宏观方面看，现代体育是一种超越种族、民族和国家政治、经济和文化传统差异的跨文化的存在；而且朝微观方面看，它在一个民族、一个国家或一个有限地域（社区）中，也是一种超越不同性质人群的亚文化差异的普遍存在。所以，这种标准必然是由人性深处的共同本质和需要所决定的，是它所决定的人们对现代体育的普遍价值评价，就是基于这种普遍价值评价之上的最普遍、最一般、最抽象的现代体育的本质。只要我们承认这一点，事情就是这样。

我以为，就此而言，古特曼在这方面的工作是富有成效的，他在《从仪式到纪录：现代体育的本质》一书中一反我们惯见著述中的方法：每每论及体育的本质（尤其在教科书中）总是把各位大家、名人和权威的理论（甚至只言片语）当作预设的前提来就体育论体育，说体育的本质“是这”“是那”，然后综合一下、平衡一下给学生端出一个定义。人们无法从中得知它同人的生活和生命的真切关系，因而不知它有何用处。古特曼在书中就像现象学所说的“回到事实本身”，通过叙述古今一些个体和族群生活中的本能游戏和祭祀仪式、艺术表演和体育竞赛的史实故事，从叙述过程中显现出人性深处那种创造古今体育的原始思维，正是在此基础上，他进一步抽象和概括出了现代体育的本质和本质特征。他这本书的标题就是“现代体育的本质”，他仅从体育属于人的游戏这一不证自明的常识出发，在叙事中展示出人类体育从本能的游戏（play）到人类有组织的游戏

(game) 这个体育起源的必然性，展示出古代或前工业社会的体育（如果说是体育的话）到现代体育这种文化演进的历史必然性，从而给出了现代体育本质的定义。古特曼说，现代体育是一种普遍且特殊的非功利性身体竞赛。[1]

在我看来，很明显，古特曼在书中揭示的现代体育本质定义和与此相联系的现代体育 7 个本质特征，就是我们所说的在不同文化间的比较中进行反思、追问和评价的标准。

四

我对古特曼现代体育定义中所说现代体育的非功利性最感兴趣，书中他所揭示的现代体育的 7 个本质特征可以说都在说明这种非功利性活动区别于以往各时代体育的普遍性和特殊性的所在，当然是重要的。我感到，以现代体育的非功利性这一根本性质来考察现代体育，我们甚至直接可以在现代社会的"现代性"[2]这种复杂联系中把握现代体育在人和社会生活中应有的地位和它对于人和社会应当具备的本质的功能和本真的价值。

我们生活在其中的这个在理性主义和科学主义左右下发展的现代社会，分工又分层，简单地说：分工使人们成为各职业领域的专业劳动者，炼钢的不织布，织布的不炼钢……分层至少有了蓝领和白领，蓝领的动体力，白领的动脑力（当然不能忘了还有发号令的和听号令的）。这样纵割横切，构成了现代社会各种职业活动领域、各种专业劳动组织，有人形容这把社会撕成了碎片。当然，从整个社会看，这些碎片又形如有机生命体中的一类有别于血液循环和神经系统的器官组织，胃是胃，肝是肝，各干各的，谁都替代不了谁，但又谁也离不开谁。用涂尔干的说法，这是社会的有机团结，[3] 他们要相依为命。但说到其中一个个活生生的人，他们就被碎片整苦了，为了活命，他们一概起码都要在一个不管什么碎片中从事一种职业的专业化劳动，从而获得生存所必须的物质资料，总之，都要从事一种功利性活动。显然，如果一个人为了活命而不得不一辈子只从事这种功利性活动，则不客气地说，固然他是一个人，但他至多不过是以人的聪明活

---

〔1〕［美］阿伦·古特曼，《从仪式到纪录》第三章

〔2〕江明安，陈永国，张云鹏主编《现代性基本读本》，河南大学出版社，2005 年

〔3〕［法］埃米尔·涂尔干《社会分工论》，生活·读书·新知三联书店，2000 年

了动物般的一生。于是，这就无异于他不得活命其中的社会碎片不仅把他囚禁了，而且还把他抽象化了。就是说，一个人不得不活命其中的碎片只对他专业不专业、专业劳动效率高不高感兴趣，不考虑别的，撇去他作为一个人的七情六欲，把他抽象成工人、医生等等，总之，他（她）只是一个从事不论什么职业的职业人。因而在其中，人就不再是一个活生生有血有肉、有知有情有意的具体的人、完整的人。用马克思异化理论来说，他只是作为一个工人，而不是人而存在的，[1] 他从来就不是一个完整的人，他从来就没有也不可能占有和享受自己作为人的人性本质——自由。并且伴随着社会现代化的进程，这种情况还越发严重起来。当然，任何被剥夺了自由的人都不会就此甘心，所以就像马克思说的，他一有可能就像逃避鼠疫那样逃避劳动。[2] 但问题是，怎么办？怎样使自己人性的自由本质得以确证，从而真正占有和享受作为人的自由本质？怎样使自己恢复人的完整性？当然一个重要的途径就是只要不为生存问题所困，一有可能，哪怕是短暂的，人就在人性自由本质力量推动下，进行从本能达于文化的种种非功利性活动，从而为自己的生活和生命创造价值和意义，从而在种种非功利活动中占有和享受人性的自由本质，从而使自己的生命成为一种向着未来开放的、有着无限可能性的、自由的过程。

我以为，这正是现代体育以其非功利性本质为根据，从而在现代社会生活复杂联系中，得以产生和发展的根据。这种根据直接源自人性的自由本质。人类体育的起源可以追溯到人类的原始时代，它应当受到尊重、必须受到尊重。因为，人作为一个类的存在，自其诞生和在远古蛮荒的时代，我们的原始先祖在挣脱自然的控制而成为人这一方面，除开谋求生存的劳动，最初或首先可能的行动看来就是在身体上做“文章”，创造身体文化，创造身体运动文化（既手舞足蹈，又歌咏呼号），我把这称作“原始身体运动文化”[3]或“原始身体运动文化综合体”，其中一开始就包含着体育的因素或原始的体育。人把从自己动物性中继承的本能游戏（play）上升

---

〔1〕《马克思恩格斯全集》，42卷第104页，人民出版社，1979年

〔2〕同上，第94页

〔3〕原始身体运动文化。原始时代人们以身体运动方式进行的非功利性的活动，以此为生活和生命创造价值。故是文化而非本能。它存在于远古时代人的神圣祭祀仪式和世俗生活之中，融体育和舞蹈、歌咏、音乐演奏、戏剧、杂技等各种表演艺术活动的因素，故又可称原始的身体运动文化综合体。而今日分门别类的所有这些活动都是进入文明时代后，在文化演进过程中从中分化产生的，近年这些活动又相互借鉴，出现融合之势。

到有理智的有组织的人的游戏（game），甚至还打扮自己、创造仪式，在游戏中对自己进行审美，在审美中占有和享受人性的自由本质。我看，相对于为谋求生存的劳动这种功利性活动而言，所有这一切和后来从中分化产生的体育等等，简直就是人的非理性的狂野的身体运动的力能蛊惑人的意识而共谋的一种为自己生命创造价值和意义的非功利性的活动。它同人的本质是那样最直接、最密切地联系在一起，它是人的自由本性发动的活动，在现代它是人的自由本性反抗劳动专业化剥夺人的自由、把人碎片化（抽象化）最积极的一种力量。并且从原始到现在，到永远。难怪，200多年前，诗人、哲学家席勒就说："只有当人在游戏时，他才是完整的。"〔1〕

多年前，我们在讨论西方体育时我曾说过，如果我们以社会学的观点视其历史，西方现代体育的成长和发展方式与半个多世纪以来中国之不同也许就在于：它在很大程度上是独立于国家或政府的，是从西方现代资本主义市民社会的民众生活中自发地自下而上成长和发展的产物，是市民社会生活的一个有机组成部分，它是市民社会中一种有别于前现代社会传统体育的新的生活方式。它与传统西方体育一个重要的不同就在于：它终于彻底地摆脱了依附于社会生活中其他活动（如宗教祭祀、节日庆典、劳动生产和军事训练等等）而存在的状态，成为一种独立的实践登上了人类社会生活舞台，成为了工业文明社会的一种城市文化。特别是它更成为了整个社会大系统中的一种制度化的文化活动，并且形成了与工业社会价值观念生活方式相适的制度。因此，如果我们以现代系统论观点视其结构，则这种制度化的文化活动作为社会大系统中的一个子系统，它应该是一种全社会的通体性结构，或者说发展成为社会有机体中的通体性结构是它结构成长的方向：一个个活生生的人，他们的人性自由本质的力量，突破社会分工的禁锢——消除分工使他们失去自由和把他们抽象化、碎片化——的冲动和意志，是推动这个结构形成的始原的动力；越来越多的人投入体育从事对自己生活和生命进行创造，并使这种活动成为每一个人不容剥夺的权利；因而使体育嵌合而不是嵌入（embed not inlay）到社会文化大系统中，成为一个开放的、多层次的、网络化的，像血管、神经般伸展、渗透到社会有机体各个组成部分人们生活中的通体性结构。

这么看来，在体育的结构朝着这个方向发展的过程中，当然会像舍勒早就看出的那样，它的范围无限地扩大、地位无限地提高。而舍勒和古特

〔1〕（德）席勒，《审美教育书简》第48页

曼指出，“体育的内涵却很少得到严肃的对待”，它“仍位于……最少被理解的现象之中”，“公众对体育熟知似乎使体育的意义显而易见，但事实并非如此”。这种懵里懵懂的情况不能不算是体育和社会文化的一种可悲现象。

如果以上的分析和归纳可以接受，则是不是这也回答了前面对于现代文明的文化提出的问题：现代文明社会内部分层和分工的发展所产生的凌驾于个体和人群之上的资本和权力同人性的自由发展之间的紧张对立，反映在哲学上则是理性主义同人的非理性一面之间自始就存在的紧张对立，而且，在这对立的两极中，前者总是在不断对后者进行挑衅。长期以来，许多人不懂得人是有非理性一面的，不懂得“人类的辉煌之处，正在于能够凭借本能，但不囿于本能，并超越本能，达到理性升华”。可是，“夸大理性的理性主义”总是对人的非理性一面进行挑衅，更多地方人们把非理性直接视为荒诞无稽、视为“夸大非理性的非理性主义”，[1] 一概加以贬损、鄙视。因此，这种紧张对立和挑衅当然不利于体育，因而不利于人和社会文化的发展。所以，从最抽象的意义上讲，人类的体育因与人的本能——人的非理性的狂野的身体运动的力能——有着最直接、最紧密的联系，所以它是从人性自由本质根基之处发动的，是人的自由本性对理性主义和社会分工不人道一面的压迫最彻底的反抗。而且还看到，理性主义不人道的一面总是不放过体育，它恰恰是在人性自由本质和人类文化最根基之处，在人的本能和文化最易模糊之处，进而歪曲两者（身体和意识、灵和肉）的关系，从而蔑视和鄙视体育，歪曲和利用体育。于是使体育的性质和地位在人们心目中、在实践中也似是而非起来。因此，如果说要文化自觉，则我以为这也许是今日各国、各民族文化和体育发展中共同面对和需要自觉的一个地方。

五

现代体育不是中国本土文化的产物。今日，我们中国人用汉语“体育”一词所指称的现代社会生活中我们所闻、所见和亲历其中的人的这种活动，从根本上说乃是19世纪中叶以后——在中国先进分子、社会精英为

---

〔1〕 夏军《非理性世界》上海三联书店，1997年，第4页

谋求民族解放和国家现代化引发的社会变革和转型的历史进程中——从西方国家传入中国的。

作为一个跨国、跨民族的文化交流和传播，它是那时以来成为强势文化的西方文化，西方文化中的一种身体文化、身体运动文化传入中国的过程。这一过程循强势文化向弱势文化区域传播的规律，相当长期中主要是由中国社会有可能与外国人、外国文化接触的精英（上层）人群充当引进和传播的桥梁，并且由他们自上而下地推动发展。尤其是后来又被置入计划经济的政府行政体制中发展，作为政府以财政资源向社会提供的公共服务。这个过程实际上是形同一株在西方工业文明社会文化环境（它的气候和土壤环境）中生长的植物，被移入中国农业文明社会文化气候和土壤环境中来培育的过程。所谓文化气候，是指人们的价值取向或对世事的价值评价体系，所以它也左右人们对其中各种事物（如体育）的价值评价和认同的性质、程度和基本态度，左右人们对它的取舍和把它当作什么等，这些观念的东西形同风雨冷暖变化影响着体育的发展。所谓文化土壤，即指经济、政治、社会提供各种事物（如体育）成长的资源，包括构成资源的各种元素的数量和结构，包括人力和物质技术资源乃至社会政治经济制度的条件。在社会文化环境中，体育确如植物具有自养性：它不仅具有从文化土壤中吸纳生长资源的功能，而且还具有在文化气候中进行如同光合作用的功能。如果这种比喻可以接受，则我们立即可以推知，在不同社会文化环境（气候、土壤）中现代体育的生存状态必有差异。并且事实也确实如此，若将中西体育进行比较，谁也无法否认两者的差异，而且它还使我们颇感《晏子春秋》说的“橘生淮南则为橘，生于淮北则为枳”的滋味。所以，从那时起，中国体育就是不断传入的西方体育与中国文化不断冲突、融合而受到中国文化气候、土壤改造的体育。我认为，其中文化气候的影响特别值得我们关注。

中国文化气候对体育有两个基本层面的影响：一是，体育在社会生活中人们对世事（轻重缓急）价值评价体系（价值取向）中的地位；一是在此基础上占主流地位的体育的价值评价或选择。这两者构成的我们生活中占主流地位的体育价值观念，它自始就深刻地影响着西方体育在中国生长的命运。中国人对自己最初直观到的陌生的西方体育——这种人们以如彼之高的身体运动负荷进行的、又无任何物质产出结果的活动——由于它同中国民间游戏和仪式活动、审美观念和习俗相违拗，因而难以理解，加之因为它很难融入“日出而作日落而息”从事繁重体力劳动民众的农耕生活方式，所以，中国普通民众对体育长期的低度认同，这是体育在我们价值评价体系中所处地位的重要特点。放眼整个中国，“这东西有何用处”？似乎长期以来都是多数人面对体育的第一个和最后一个问题。这个问题首先还是由有知识、有教养、以改造中国为己任的社会精英给予了答案。他们根据对于西方体育的直观印象、参与体验和科学分析，根据中国社会变革形势和需要，给出了一种逻辑：你看，因为……它可以强身健体；又因为……它可以强兵富国；特别因为……它更可洗雪列强加于我族的耻辱，为国争光。所以，从那时起，这种逻辑便构成了中国社会占主流地位的体育的价值评价和选择，并且受其左右，构成了长期以来中国体育的主流方向、目标和路径选择。这种选择的影响一方面随社会教育和文化传播的影响而扩大，另一方面又同教育、文化传播影响未及之处人们的低度认同（甚至完全不知不觉）混成了长期以来西方体育在中国生长的文化气候的主要特征。

很显然，这种选择是功利性的，但它一开始并不乏科学性。而且，在曾经的国际竞争格局中，经济、军事处于落后地位的中国，人要生存、国要安全，这是人们压倒一切的共同需要。因此，对于中国人，这种选择在相当长期中自然也是人性的，不乏人文关怀的。但是，面对今日之中国和世界，其价值、方向、路径的选择还能与往昔同日而语吗？这样下去，人本、和谐、可持续吗？答案当然是否定的。

无须讳言，今日中国体育发展的一个根本问题是路径依赖。就是说，它的发展观念基本上无视今日中国社会的伟大变革，无视变革带来的社会结构性变迁和转型已从根本上改变了中国体育赖以存在的条件，却依顺以往几十年乃至上百年发展所聚集起的巨大势能和惯性，朝着最初选择的方向继续运行着，好像离开了这条路就不行，好像不管好坏，中国体育只有这条路可走了。我以为，出现这种态势的根本原因就在于我们民族的文化同体育的关系有问题，是这种关系中产生的观念和固有利益格局构成的巨大势能和惯性。体育研究基本上也附庸其中。显然，这种情况现在确实需要我们认真反思了。

六

我以为，在以上的讨论中，提出了一个左右人类体育方向和路径选择的两种体育价值观紧张对立的问题：一是工具理性体育价值观，[1] 一是人文理性体育价值观。这两种体育价值观主张的体育当然都是对人的改造活动，它们实际上是由马克斯·韦伯揭示的现代文明中“价值合理性与工具合理性”[2] 紧张对立所塑成。

工具理性体育价值观集中反映社会生活中资本和权力主体对体育的需要和利益。它把体育当作实现经济、政治功利目的的工具系统，当作一个人们以种种技术形式（运动项目）进行的身体运动的集合，当作一个无人称的或非人格化的身体运动技术操作活动系统。或者说，体育是一个不论什么人都必须按照各种身体运动项目的技术规定性运作的系统，其中按照身体运动项目的技术规定性进行操作活动的人，都是为了实现经济、政治功利目的的工具。所以，他们都是被外在于人的自由本性的功利性目的驱使和驾驭、操控和规训的对象客体；他们实际上都以非主体性或者说非人格化为代价去从事活动，以获得生存的物质需要。其中，一些人所接受的有组织的运动技术教学、训练和参加的比赛等活动，实质上成为凌驾其上的组织把他们当作一种一再进行装配、调试和使用的机器。这种机器的装配、调试和使用过程高度强调科学规律性，是对人的一种科学化改造过程。而如果在政府行政管理和财政资源支持下，整个工具系统的规模可以十分浩大，堪称系统工程。其评价标准仅在于这样的改造过程的结果如何，仅在于它之对于实现经济、政治功利目的的效率和效果如何。所以，工具理性体育价值观所主张的体育，其全部活动的追求就止于或只在于韦伯所说的“工具合理性”。从而，在极端的情况下，这种体育中一些个体接受的运动技术教学、训练和参加的比赛便演化成为运用人类理性创造的科学手段强制地对他们身体运动能力实行最不理性、最野蛮、最暴虐的掠夺性开发的行径。

人文理性体育价值观与之根本不同，它代表的是活生生个人主体为实现自己作为人的最高价值的利益。这种观念中的体育不是工具系统，其中人们的活动不是由凌驾于这个工具系统之上的力量为实现经济、政治功利目的把人当作客体进行改造的活动。而是把体育当作一个个活生生的人的多种多样的主体性活动中的一种主体性活动，当作人的多种多样的生命存

---

〔1〕 工具理性（批判），法兰克福学派用语，指对科学技术由解放人的工具转化为奴役人和毁灭人性的工具的批判。（引自《哲学小词典》，上海辞书出版社，2003 年）

〔2〕《价值学大辞典》第 278 页，中国人民大学出版社，2007

在形式（载体）中的一种生命存在形式（载体），当作人的一种向着未来开放的有着无限可能性（自由）的，对自己生活和生命的非功利性的改造活动。其中，每一个人接受的有组织的身体运动技术教学、训练和参加的比赛，都是高尚的有组织游戏。就像赫伊津哈所说："它把一种暂时而有限的完美带入不完美的世界和混乱的生活中。"〔1〕一个个活生生的人在其中虔诚地、高度热情地对待自己的身体和身体运动，在自己的身体运动中进行体验、在体验中最直接地"在他所创造的世界中自观自身"，从而使这种过程——体育——上升成为人对自己的身体和身体运动、对生活和生命的审美过程，上升为马克思所说的"按照美的规律来建造"〔2〕自己生活和生命的过程。可见，人文理性体育价值观追求的是韦伯所说的"价值合理性"，它所主张的这种体育当然也同科学发生密切联系，它努力发现和遵循有组织身体运动游戏的科学规律之真，以促进人性不断在自由全面发展阶梯的新高度上自我实现而达于善。但它绝不止于真、善，尤其重要的是它更是人在体验和直观自身的改造过程中，同他自己这种依照"真"以达于"善"的活动之间构成"审美关系"，〔3〕从而使自己的体育活动过程成为审美过程，成为在审美中不断对自身作为人的本质力量得以确证和肯定，从而不断获得美的享受的过程。

可见，工具理性体育价值观与人文理性体育价值观这两者把人的生活和生命的命运置于完全不同的境地，性质根本不同。

在我看来，人类体育乃至整个文化就其起源而言，它的本、它的根在于身体，在于我们这个有感性、有意识的身体，它起于这个有感性、有意识的身体的自由本性，人的自由本性。它从本能的游戏上升到有组织的游戏"所表达的不是人的自然生存需求，也不是基于自然欲求之上的任何具体特定目的，而是人超越动物界，实现人性的升华需要，它同样具有无限性特征"。〔4〕所以它的本质功能和本真的价值都应如人文理性体育价值观主张的那样，在于维护人的自由全面发展，成为人对自身的一种"审美无

---

〔1〕（荷兰）约翰·赫伊津哈，《游戏的人》，第12页，中国美术学院出版社，1996年

〔2〕《马克思恩格斯全集》第42章第97页，人民出版社，1979年

〔3〕尤西林《人文学科及其现代意义》，第九节美学对象的人文特征，陕西人民教育出版社，1996年

〔4〕同上

限境界”。[1] 但是，正如古特曼在本书中指出，体育、游戏是有组织的游戏，所以它一旦产生就不离组织，不离社会联系，就无法逃脱韦伯所说的价值合理性与工具合理性之间的紧张对立，[2] 因而运动场上的非功利性竞争游戏竟又沦为凌驾其上的利益主体间的功利性竞争游戏。因此，正像笔者拙文《时代呼唤人文体育价值观》中所说：整个人类的体育都是在以人为本的人文理性体育价值观与非人本的工具理性体育价值观这两者对峙格局中发展的，实际的发展都在这对立的两极中保持一定张力而进行，或者倾向前者、或者倾向后者，它取决于社会生活中占主流地位的价值取向，并随社会文明进步和社会主流价值取向变化而变化，这些都有其历史必然性。但人类体育终极的价值旨趋是走向人文体育。[3]

而今日中国伟大的变革，中国的文化和中国文化中的体育面对中国体育依顺几十上百年的惯性，这种路径依赖的现实，显然已把重新选择价值、方向、路径的问题推上最为突出的地位。从而在今天，扩大我们的体育学视野，跳出从概念到概念、就体育论体育的窠臼，回到事实本身，回到体育同社会生活的联系中，对不同时代和国家（民族）文化的体育进行（纵横两向）比较研究，在比较中对中国文化和体育进行反思，在反思中实现文化自觉便成为了首要课题。

七

本文前面已经言及本书和我们体育学对现代体育本质的主要研究方法，但因说到文化自觉和路径依赖的问题，所以我感到还有必要从这一点展开

---

〔1〕 尤西林《人文学科及其现代意义》，第九节美学对象的人文特征，陕西人民教育出版社，1996 年

〔2〕 马克斯·韦伯在其宗教社会学中提出的著名论题。他认为，社会行动被分为合理性与非理性两大类，而合理性又被分解为价值合理性和工具合理性行动两种。所谓价值合理性行动，是指当下的行动本身所具有的绝对的、排他的价值的主观确信，因而要不顾后果如何、条件怎样都要完成的行动：而工具合理性行动则是指以能够计算和预测后果为条件来实现目的的行动，因而是排除价值判断或价值中立的行动。在韦伯看来，现代文明的全部成就和问题都来源于价值合理和工具合理之间的紧张和对立。（引自《价值学大辞典》，人民大学出版社，1995 年）

〔3〕 袁旦，时代呼唤人文体育价值观——工具理性体育价值观批判（1），《天津体育学院学报》，2011 年第一期

再有所议。一个主要原因是这种方法与几十年来我们居于主流地位的体育学所采用的方法很不一样。非但如此，近年在我们体育人文、社会研究的学术活动中若明若暗地迅速时兴起的一种讲究，似乎还会不认同本书中的方法。因为是一种“讲究”，有它的特殊价值评价标准，所以就像一些人构成的一个亚文化圈。这是怎么回事？这里就此试作分析。

每一本体育学著作所论的核心问题都是体育的本质问题。其实正如前面提到体育的本质这种观念的东西都是对现代体育应该是什么或对它的根本性质的某种自觉不自觉的主张。所以一般在体育学著作中首先都讨论这个问题，当这个核心问题的研究有了结论后，随即便围绕这个核心对体育展开全面的分析、讨论，从而构成系统的理论。就此而言，本书可说就是作者为解决核心问题所作的努力。问题是我们一些体育学著作为了解决同一个问题却走出了另一条不同的路，得到了另一种不同的结果，带来了不同的影响。

古特曼在书中说：“倘若不能确认‘体育与社会之间存在一种关系’这一命题，我就不会着手写这本书。”[1]是的，人类的体育作为人的一种实践活动绝不可能是孤立的，它与人的种种其他实践活动必然存在着复杂的联系。体育的本质正是在这种复杂联系条件下，由人们从事这种实践活动的选择中所表现出来的。所表现的是它之所以区别于一切其他实践活动的特性，是表明他们所从事的活动是体育而不是别的什么的根据。因此不论哪一种体育学著作都要在这种复杂联系的事实中分析、归纳和揭示体育的本质。而其研究的结果和影响就不能不同研究者采取什么基本态度和方法来把握复杂的联系和进行分析研究直接联系在一起。

半个世纪以来，我们这里居于主流地位的体育学所用的主要方法，就其性质而言属于宏大叙事和标准化的科学方法。这种方法把体育视为一种客体，以“传统的演义式研究方法——即先从理论模型推出研究问题和假设，然后通过实证去检验”。[2] 这种方法在当用之处当然是无可非议的，然而把它当作唯一的方法和使用不当就很糟糕。上面提到的近年时兴起来的“讲究”似乎就是如此。这种方法在我们体育学中的运用，走出的路子颇为曲折。书中一开始面对人类体育就把它视为一个规模宏大的研究对象，就像自然科学研究中采取主客二分的姿态对待这个对象，研究者是主体而

[1] 《从仪式到纪录》第77页

[2] [德] 伍威·弗里克《质性研究引导》第9页，重庆大学出版社，2011年

这个对象是客体。所以，研究者作为主体立于这个客体之外，一开始就有一个从何说起的问题。因为是宏大叙事，所以其选择大抵只能是从概念到概念，就体育论体育，直接回答体育的本质或它是什么的问题。于是，便进行词源训诂和回顾历来一些大家、名人曾经有过一些什么说法、观点和定义；作者在回顾中或者根据自己申明的某种更一般的理论观点或立场对这些说法、观点和定义进行评价、批判，提出一个自己的体育本质的定义（体育概念）；或者就对各家的说法、观点和定义加以取舍和综合平衡，四平八稳地端出一个体育概念。正如前面说过，由于这样得到的体育概念综合着历来一些有识之士的见解，往往不无以人为本的人文体育精神。因此，如果演绎下去，并对此加以实证，也是可以构成一种逻辑一贯的具有人文精神或倾向的体育学理论的。但是，实际的情况并不如此，他们大多来到这里都以某种或显或隐方式止步了。为什么？情况似乎是复杂的。譬如，有的作者好像对自己采用这种方法并不自觉，并不知道应该怎样进行下去。其主要的原因看来则是同社会的价值取向偏于实用和功利有关，同工具理性居于强势的生活现实有关：因为不论怎样，以上述方式得到的体育概念虽然不无人文精神，但因这种从概念到概念、就体育论体育所得到的体育概念，不是从体育同社会的相互联系的历史和现实的考察研究中之所得，本身就是脱离人们感性生活的，使一般人难以理解，况且，它毕竟与人们期盼的体育“这东西有何用处”的答案是有距离的；尤其几十年来我们体育学主流是附庸于权力集中的体育行政的，而这种体育行政对中国体育的价值选择就是实用性、功利性的，是为现实政治、经济目的服务的，所以，这种不无人本、人文精神倾向的体育概念似乎就同行政主导下的中国体育很少联系，显得似是而非、空而无用。到此作者就好像草率地完成了书中苍白的“人文体育篇”必须离去，转而经营实用的“工具体育篇”。于是，便重新启用宏大叙事方法，在宏观的层面上讨论体育同政治、同经济、同军事、同生产劳动、同教育、同医疗卫生……等各方面的关系，从这些宏观关系的辩证中，引申出体育之对于这些方面的积极作用和实用价值，引申出体育之对于实现社会政治、经济功利目的的社会功能之所在。实际上以社会生活中偏于实用功利的价值取向和工具理性作为理论模型推出一种外在于体育过程本身的“体育社会功能论”的体育概念，而非内在于体育过程本身的“体育本质功能论”的体育概念。这种概念表明：体育是什么？体育就是用来实现种种功利目的的手段或工具；这种工具实际上就是前面说过的由人的多种多样身体运动构成的非人格化的技术操作活动系统。

实际上他们都以此作为进一步演绎和实证的理论预设。所以，其理论走向自然有以下两个重点：一是，直接把体育当作身体运动技术操作活动系统，从而探讨使用这个系统应该遵循的客观的基本科学规律；一是，根据体育的社会功能要求和行政管理制度规定性对体育分门别类，从而构成这个非人格化身体运动技术操作活动系统在各个分类体系中如何应用的管理理论基础。从而把前面所说的工具理性体育价值观具体化为一种便于行政管理操作的实用理论。

显然，这种以宏大叙事方法在社会生活宏观层面的联系中建构的理论，是以先国家后个体人们的方式来建构的官本位的体育理论，而不是以活生生的个体人们为本（人本）的方式来建构的人文体育理论。因为研究对象被视为客体，所以它的讨论本不打算进入一个个活生生的人的生活，不打算进入人们“生活中的体育”和人们“体育中的生活”，但又不可避免要牵扯到人，要谈论人。因而，其中每当谈论到人就对人进行抽象。在以往岁月曾经的极端情况下，把他们抽象成这种社会制度中或那种社会制度中的人、这一国或那一国的人、这一阶级或那一阶级的人，以人民、群众、百姓等各种名义出现的人，从而实质上活生生具体的人又被国家、阶级、集体等等所取代，用“个人服从集体，集体服从国家”这个铁律的逻辑来阐发的体育的社会功能、价值和意义，从而把体育内在于人的本质——作为人的一种主体性活动、一种生命存在形式、一种生活方式——的功能、价值和意义逐出理论之境，逐出人们的生活之境。或者把活生生具体的人灵肉二分，抽象成仅仅是骨骼支撑的血肉之躯的生物人，从而在并不完全忽略他们具有人类心理能力和不可避免的社会联系的情况下，探讨如何规训他们，使他们更有效地把握身体运动技术，更有效地增强体质、提高竞技能力，为实现政治、经济功利目的服务，使整个体育成为高度有效的由人的种种身体运动技术操作活动构成的工具系统。这种极端情况近年虽有不小的甚至很大的改变，但其影响仍在一些书中不同程度地存在着，影响着人们的体育观念和实践。就其倾向而言，这种体育学理论是理性主义或科学主义的。它的高度强调的体育科学化就是把体育视为一个工具系统，强调这个工具系统的科学化。它所追求的体育的功能、价值和意义都不是内在于人的本质和需要的功能、价值和意义，所以它强调体育这种人的活动过程的结果之是否满足社会权力和资本的需要，将人在过程中的生活和生命的质量置之于从属地位，甚至回避或根本不顾，不顾体育这种生命存在形式和过程的价值和意义。简言之，不说、不顾体育对人的价值和意义。

由于这种状况持续时间已久并有其深刻的社会文化和历史根据，以致今日当我们面对古特曼这一著作时，题目中所谓的“仪式”和以他的方法论述的体育之对于人的生活和生命的本真的、内在的价值和意义等这些内容，也许都会感到生疏不解。

如果以上分析含有些许合理性，则我认为我们必须改变本文前面提出的这些年来我们体育的人文研究处于体育学术研究边缘地位上的现状。因为，不论怎样，现代体育不是中国本土文化的产物，今日中国社会文化舞台上占居主导地位的体育是从西方传入中国的体育。如果我们以文化三层次结构理论来分析，虽然在中国其核心层的主流价值方向的选择和中层的管理体制上，已经形成了大异于西方体育的结构，因而左右和制约着其表层体育物质技术的发展。但是，只要我们把体育如实地视为活生生个体的人们对自己生活和生命的非功利性的创造活动，把研究的目光关注于此，把视野扩展到地域辽阔国土，扩展到社会分层、分工的各类人群生活中，我们一定会发现：一方面，在中国社会生活中，人们对西方传入的这种身体运动文化和城市文化的陌生和低度认同，这种情况事实上至今依然以不容忽视的程度存在着，因而在今后相当长时间之内，它的发展还需要自上而下的政府行政管理和财政资源的推动和支持；另一方面，只要如此，只要在很大程度上把中国体育当作政府的公共服务来发展，则这种发展必然又面临今已成为传统的占主流地位的工具理性体育价值选择的左右和制约，因而，使这种公共服务陷于两难的矛盾境地。因此，这很可能导致它的发展难于摆脱路径依赖，以至相当长的时间内我们的体育将在某种程度上继续无视今日中国的伟大变革已从根本上改变了中国体育赖以存在的条件，为此付出代价。其发展可能在相当长时间和某种程度上与建设人本、和谐、可持续发展社会的现实生活不相协调，甚至相背驰。由此看来，为了避免上述这种情况出现，为了摆脱对于传统选择的路径依赖，显然这既是一个理论研究问题，更是一个普及传播人文、人本体育价值观念，更是对社会文化进行改造的实践的问题。为此，我们必须重视体育的人文学术研究，在研究中改变以往对待体育的基本姿态和研究方法，使研究真正深入到人们的生活中，成为改变人们“生活中的体育”和“体育中的生活”现实状况的实践，成为改造社会文化与体育关系的实践，成为改造社会文化的实践。

八

古特曼在本书中采用的主要方法显然不同。这种方法可以归于是人文、社会学科研究中“目前世界范围内得到越来越多关注和使用”的质性研究方法和所谓“限定时间、地点和情境上的叙事方法”，或者我们就简称其有限的、微观的叙事方法。[1] 所以，他不是把体育这个研究对象视为一个相对于研究者（这个认知活动主体）的一个边界分明、规模宏大的客体，不是研究者立于其外对它的研究；而是把这个对象如实地视为同人和社会生活各种活动交织在一起的过程，是研究者以自己的身心介入到这个过程中，在过程的联系中来研究体育。实际上是研究人和社会中的体育和体育中的人和社会，是对人和社会的研究。因此他对现代体育本质的研究不是从概念到概念、就体育论体育，不是从已有的各种体育本质的概念、理论的评价、批判中来研究。而是回到社会生活和现代体育产生过程的事实本身，通过有限和微观的叙事，通过描述和分析现象显现出现代体育的本质。甚至就像费孝通先生说：“就是要在一个个人的生活中去概括出一个任何人的生活都逃不出的总框架，通过这个总框架才可以看到每一个人生活的一举一动的‘意义’。”[2] 所以，本书第一章一开始作者便援引一位英国神经学专家、运动员班尼斯特回忆他孩提时代发自本能在沙滩上赤脚奔跑，由此再到他成长生活中有了非本能的体育、有了体育中的生活，成为1英里跑首破4分记录优秀运动员的故事。作者正是在描述和分析这个读者和一般人都能理解并能引起许多想象的故事过程中，概括出了或按他的说法从人性全部活动中分离出了现代体育产生的过程：这个过程是一个非功利性的活动过程、游戏过程；是一个从本能的游戏到有组织的游戏以及竞赛，再及体育的这样一个非功利性活动的发展过程。他在引证一些哲学家、文化学家、史学家、艺术家、教育家观点的讨论中对游戏进行分类，在分类中确定了体育在人类各种可能的游戏中的地位，揭示出现代体育本质上是非功利的身体竞赛活动。很有趣，班尼斯特的故事甚至成为隐约牵动全书内容发展的线索，本书的结语最后一句话又回到这个故事上。可以说，全书对现代体育本质的研究就是从班尼斯特这个人的故事中概括出的总框架

---

〔1〕［德］伍威·弗里克《质性研究引导》第9页，重庆大学出版社，2011年

〔2〕费孝通（1995）载于［英］马林诺斯基《文化论》封底，华夏出版社，2002年

（或作者所说的模型）展开的实证研究过程。

古特曼说本书主要是描述性的，但我感到他对现代体育产生和发展及其本质的描述和实证研究，本质上是合乎这个过程的内在动力机制和辩证法的，所以让我们看到了他的结论的逻辑的必然性。他说："班尼斯特的运动过程是出于本能的表达，是生命活力充盈的完全迸发。"〔1〕尤其他说，"体育源于身体力量的自然表达，以非理性为源头……体育是对现代反映的选择之一，本身也是一种现代反映。体育根源于本能生活的黑色土壤之中，但它们所采取的形式是现代社会赋予的……体育是浪漫主义的理性化。"〔2〕所以，在我看来，古特曼这种观点实际上以"内因是运动变化的根据，外因是运动变化的条件"的辩证法主导了整个实证过程。就像我在前面类似地说到，人的非理性的狂野的身体运动力能和需要，是一切时代人类无功利性的身体运动游戏或体育产生、发展始原的动力，所以就是这一运动、变化过程赖以发生和发展的内因和根据，这个过程本身就是因它而发生的，它不仅提供了这个世界上这一过程发生的可能性，而且提供了从这一过程中产生多至无穷的具体身体运动形式的可能性，任何时代任何具体社会历史条件下产生的任何具体形式都逃不出它发自人的本能的规定性，此其一；其二，但在每一具体社会历史条件下，究竟发生或表现出何种具体形式，并不是本能直接决定的，也不是从本能提供的无限多样的可能性中偶然或随机地发生的，而是以每一时代具体社会历史条件为转移的，所以各时代社会生活（包括受制于各时代社会生活的人的思想意识）就是它运动变化的外因和条件；其三，此外还有，在每一时代具体社会历史条件下，所表现出来的具体形式也是多样的，显然这又是这一时代本身内部不同地域、人群具体社会生活和思想意识之间（在低一层次上的条件）的差异所造成的，但它们不过是在时代条件造成的共性之上表现的差异。

所以可见，作者实际上把现代体育的产生视为由人的本性在社会现代性中的表现。本书第二章作者主要以社会学家韦伯阐释现代资本主义社会的观点为理论根据，运用有限和微观的叙事方法，进入了文化人类学、民族志研究对各国、各民族，特别是欧美社会中限定时间、地点的那些人们本能的游戏、依附于神圣仪式和世俗文化的有组织游戏和竞赛，以及一项项有影响的现代竞技运动发生的情境中；进入了自人类原始时代到古代再

---

〔1〕《从仪式到纪录》第1页

〔2〕《从仪式到纪录》第95页

到现代社会历史条件下人的具体生活和生活中人们的游戏。揭示出了人类生活中不能（也不会）或缺的非功利的游戏，究竟是怎样脱胎于人的本能，在不同时代的社会历史条件下，在不同族群、民族和种族，不同政治、经济状况和信仰、不同社会阶层和社会角色的男男女女的生活中逐一地产生出了现代体育之不同于原始体育和古代体育的 7 个本质特征，构成了本书的首要主题，阐明了现代体育的本质。譬如，韦伯指出，现代资本主义的产生和发展是传统社会祛魅，从神圣统治向世俗化政治社会转变，是自由、平等和民主，理性主义和科学技术，社会分工、专业化和科层化合作组织等等的产生和发展过程。古特曼在对那些古今游戏的描述分析和纵向的历史比较中，揭示出现代体育的 7 个特征：它的世俗化、平等性、专业化、理性化、科层化、量化和记录等特征，无一不是人的本能和需要与现代社会这些相应特征相遇所产生的。后来，他用同样的方法，又对美国的棒球、橄榄球，欧洲的英式足球、体操等产生和发展进行描述和分析，构成对欧美现代体育的比较，成为书中与前一主题相联系的另一主题。我看，其结果恰恰证明欧美体育的不同不过是上面所说的低一层次的不同，是在现代体育共性、共有本质特征之上表现出的差异。

2005 年，作者为本书再版所写的后记中说，1977 年写作本书的第二主题时，他想当然地利用文学来充当论据的一个来源，并说希望在最近体育研究中的“语言转向”之后这种做法不再是问题了。我认为，提到体育研究的“语言转向”是很值得我们关注的。因为，如果说近年我们这里悄然时兴的那种学位论文，为表现某种“格式”而奋斗的“讲究”（动辄首先要求定量、统计，否则其他免谈），在体育人文社会研究中，他们对于质性研究，对于有限和微观的叙事方法尚且不予接受，则这种“讲究”离开已经出现的体育研究“语言转向”就更远了。古特曼在提到这个问题时，他在注文中指出：“20 世纪西方哲学的一个显著特征，语言不再是传统哲学讨论中涉及的一个工具性问题，而是成为哲学反思自身的一个起点和基础。”[1]我想，体育研究的语言转向，显然就是指现在在体育研究中也有了这种性质。从前面的讨论中，我们看到，体育作为人们以身体运动方式为自己生活和生命创造价值和意义的活动，与人的本能是那样深刻地联系在一起，根本无法割断这种联系。这种联系本身就在人的自由本性根基之处，它既是人们从本能到文化的谋划、选择和创造，又是他们从文化返回

---

〔1〕《从仪式到纪录》第 185 页

本能的反思、追问和评价。所以，它本身就是深刻的心理学和哲学课题。因而，在现代体育研究中，它就不再仅仅是根据科学理性和科学逻辑（工具）语言可能表述的创造活动了。而更应该如实地把它当作由人的本能推动、在人文精神主导下并在审美的无限境界中进行的活动。由于这种在本能和文化的深刻联系中进行的一项项身体运动竞技活动，它们的产生和发展过程，从来无法离开人们对身体运动无法言说的感受、体验和非理性的审美评价。因此，面对这种情境，作为思考和表达事态的工具语言便进入了无用武之地，研究中必须转而对过程中人们用以表达那些难以言说或无法言说，但又一定要说的身体运动感受。面对人们用以表达身体运动过程中喜怒哀乐体验和好恶情态的生动活泼的语言，对这些语言进行分析。要对这种发自情感和审美感受的生动、活泼的语言（这些"话中有话"的语言）进行分析，必须对由此引起人们处理生活中种种其他事务的故事进行分析，从而在其中理解、概括和揭示出人们在这些具体身体运动产生和发展过程的广泛联系中创造的体育的价值和意义。古特曼利用文学充当论据的来源正是如此，因为，只有在文学创作中才有的那些年代人们在相应竞技运动过程中的这种语境，只有从这种语境所表达的人们真挚情感、心理和处理各种事务的故事中，才能够发掘出人们创造和从事那些活动的原始思维和他们选择和认同的价值和意义。所以，我感到古特曼让我们在某种程度上看到了现代体育的许多体育项目，像棒球、橄榄球、足球等等，究竟是怎样在那些国家民众生活中生根和广泛普及的情境和原因，看到了现代体育在普及基础上提高和在提高指导下普及健康发展的情境和原因，也让我们在某种程度上看到了不利于现代体育健康发展的掣肘的社会力量的作用和影响。从这个意义上讲，作者对现代体育的研究是辩证的，看到了它的两重性的。

九

古特曼在本书的第三章对于马克思主义和新马克思主义的体育学对资本主义现代体育的批判进行了批判。我很无知，1950 年，我年少时读过一本声称以马克思列宁主义为社会科学基础、以巴甫洛夫学说为自然科学基础的苏联体育教学理论讲义，[1] 后来对国内的有些见闻，此外的马克思主义和新马克思主义体育学论著一篇都未曾读过，仅从古特曼在第三章所写的那些才又读到一点。古特曼指出："他们声称，所有体育都是生产工具的一种功能。"[2]这样一来，似乎这种工具由什么人使用就成了一切问题的所在了。如果握在"坏人"手里，岂不是工具越精良，问题就越大？但不论怎样，我知道马克思主义和新马克思主义是伟大的和非同小可的理论、学说。我认为，把体育视为工具而不是人的一种实践、一种主体性活动、一种生命存在形式、一种生活方式，都同马克思所说"人类的特性恰恰就是自由的、自觉的活动"[3]这一唯物论的实践观相背离。凭这一点，我感到那些对于资本主义现代体育一概否定的理论好像并不是马克思主义的东西。而且，我们看到把体育当作一种工具，事实上今天不论在哪一国的体育中，甚至不论在哪一个人的体育中，也都有某种程度的存在，但它只是现代体育的一种表现，而不是全部表现。自 20 世纪 50 ~ 80 年代，苏联和东欧国家也很热衷参加西方资本主义社会产生的奥林匹克运动会和一些竞技运动世界大赛。这让我想到，古特曼书中也提到的冷战年代。那时运动场上的竞争简直就是冷战的战场，社会制度的较量。因此这又让我想到了这是不是与德国哲学家哈贝马斯揭示的现代社会中的所谓"科学技术是意识形态"有关？哈贝马斯指出，科学技术具有两重性，它既是第一位生产力，又是意识形态，它也可用来解释统治合法化与维护现行制度，成为一种非政治的技术统治意识形态，为某个阶级的局部统治利益服务。[4] 所以，我怀疑是不是因为一些人把现代体育视为一种工具系统，视为"生产工具的一种功能"把它归入科学技术之中，因而也把它当作非政治的技术统治意识形态？于是使得对于现代体育性质的争论和批判也变成了外在于体育本身的意识形态的争论和批判？如果这种怀疑是对的，则我认为这也许恰是所有人面对我们"生活中的体育"和"体育中的生活"都该进行反思、追问和评价的问题，只有这样才可能像舍勒说未达到严肃对待体育的内涵，提高对体育的文化自觉。

---

〔1〕［苏］依. 格. 凯里舍夫，《苏联体育教育理论》（讲稿）人民体育出版社，1956 年

〔2〕《从仪式到纪录》第 189 页

〔3〕 马克思 1844 年经济学哲学手稿，《马克思恩格斯全集》第 42 卷，第 96 页

〔4〕《哲学小词典》第 257 页，上海辞书出版社，2003 年

此外，古特曼说本书的主题在于阐释现代体育的独特性。他所说的这种独特性是指现代体育区别于中世纪、古代乃至原始体育的独特性，所以，这种独特性是在历史上各时代体育的比较中揭示出来的。因而，作者主要集中于对历来各种情境中人们从事的一项项身体运动过程的比较，很少涉及每一时代人们这种活动与同时代人们生活中其他活动的比较。就我个人的兴趣而言，我很希望将每一时代，特别是现代的体育与同时代人们其他活动进行比较。我感到，虽然作者在书中从人类全部活动中区别出功利性和非功利性活动，分离出游戏，在对游戏的多层分类中确定体育的地位，这本身也构成了将体育与人类其他活动的比较，但这毕竟还是不够的。因为，各时代的体育毕竟都是在与同时代人们的一切其他活动既相互比较又相互联系的条件下存在的，它的本质更重要的是在这种既比较又联系背景条件中所表现出区别于一切其他活动的独特性。于是，我感到进一步在这种背景中揭示体育的独特性，尤其是在现代似乎就显得更是必要了。因为只有在这种比较中才可能更进一步或更深刻地揭示出人类的现代体育之区别于人类一切其他活动独特性或它存在的理由和根据，特别是区别于一切其他活动的功能、价值和意义，或者说揭示出它在人类文明生活中既不可或缺又为人类一切其他活动不能取代的功能、价值和意义。这显然对于人们普遍实现对人类体育的文化自觉，增进对人类体育未来应然走向的把握能力具有重要意义。

如果我的这种想法可以接受，则我认为很有必要进一步把现代体育置于广阔的社会历史和现实中研究，并进行更加全面、深刻的辩证分析。这一研究离不开对于人们“生活中的体育”和“体育中的生活”的反思、追问和评价，从而在某种程度上看到体育（这种人的生命存在形式）应然的未来；其意义绝不仅限于体育，它更是对人、对社会的研究，是从一个特殊视角对人和社会的研究。因为，研究本身就应该“以人为本”，追求人的终极价值和社会的和谐发展，它既要回答人们生活中体育应该是什么，而且还要积极推动这种应然状态的发展。所以，这样的分析必须看到社会与体育是有双向作用或互动关系的，不仅仅是社会文化演化和变迁打造出了现代体育，而且现代体育还反作用于人的全部生活和社会文化。尤其要看到在这种双向作用或互动过程中，体育无论如何是躲避不开社会现代性的两重性影响的。

什么是所谓的现代性？这是个当下广受各国思想家、学者、实践家关注的问题，人们表示它很难定义，有人说它是冲突：是现代同过去、现代文化和现代社会、现代技术同现代经验、现代观念同现代历史、现代欧洲同现代非欧洲地区等等的冲突；有人说它是断裂：是现代同过去的制度、观念、生活、技术和文化的断裂，等等；还有道：现代性发源于16世纪的文艺复兴和宗教改革，到18、19世纪之交初步形成。这是个摆脱迷信、愚昧和专制的过程，也是一个充满进步和乐观气氛的过程。

但是，正如我们已经看到的，在摆脱专制、迷信和愚昧过程中，不断地创造了新的专制、愚昧和迷信。现代社会活在现代性传统中，同时也饱受这种传统的折磨……〔1〕

可见，现代性这个传统包涵着对人的生活和生命的种种两重影响。现代体育当然无法摆脱这种传统的纠缠，而且这种纠缠使它本身也有了两重性，从而它也对人和社会造成两重的影响。因此，现代体育这种在今日人类生活中具有我们所见如此之大影响的文化活动，本身就是现代性的一处表现之地、一个问题，现代体育研究无论如何摆脱不了现代性的干系。

十

古特曼教授这本以《从仪式到纪录：现代体育的本质》为题的体育学著作进入了人们“生活中的体育”和“体育中的生活”的情境，研究突出体育之对于一个个活生生的人的价值和意义问题。这可以说是把人类体育置入了属人的世界来认真对待。因为，属人的世界是人超越动物界的意义世界，只有在属人的世界才讨论一个个活生生的人的信仰和文化观念、道德和审美、价值和意义的问题。显然，这对我们处在现代性复杂联系中的一国、一地乃至整个人类体育的情境中，为了实现对它的文化自觉、探讨它的未来都具有很好的启发性和参考价值。

如果说，建设人本、和谐、可持续发展社会是我们中国人在新的历史时期的发展观、总方向，则中国体育就必须有一个与这种发展观和总方向相一致的体育发展观和战略目标。正如前面已经论及由于社会文化历史的原因，中国体育在今后相当长一段时间、相当大的程度上还要当作政府向民众提供的公共服务，还要自上而下地在政府行政和财政的推动和支持下发展，所以确立一个与建设人本、和谐、可持续发展社会这种发展观和总

〔1〕 汪民安，陈永国，张云鹏主编《现代性基本读本》封面介绍和编者前言，河南大学出版社，2005年

方向相一致的体育发展观和战略目标，就是今日中国体育在现代性复杂联系中要解决的总课题。一切关系体育的某个侧面和局部发展的人文的和科学的研究课题，都应该与它逻辑地联系在一起。现在这种动辄就要花上纳税人几十万、几百万、几千亿人民币的事不能不予以认真反思，不能不把“这些钱花得人本不人本”这个行政行为的社会伦理和行政官员道德的问题放在第一位来审视。此外，更重要的是国家要对各级政府这种公共服务的行政行为立法，使这种公共服务的公平、公正既有制度的保障又受制度的监督。我们应该在“人本”的基础上讲和谐，在此基础上讲资源的科学和最优配置，讲社会的科学可持续发展。我们必须摆脱无视中国体育赖以存在的条件已经发生根本变化的那种所谓路径依赖；摆脱传统体育对功利性价值、方向和目标选择的依赖；摆脱对传统的管理体制和运行机制的依赖。对近年强调的建设体育大国和体育强国的目标，以及为此强调要完善的中国体育举国体制进行研究，至少要赋予它们以合乎中国今日伟大变革新时代的新涵义。至少要赋予它们以合乎人本、和谐、可持续发展观和方向的新涵义，这种新涵义无疑对中国体育发展（它的实践和学术研究）具有纲领性的意义。在中国这种权力高度集中的一元化行政管理体制下，各个局部和侧面的改革和研究课题应该都来自于它。而我感到，这些恰恰都要求我们把体育置入属人的世界、人的价值和意义的世界来认真对待，要求我们把研究深入到人们“生活中的体育”和“体育中的生活”情境中，以人为本地去反思、追问和评价，从中发现新的可能性，进行新的创作，导致我们“生活中的体育“和“体育中的生活”合乎人本、和谐、可持续发展的情理走向未来。

目录 CONTENTS

第一章　游戏、有组织游戏、竞赛、体育
Play, Games, Contests, Sports

罗杰·班尼斯特（Roger Banister）[1]在他的自传《一英里四分钟》（《The Four Minute Mile》，1955）中讲述了他童年时“光着脚站在海边干燥坚硬的沙地上”的情景。当时他完全被清新的空气、美丽的云彩和一种难以名状的完美感所征服：1

在这伟大的时刻，我完全出于纯粹的欢愉而跳跃。仅此几步便给我带来如此巨大的兴奋感，我自己也感到吃惊、害怕。我不安地朝四周张望，不知是否有人在看。我又跑了几步，这时我意识到自己在跑，我紧紧抓住刚才的兴奋感。那一刻，大地仿佛在和我一起运动。我奔跑起来，清新的旋律在我的体内涌动。当我不再意识到自己在奔跑，我感觉到的是与自然融为一体。我发现了一种力量与美的新源泉，一种我从未意识到存在的源泉。

班尼斯特的运动过程（Movements）是出于本能的（Spontaneous），是生命活力充盈（Physical Exuberance）的完全迸发。他的举动是自由和无任何动机的。理论家强调动物和人看似无动机、本能的游戏（Play）背后的生物学动机和心理学动机。的确，有许多文献将游戏和运动技能的发展、对无意识惧怕的控制以及理性成熟的各个阶段联系起来。

当我们探求班尼斯特那一次欢愉时刻最深层的心理生物学动机时，我

〔1〕 罗杰·班尼斯特（Roger Banister，1929－），英国著名运动员、神经学专家，第一个在正式比赛场合在4分钟内跑完1英里的人。在1954年5月6日的牛津大赛中，当时25岁还是医学院学生的罗杰·班尼斯特以3分59秒4的成绩创造了新的1英里跑纪录。

们就不可避免地涉及到卡尔·格鲁斯、[1]西格蒙德·弗洛伊德、[2]让·皮亚杰[3]和其他对游戏理论（Theory of Play）有贡献的学者们的作品；但我们却希望从另一个方向——不是朝着人类精神行为这一所谓共性的方向，而是朝着现代体育是现代社会的一个维度这一不太具有争议的方向去寻找答案。我们暂且不对班尼斯特的海滩跑步那一幕和每个人所经历的游戏过程进行分析，而先来看看班尼斯特自传中的另一个情节。

1954年5月6日，班尼斯特在一个完全不同的环境下又进行了一次跑步。班尼斯特在他的叙述里并未强调其中细节——实际上，他参加了在牛津大学举行的比赛，这项比赛得到了官方机构英国业余田径联合会（Amateur Athletic Union：AAU）的承认，英国业余田径联合会隶属于国际业余田径联合会（International Amateur Athletic Federation：IAAF），因此这项比赛也最终得到国际业余田径联合会的承认。牛津大学伊夫雷路跑道（Iffley Road Track）是标准跑道的长度，跑道表面经过精心处理，力求为参赛者提供最佳的赛跑环境。班尼斯特身穿田径运动服，脚穿钉鞋。这双鞋完全是为达到最快的速度而设计的。当天早上，他还磨尖了鞋钉。现场还有满怀期待的观众，他们深知一个人与其他人赛跑的意义，更重要的是，一个人与时钟赛跑的重大意义。

在1954年那个寒冷、有风的日子，班尼斯特与他同场竞技的朋友克里斯多弗·布拉谢尔（Christopher Brasher）和克里斯多弗·查特威（Christopher Chataway），以及在场的官员、观众、媒体和其他人聚集在一起所形成的文化假说（Cultural Assumptions）便可以写出一本书。最重要的文化事实（Cultural Fact）描述起来很容易，但却几乎不可能被人们所领悟。当时在场的每个人都清楚地知道，4分钟内跑完1英里曾经是运动员们的梦想，

---

[1] 卡尔·格鲁斯（Karl Croos，1861－1946），德国哲学家、心理学家、美学家，著有《动物的游戏》、《人类的游戏》等著作，认为游戏是由生物体的本能所驱动并表现这种本能的生命活动。

[2] 西格蒙德·弗洛伊德（Sigmund Freud，1856－1939），奥地利精神病医生及精神分析学家，精神分析学派创始人，他认为欲望的代替满足动机和快感体验动机是人类进行游戏的原动力。

[3] 让·皮亚杰（Jean Piaget，1896－1980），瑞士心理学家，发生认识论创始人，他的游戏理论主要关注儿童游戏与认知发展的关系，认为游戏活动是对认知的练习与巩固。

他们也都为此奋力拼搏过，但都以失败告终。究竟是什么使之难以企及呢？回顾一下过去，我们可以肯定地说，这种难以企及不是人类身体本身造成的。后来，4 分钟极限一次又一次被人类打破。约翰·兰迪（John Landy）在几周后便大幅超越了班尼斯特的成绩。毫无疑问，“心理障碍”（Psychological Barrier）是造成这种难以超越的主要原因。“心理障碍”有如跑道上隐形的栏架一样，令人畏惧不前。但这种心理障碍是文化偶然性（Physical Accident）的产物。碰巧，现代体育的着眼点是跑完特定距离的时间，而不是在特定时间内所能跑完的距离。1 英里是一个令人尴尬的长度，但巧合的是 1 英里和世界上以分钟和秒为标准的计时单位相结合给英美文化制造了一个心理障碍，而在以米为长度单位的文化里参加 1500 米赛跑的欧洲人却不用克服这个心理障碍。只可惜欧洲人在英美参加比赛时，也会受到心理障碍的影响。

1954 年 5 月 6 日，班尼斯特参加了赛跑。在他的朋友布拉谢尔和查特威的领跑下，班尼斯特以 3 分 59 秒 4 的成绩跑完了 1 英里。3 分 59 秒 4 的成绩被公布于众、记录在案，得到官方承认，被媒体报道，赢得了世人的羡慕，被载入了体育史册。

班尼斯特在海滩上欣喜欢愉的奔跑与他在牛津伊夫雷路跑道上夺冠的奔跑的区别，就是游戏和现代体育的区别。如果将一个孩子无意识地跳过灌木丛或一块岩石与电视转播的德怀特·斯通斯[1]腾空跃过标准横杆的一跳相比，将掠过池塘水面的小圆石与融合了复杂的技巧和力量的掷链球相比，我们可以看到同样的区别。同样，如果将接球游戏与每一个现代国家中任何一个有组织联盟中的一个正规球队所进行的复杂球类比赛相比，我们也可以看到类似的区别。

由班尼斯特两次奔跑的事例，我们可以形成一个基本模式，一个区分游戏（Play）、有组织游戏（Games）、竞赛（Contests）和体育（Sports）的初级模型。为了研究方便起见，我们所说的游戏是指纯粹为了消遣而进行

[1] 德怀特. 斯通斯（Dwight Stones，1953 - ），美国男子跳高运动员，曾在 1972 年德国慕尼黑和 1976 年加拿大蒙特利尔两次获得奥运会铜牌，三次保持世界纪录，一次保持美国纪录。在 1984 年洛杉矶奥运会上成为首个同时参加比赛和电视解说的运动员，从此以后，一直为美国三大电视公司服务至今，1998 年进入美国田径名人堂，并在 2008 年北京奥运会上担任美国国家广播公司（NBC Sports）田径项目分析家。

的任何非功利性（Nonutilitarian）的身体或智力活动。卡尔·迪姆[1]说："游戏是无目的的活动，是为了游戏而游戏，与工作相对。"[2]游戏本身具有的目的性是体验源于过程的快乐，而非结果。人们也许会说游戏与工作的区别就是过程与结果的关系不同。游戏是自由的王国（Realm of Freedom），这一定义把公众普遍接受的游戏目的——如强身健体、塑造品格、提高运动技能技巧和扩大社交范围——排除在外。这一定义又很宽泛，它包括嬉戏跳跃（也许还包括赌博游戏）、文字游戏、数字游戏、国际象棋、瞎子抓人（Blind Man's Buff）[2]和美式橄榄球（Football）。但这一定义并不包括为获取食物而打猎和为了达到学校体育的要求而从事排球运动。在现实世界中，各种动机混合在一起。我与我的太太打网球，因为我喜爱网球运动，我也爱我的太太；因为运动后给我感觉更好，还因为我愿意把自己当作积极进取的人。同样，像亚瑟·阿什[3]这样的职业选手打球具有功利性的（Utilitarian）动机，职业选手打球就不能说是因为自身的原因单纯地为了追求活动本身的愉悦。但是阿什曾谈到他一次完美的击球时，做出评价说："突然之间，你一生中所努力追求的一切事物的精髓都浓缩成这一击。"[3]我和亚瑟·阿什打球的动机都很复杂。我们知道模式是了解社会现实的一种方式，而不是现实的完美复制，因此，我们应对定义和模式采取更为谨慎的态度。

在这一理想意义上，游戏这个单词作为最为人性的活动被分离出来。

---

〔1〕 卡尔．迪姆（Carl Diem，1882 – 1962），德国体育史学家、政治家、教育家，在德国的四个历史时期担任高层体育官员，曾担任 1916 年柏林奥运会组委会秘书长和 1936 年柏林奥运会总指挥，从 1947 年 4 月 12 日开始，他还担任德国科隆体育大学首任校长直至去世。1934 年，他创立了现代奥运会第一次火炬接力。

〔2〕 在户外或者是宽敞的房间里，一个人被蒙上眼睛然后争取抓住别人。

〔3〕 亚瑟·罗伯特·阿什（Arther Ashe，1943 – 1993），美国网球手，第一位夺得网球大满贯男单冠军的黑人球手。

从诗人弗里德里希·席勒[1]到历史学家约翰·赫伊津哈,[2]人们一直试图从哲学的角度将人类定义为游戏的人(Homo Ludens)。甚至还有一种说法是游戏的神(Deus Ludens),这种观点认为神是最初从事游戏的玩家,他所创造的人是通过模仿游戏的神来敬拜神的。4

英语中有游戏(Play)和有组织游戏(Games)之分,而法语和德语中却没有这种区分。游戏可以被划分为两类——本能游戏和有组织游戏,后者我们称之为Games。这一观点似乎有悖常理。如果一个人服从组织管理,又怎么能处于自由的国度里呢?答案是:本能的游戏可以被看作是纯粹的自由王国,但大多数的游戏都是有组织的,有规则限制的。游戏仍然是非功利性的,从这个意义上来说,它有自己的自由,这与满足食物、住所以及其他生存的物质需求不同。参加有组织游戏意味着为了遵守游戏规则,人们心甘情愿放弃纯粹的本能行为。这时,人们还是处于满足物质需要的范畴之外,但必须遵守自己制定的规则。有组织游戏的例子不胜枚举——跳背游戏(Leapfrog,俗称"跳山羊")、"过家家"(Playing House)、儿童黑话(Pig Latin)、[3]国际象棋、大富翁和篮球。前三个例子与后三个不同,但这并不是我们目前所讨论的内容。

现在我们有必要简要介绍一下有组织游戏,以及使游戏复杂化的规则。规则的设定通常是遵循"最不省力"(Inefficient)原则。例如,人们不会一下越过棋盘拿下对方的王后并将其装进自己的兜里。再如,人们也不会为了达到一杆入洞而将高尔夫球拿到洞口,之后将球打进洞里。伯纳德·

---

〔1〕 弗里德里希·席勒(Friedrich Schiller, 1759-1805),德国诗人、哲学家、历史学家、剧作家,德国"狂飙突进运动"的代表人物,第一个对游戏进行专门研究的理论家,他区分了"自然的游戏"和"审美的游戏",前者指生物体生命力的自我展现,本能是其原动力,后者指人的理性的、形式化的游戏活动,指向人的绝对自由。

〔2〕 约翰·赫伊津哈(Johan Huizinga, 1872-1945),荷兰语言学家、历史学家,其著作《游戏的人》是游戏理论研究的经典之作,揭示了法律、战争、哲学、艺术等人类文化中的游戏因子,提出"人是游戏者"的观点,批判了"人是理性者"、"人是制作者"的观点。

〔3〕 是一种英语语言游戏,形式是在英语上加上一点规则使发音改变。据说是由在德国的英国战俘发明来瞒混德军守卫的。儿童黑话于20世纪50年代和60年代在英国利物浦达到颠峰,各种年纪和职业的人都有使用。儿童黑话多半被儿童用来瞒着大人秘密沟通,有时则只是说着好玩。虽然是起源于英语的游戏,但是规则适用很多其他语言。

休茨[1]对此有更专业的表述，这一表述有助于加深人们对游戏规则作用的理解：[5]

进行有组织游戏就是尽力追求事件的特定状态——预期目标（*Prelusory Goal*），并且只能利用规则允许的方法——游戏方法（*Lusory Means*），游戏规则禁止使用较为省力的方法，而是倾向使用最不省力的方法——构成性规则（*Constitutive Rules*），正因为规则使得游戏可以进行而被大家所接受——游戏态度（*Lusory Attitude*）。

这里提到的前期目标注重取胜，这与文斯·隆巴迪[2]所说的体育的特质相一致，但却与我们所说的注重游戏过程而非结果相矛盾。除了追求愉悦，跳背游戏的目的何在呢？

这就又引出了另外一个必不可少的分类，即一系列二分法中的另一个分支。众所周知，跳背游戏与篮球不同。虽然这二者均设有规则，而本能游戏没有规则。但二者的规则却有差异，而且即使在比较严谨的探讨中，这种差异也经常被忽视。跳背游戏不是竞赛，而篮球却是。当然，人们几乎可以将任何游戏活动变成竞赛，但跳背游戏和围着萝西绕圈圈游戏（Ring - around - the - rosie）却是自身的角逐，而没有一个非赢即输的结果（Won - lost Outcome）。一些关于有组织游戏的定义认为有组织游戏就必须有一个赢家。这些定义忽略了大部分有组织游戏不是竞争性的（Competitive），“扮医生”游戏（Playing Doctor）是有规则的，但规则中却没有规定输赢。

当今社会崇尚竞赛的重要性，因此人们很难意识到实际上成千上万的有组织游戏都不具有竞技性。例如，日本“蹴鞠”（Japanese Kemari）经常被西方的观察家称为“足球”，因为这种球的玩法是用脚踢球。这种游戏的目标是使球不落地，而参与者也绝不是竞争对手。日本“蹴鞠”场地的

---

[1] 伯纳德·休茨（Bernard Suits），加拿大哲学家，现任加拿大滑铁卢大学哲学教授，其主要研究方向有游戏、伦理、亚里士多德等，著有《蚱蜢：游戏、生活及乌托邦》等。

[2] 文斯·隆巴迪（Vince Lombardi，1913 - 1970），美国人，在1959至1967年期间担任美国著名橄榄球队绿湾包装工队的首席教练，并带领球队五次夺得美国职业橄榄球联盟年度总冠军，他逝世后，该联盟年度总冠军奖杯——超级碗——以其名字命名。

四角分别植入柳、樱、松、枫四种树木。参与者在这种场地上踢球，本身就表达了一种普适和谐[6]（Universal Harmony）的境界。没有赢家，也没有输家。在密克罗尼西亚（Micronesia）也有一种类似的游戏。据一个人类学家记载："人们普遍不太热衷于这种体育活动的输赢，人们注重的是优雅和技巧。"[7]我们这里所谈到的有组织游戏与日本的"蹴鞠"有所不同。现代社会中竞赛的重要性从词源学的角度可见一斑。"运动员"（Athlete）一词来源于希腊语 Athlos——竞赛（Contest）和 Athlon——奖赏（Prize）。大部分美国孩子的游戏都被由成年人组织的竞赛所取代，对于美国人来说，像纳瓦霍人（Navajo）这样非竞技性民族的游戏显得古怪而且可笑，甚至是"幼稚"。美国人的这种看法使我们认识到一些有关我们自己的重要的东西。

竞赛的种类多种多样，国际象棋就是其中一例，篮球是另外一例。然而，我们要牢记现在所讨论的竞赛是游戏世界的一个子范畴，这一点很重要。也许维恩图（Venn Diagram）有助于我们的讨论（图 1－1）。游戏类竞赛是两个集合——所有有组织游戏和所有的竞赛的交集。显然，从专业技术层面来讲，有些游戏不是竞赛，而有些竞赛不是游戏（军事战略家们的"战争游戏"和"博弈论"并不是游戏的子集，虽然参与者有时会为了自身的目的达到享受战争活动的程度）。约翰·赫伊津哈的经典著作《游戏的人》（1938）很有影响力，但这本书有一个致命的不足之处，即他把法律程序的竞赛甚至战争都纳入游戏的范畴。"竞赛即是游戏……我们并没有足够的理由否认任何形式的竞赛都带有游戏的特点。"[8]赫伊津哈的错误观点并不是没有一点道理。逻辑上来讲，战争本身具有目的性，但是发动战争也有只是为了战争活动的纯粹的满足。实际上，中世纪体育比赛和战争的界限并不是很明显。在 1119 年布雷姆勒战役（Battle of Bremule）中，3 人丧命；在 1240 年的诺伊斯（Neuss）一场比赛中却有 60 人死亡。[9]从表面上看，这二者似有不同，但谁又能确定参与战争的骑士不是带着"玩玩而已"（Playfully）的态度参战的呢？同样，众所周知，参与法律案件的律师享受他们的角色所带来的兴趣。从广义上来讲，他们把法庭当作了他们的娱乐场。然而，游戏类竞赛与非游戏类竞赛有很大的不同。赫伊津哈误将二者混淆在一起，这极大地影响了他作品的价值。罗杰·凯洛依斯[1]对《游戏的人》有正确的评价："这本书并不是研究有组织游戏，而是在文化范畴里研究游戏的精神，更确切地说，研究特定的有组织游戏、规范式竞争的精神。"[10]赫伊津哈忽略了竞赛类有组织游戏和非竞赛类有组织游戏的区别，他认为任何竞赛都是有组织游戏，他的作品有关诗歌、宗教、游戏、战争、音乐和政治等多个方面，虽然引人入胜，但从根本上来讲却使人困惑。

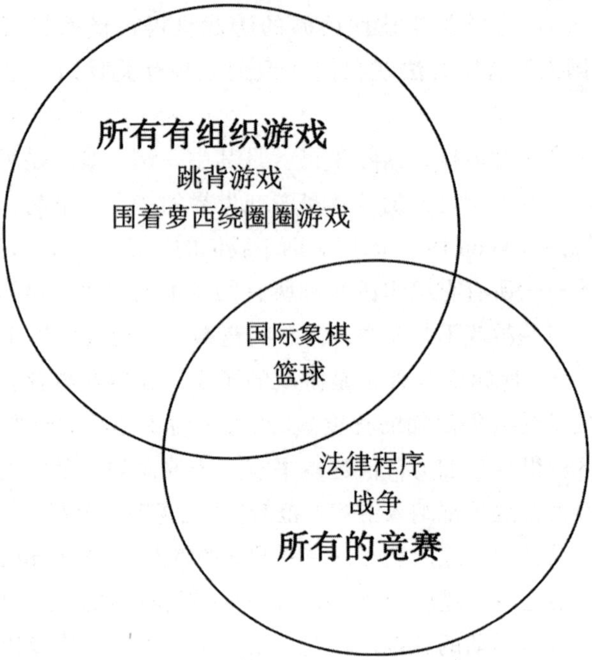

图1－1　有组织游戏和竞赛

在给出比赫伊津哈更详尽的有关游戏、有组织游戏和竞赛的定义之后，我们可以延续二分法，把非功利性的竞赛分为身体技能的较量以及智力的

〔1〕 罗杰·凯洛伊斯（Roger Caillois，1913－1978），法国著名学者，主要研究方向有游戏、有组织的游戏、神性、精神分析，他的研究引起了各人文学科的重大反响，其游戏理论的代表作是《游戏与人》。

较量，而体育就是前者，即“游戏性的”身体竞赛（Physical Contests）。（尽管我们说“身体的竞赛”，但很难想象完全抛开智力的体育活动。）按照我们的定义，国际象棋是一种竞赛，但并不是一种体育活动，尽管《体育画报》（Sports Illustrated）将其囊括其中。[11]赛车和类似的“赛车类项目”是否有足够的身体参与而可以被称为体育还有待商榷，赛马也是如此。事实上，赛马是一个很特殊的问题——赛马是马匹之间的竞赛，还是骑手之间的竞赛？我们对古代体育的了解大多源于一个名叫帕萨尼亚斯〔1〕的希腊旅行者，他生活在公元二世纪。帕萨尼亚斯讲过这样一个故事。在一次奥林匹克运动会上，一匹马在骑手落马的情况下获胜，马的主人被宣布为冠军得主。[12]同样，现代人将赌注压在马匹身上。动物显然是参与活动的主角——至少法国的体育版是这样报道的。[13]幸运的是，这样的争议不在我们的讨论范畴之内，重要的是我们已经有了一个清晰的定义，它可以帮助我们通过经验事实证明我们所阐述的区别是正确的。赛马是否是体育还没有一个定论，但我们相信捕鲸一定不在体育范畴之内，虽然一个著名的历史学家公然将其纳入体育之列。[14]我们也不会迎合詹姆斯·阿尔伯特·米切纳〔2〕在《美国体育》（Sports in America，1976）中提出的观点。他将观众、彩民（赌博下注者）和运动员（Athletes）都当作是体育运动参与者（Sportsman）。米切纳说：“将坐着不动的观众归为体育运动参与者，我也很无奈，但他们应该属于这一行列。”[15]事实并非如此！米切纳最初的本能反应是对的。观看体育比赛不是真正意义上的参与体育竞赛。与观众相比，博彩彩民更像是参与体育竞赛，但也并非是真正的体育运动参与者。

回顾一下刚才所讲的，可以看出我们用了一系列的二分法。与人类学研究的分类相比，我们的图式（图1-2）有何不同？约翰·莫里斯·罗伯

〔1〕帕萨尼亚斯（Pausanias，143-176）希腊地理学家、历史学家，著有《希腊志》，对古希腊的体育、宗教、艺术等进行了详尽的描述，为后人研究古希腊留下了宝贵的资料。

〔2〕詹姆斯·阿尔伯特·米切纳（James A. Michener，1907-1997），美国著名作家，被誉为美国20世纪历史编年者、史诗作家，其著作有《夏威夷》、《南太平洋的故事》等近50部，《南太平洋的故事》获普利策奖。

茨[1]、布莱恩·萨顿·史密斯[2]和同事们合作发表了一系列精彩的文章。他们将有组织游戏分为三类。（1）身体技能类游戏（Games of Physical Skill），这类游戏可能包括策略和机运的元素，也可能不包括。（2）策略类游戏（Games of Strategy），这类游戏可能包括机运的元素，也可能不包括。（3）机运类游戏（Games of Chance）。16 这种分类法没有区分竞赛类游戏和非竞赛类游戏。因此，罗伯茨和史密斯得出一个较具争议的结论——原始社会根本没有有组织游戏。17 他们认为非竞赛类的有组织游戏是消遣活动（Pasttimes）。他们的研究重点是所有的竞赛类有组织游戏，并非单指体育。

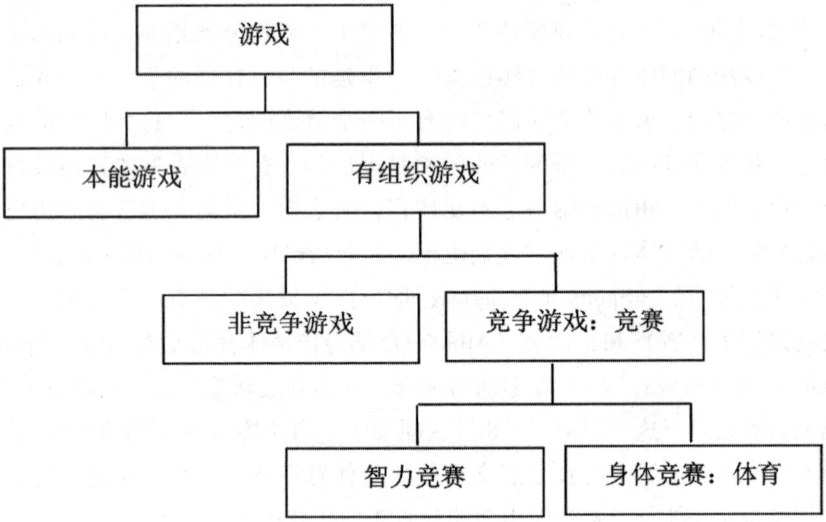

图1－2　游戏、有组织游戏、竞赛、体育

罗伯茨和史密斯从耶鲁大学的跨文化调查档案（Cross－Cultural Survey Files）和人类关系区域档案（Human Relations Area Files）收集数据，旨在建立各种有组织游戏和各种文化间的相关性，即有组织游戏与政治、经济、

〔1〕约翰·莫里斯·罗伯茨（John Morris Roberts，1928－2003），英国著名历史学家，其主要著作有《欧洲史》、《世界简史》、《世界新史》等。

〔2〕布莱恩·萨顿·史密斯（Brian Sutton－Smith，1924－），新西兰著名社会学家、人类学家，他用毕生精力研究游戏在日常生活及文化中的重要性，其游戏理论的代表作是《游戏的含糊性》。

宗教信仰、亲属体系、儿童养育方式和性行为等之间的相关性。他们写道："身体技能类游戏，无论是单纯的身体技能，还是身体技能和策略结合，都与对成绩的奖赏和成绩的频率高度相关。"[18]统计数据显示，策略类游戏与政治一体化和严格要求孩子顺服高度相关。在"机运类文化"中，我们发现初期的性满意感偏低，各种焦虑感偏高，战争盛行，自然环境艰苦，人们居无定所，人与人之间缺乏关爱，禁止近亲结婚。

这一人类学流派中许多有价值的著作都将有组织游戏看作竞赛，这在理论上与弗洛伊德著作中的观点一致。弗洛伊德在他著名的《超越快乐原则》(《Beyond the Pleasure Principle》，1924）一书中，将有组织游戏看作是为战胜矛盾所做的努力。罗伯茨和史密斯评论道："有组织游戏参与的矛盾假说认为游戏参与者起初对游戏感到好奇，继而多加练习，最终由于特定的心理矛盾高度参与其中。"[19]这一意义上的有组织游戏是有治疗作用的。不同的游戏代表战胜心理矛盾的不同手段："有组织游戏是战胜他人的手段。在游戏中，参与者通过神奇的力量（如在机运类游戏中）、通过体力（如在身体技能类游戏中）、或者通过机智（如在策略类游戏中）战胜对手。"[20]接下来的评论揭示了这种方法的隐含假设。孩子们在游戏中学会了"诡计、欺骗、骚扰、猜测和卑鄙的行径等必要的技术（Arts）。老师们不会教他们这些技术，但这些技术在婚姻、商业和战争的成功人际关系中起重要的作用"。[21]弗洛伊德认为在努力战胜矛盾的过程中，游戏与玩笑很相近。

法国人类学家罗杰·凯洛依斯与罗伯茨和史密斯所使用的方法类似。在《游戏与人》(《Les Jeux et les homes》，1958）一书中，凯洛依斯也不只着眼于体育，而是着眼于所有的有组织游戏。他也试图找到有组织游戏与社会结构的相关性。凯洛依斯的图式比较复杂，从本能游戏（Paidia）到有规则约束的有组织游戏（Ludus）过渡中，有多个等级。这个有创造力的体系将本能游戏和有组织游戏各分为四个范畴：（1）机运类游戏，凯洛依斯称之为 alea（机率）；（2）竞赛，凯洛依斯称之为 agon；（3）模仿类游戏，凯洛依斯称之为 mimickry；（4）令人陶醉的游戏，凯洛依斯称之为 ilinx。在本能游戏的层面上，凯洛依斯分别为这四类游戏举例：猜硬币游戏、赛跑、孩童式模仿、秋千。在有组织游戏层面上，凯洛依斯的例子分别为：博彩、国际象棋、戏剧和爬山。在这个图式的基础上，凯洛依斯开始建构起源于有组织游戏的社会学（sociaologie des jeux），而不是有组织游戏社会学[22]（sociaologie a partir des jeux）。凯洛依斯的建构非常伟大，一提起他的设想，人们便会想到法国人类学。

凯洛依斯与罗伯茨和萨顿·史密斯持有同样的观点，他们都认为特定的有组织游戏有重大意义，因此，特定的有组织游戏与社会秩序的本质有关。他论述了结构化的有组织游戏折射出结构化的社会：[23]

> 原始社会……处于伪装和控制的影响之下，即模仿和全然陶醉的影响。相反，印加人、亚述人、中国人或罗马人是秩序社会的典型代表。他们有办公部门、职业、行为准则、计算方法、受控特权和等级特权。在这些社会中，竞赛和机运类游戏，即功绩和出生的造化，是他们的文化的基本组成部分，也是社会游戏的补充。

我们不是要对罗伯茨、萨顿·史密斯和凯洛依斯进行一一批判，我们对他们的方法持有怀疑的态度，这也就显示出我们意欲追求的道路有所不同。尽管我们有理由相信喜欢国际象棋类游戏的人在性格方面不同于掷骰子并笃信命运的人，但如果单纯通过有无竞赛和机运类的游戏来归纳整个时代，或者某一族群的特点，则没有多少事实依据。这种所谓的有特点的有组织游戏越具体，这种假设就越站不住脚。例如，禅宗讲究天人合一的境界，禅宗大师的箭术与现代射箭项目截然不同。事实上，现代射箭与英国莎士比亚时期的射箭也大相径庭。同样，追溯到埃及法老时代，贝尼哈桑〔1〕(Beni Hassan）墓的壁画描绘了几乎所有当今大学校际摔跤比赛中使用的摔跤擒拿法。换句话说，就游戏的参与者本身而言，人类学家所说的游戏不如游戏的文化观重要。关注某一社会所喜爱的游戏，我们可以从中获取很多信息，但“同一”游戏在不同文化中的含义却可能截然不同。在本书的第四章和第五章，我会效法罗伯茨、萨顿·史密斯和凯洛依斯，试图探讨棒球和美式橄榄球是美国体育项目的原因，但我所关注的是随着时

---

〔1〕 埃及中王国考古遗址，位于尼罗河东岸，在开罗以南大约245公里处。这个遗址以其石凿墓穴著称，墓穴都是第十一王朝和第十二王朝期间上埃及第十六州亦即奥里克斯州高级官吏的埋葬之处。

间的推移，“同一”体育项目的各种变换形式。我关心的是某一体育项目是如何出现的，而非是否曾经出现过。

我们再回到那个初级图式。到目前为止，这个图式只差一点没有完成了。我们回到前面所讲的分类，我们会产生这样一个疑问：游戏是否是工作之外唯一的消遣的途径？当然不是。至少，艺术（Fine Arts）就是一例，人们对艺术的追求也没有任何功利目的。人们之所以不愿意挑明这一点也是因为无数的作品一直在探讨体育和艺术的关系问题。皮埃尔·福雷斯奈特[1]的《艺术中的体育》（《Le Sprot parmi les beaux – art》，1968）是一本精妙的、信息量大的、引发讨论的著作。这本书将体育归为艺术中比较高级的类别。[24]无独有偶，罗兰·巴特[2]把环法自行车赛比作史诗；同样，也没有人否认现代舞蹈和女子体操队员自由体操表演的相似之处。

有哪些观点把体育排除在艺术范畴之外呢？游戏与艺术的区别也许在于二者的表现方式不同。尽管不是所有学艺术的学生都会同意“表现说”（Theory of Expression），但艺术可以被当作表现形式，是艺术家与观众的交流。虽然文学常常宣传道德，艺术却并非总是如此。艺术传达了色彩和形式感，对特定声音模式的意识和对人类活动的解释。艺术家需要观众，但可悲的是，艺术家有时被迫在没有观众的情况下表演。然而，游戏不需要观众，因为游戏表达了游戏者自身的一种愉悦，这种愉悦无需得到他人的认可。正如我们所说过的那样，活动的目的是为了活动。有组织游戏、竞赛、甚至体育确实需要观众。熟悉现代职业体育的人都意识了体育、现场观众和电视网之间密切的经济关系。尽管如此，在过去、现在，以及未来，体育还是可以以没有观众的形式存在。事实上，那些将注意力从活动本身转向观众的运动员，以及为球迷“表演”的运动员，违反了体育准则，他

---

〔1〕 皮埃尔·福雷斯奈特（Pierre Frayssinet，1904 – 1929），法国诗人，其代表作有《1924 – 1928 年法国的货币政策》、《三部悲剧》等。

〔2〕 罗兰·巴特（Roland Barthes，1915 – 1980），法国著名文学家、社会学家、哲学家，其思想对后现代主义、结构主义、存在主义、符号学产生了深远的影响，其代表作有《写作的零度》、《明室》、《符号学原理》。

们经常成为纯粹主义者的嘲笑对象。“哗众取宠的表演”在欧文·戈夫曼[1]提出的所谓“后台”（Back Region）——圈内人士互相交流的场所——是不被欣赏的。艾伦·英厄姆[2]和麦克·史密斯[3]借助戈夫曼的“前台”（Front Region）、“后台”理论评论说：“运动员在‘前台’要面对队友、体育权威和观众，不得不学会处理‘比赛’和‘表演’的关系问题。”25

罗兰·巴特对职业摔跤的叙述清晰地展现了体育与艺术的关系。职业摔跤手所从事的活动与大学摔跤运动员所从事的活动有几分相似之处，但假装的格斗不是真正意义上的竞赛。它更像是一种民间艺术，象征正邪之战的情景剧。巴特说：“观众所看到的是痛苦、失败和正义交锋的壮观景象。”26在观众面前，大学的摔跤运动员也许没有真正的扭打，但“摔跤者”发出哼哼声、呻吟声，观众兴奋地看到了正义一方的胜利，听到邪恶一方受到惩罚的声音。

体育也会成为具有象征意义的活动。世界职业网球系列赛和温布尔登网球比赛的观众似乎将比赛看作一种象征符号。尽管如此，我们的头脑里必须有这样一个概念——不管是否有观众在场，两个孩童间的赛跑、国内网球比赛、或者不擅长打高尔夫球的人独自在高尔夫球场上的练习都是体育活动。至少，在最后一个例子里，毫无疑问，他热切地渴望独处。

前面我们粗略地概述了游戏、有组织游戏、竞赛和体育的初级图式，试图说明这些活动和艺术的不同，现在我们必须面对任何学习和研究体育的学生都不可避免的问题。赫伊津哈在《游戏的人》中强调游戏总是“按照固定的规则，在自己的时间和空间界限内有序行进”。27凯洛依斯也同意这一观点，他说：“游戏本质上是一个独立的活动，游戏在时间上和空间上

---

〔1〕 欧文·戈夫曼（Erving Goffman，1922－1982）加拿大著名社会学家，符号互动论代表人物，在其代表作《日常生活中的自我表演》中，他提出了“前台”、“后台”的概念，前台指表演的地方，后台指为前台表演作准备的地方，避免观众进入的地方，在前台，人们一般表现出的是社会化的自我，而在后台，则更多的是本真的自我。

〔2〕 艾伦·英厄姆（Alan G. Ingham），现任职于迈阿密大学、牛津大学、俄亥俄州立大学，主要从事体育教育、体育社会学研究，著有《社会发展中的体育：传统、过渡及转型》等。

〔3〕 麦克·史密斯（Michael D. Smith），美国学者，主要从事体育相关研究，著有《暴力与体育》。

独立于游戏外世界……不管怎样，游戏的领域是封闭的、排他的纯粹空间，彼此间有如隔着千山万水。”[28]在本章前面，我们评论过赫伊津哈的观点，我们认为有组织游戏有固定的规则，而本能的游戏没有固定的规则，但时间和空间的独立性又有什么重要性呢？根据我们对宇宙的认识，功利性和非功利性是截然不同的，工作和游戏是从不互相渗透的两个独立的领域，然而在现实生活中，我们所经历的工作和游戏都不是纯粹的工作和游戏。游戏可能发生在绝不可能发生的地方，甚至在绞刑架上。同样，孩子们前一秒钟还沉浸在游戏的最欢欣雀跃的时刻，后一秒中游戏可能突然变成索然无味的强制性游戏。一个孩子说：“我们继续玩吧。”另一个孩子出于无奈勉强应允。第一个孩子继续玩，而第二个孩子却只是象征性地玩。他们处于不同的时间和空间吗？显然不是。我们有非凡的能力把冗余无味的任务变成有组织游戏，也有不为称道的本领通过给游戏强加外部动机（这些外部动机从单纯的保持体质到为了赢得奖金将对手打残之间变化）破坏纯粹的游戏。在电影《铁窗喋血》（Cool Hand Luke）中，一群犯人一反常态，使狱警大为迷惑。他们提高跑步的速度节奏；在做苦工时，热切地跑来跑去、大笑，把惩罚变成了游戏。在这一例中，没有正式的竞赛，因为进行游戏的人不包括狱警。狱警的困惑实际上是明显不合常理的游戏中的合乎情理之处。如果犯人们仅仅是出于娱乐而进行游戏（就像孩子突然迷上一个闪念），那么这个游戏就是非功利性的，从现象上来看，有别于功利性的工作。

赫伊津哈的关注点是竞赛，而不是游戏或非竞争性游戏。也许从游戏到有组织游戏，从竞赛到体育，时空独立的程度不断增加。一个事件的组织结构越高级，它与时空的界限就越分明。但即使是最严格意义上的程式化的“游戏框架”也会被打破。“专门破坏他们乐趣的人”（Spoilsport）有各种伪装，他随时准备好打破幻想，使游戏世界的彩虹“渐渐成为一束普通的光”。[29]

在探讨了福雷斯奈特和赫伊津哈提出的问题之后，请各位读者再次回到我们的模式——体育是“游戏性的”身体竞赛。我们的模式是一个工具、一个启发性设计、一个有益的模型，它与历史无关。与罗伯茨、萨顿·史密斯和凯洛依斯总结出的更直接、更恢宏的历史范式相比，我们更喜欢这个模式。它是一个必要的抽象概念，但为了理解现代体育何以被称为

“现代”（这是我们要达到的两个目的之一，这两个目的又是互相关联的），我们必须要了解早期的体育为什么不能被称为“现代”。前面的几页论断颇具哲学意味，下面我们要从历史的角度来分析问题。

NOTES

1. The Four Minute Mile (New York: Dodd, Mead, 1957), pp. 11 - 12.

2. Wesen und Lehre des Sports (Berlin/Frankfurt: Weidm - nnsche Verlags - Buchhandlung, 1949), p. 10.

3. Arthur Ashe and Frank Deford, Arthur Ashe (Boston: ltoughton Mifflin, 1975), p. 46.

4. See Eugen Fink, Oase des Cliicks (Munich: Karl Alber, 1957) and Spiel als Weltsymbol (Stuttgart: Kohlhammer, 1966); David L. Miller, Gods and Games (New York: World Publishing Co., 1969).

5. "The Elements of Sport," The Philosophy o[Sport, ed. Robert G. Osterhoudt (Springfield, Illinois: Charles C. Thomas, 1973), p. 55; see also his "What Is a Game?" Philosophy of Science, 34 (June 1967), 148 - 56.

6. See F. K Mathys, "Kultischer FuPaball in lapan," Olympisches Feuer, 6 (April 1959), 12 - 13.

7. Jean Youd, "Notes on Kickball in Micronesia," Journal of American Folklore, 74 (1961), 64.

8. ttomo Ludens: A Study of the Play Element in Culture (19:18; rpt. London: Temple Smith, 1970), p. 98.

9. J. J. Jusserand, Les Sports et jeux d´exercice dans l´ancienne France (Paris: Plon, 1901), p. 58.

10. Les leux et les hommes (Paris: Gallimard, 1958), p. 32.

11. Closest to my own definitions are those of John Loy, "The Nature of Sport: A Definitional Effort," Quest Monograph, no. 10 (May 1968), 1 - 15.

12. See M. 1. Finley and tf. W. Pleket, The Olympic Games: The First Thousand Years (New York: Viking Press, 1976), pp. 31 - 32.

13. See Jules Gritti, Sport a laune (Paris: Armand Colin, 1975), p. 114.

14. See Ralph Henry Gabriel's introduction to John Allen Krout, Annals of American

Sport (New Haven: Yale University Press, 1929), p. 3.

15. Sports in America (New York: Random House, 1976), p. 62.

16. See]ohn M. Roberts, Malcohn]. Arth, and Robert R. Bush, "Games in Culture," American Anthropologist, 61 (1959), 597 – 605; John M. Roberts and Brian Sutton – Smith, "Child Training and Came Involvement," Ethnology, 1 (1962), 166 – 85; John M. Roberts, Brian Sutton – Smith, and Adam Kendon, "Strategy in Gaines and Folk Tales," Journal of Social Psychology, 61 (1963), 185 – 99; Brian Sutton – Smith, John M. Roberts, and Robert M, Kozelka, "Game Involvement in Aduhs," Journal of Social Psychology, 60 (1963), 1%30; Brian Sutton – Smith and John M. Roberts, "Rubrics of Competitive Behavior," Journal of Genetic Psychology, t05 (1964), 13 – 37; John M. Roberts and Brian Sutton – Smith, "Cross – Cultural Correlates of Games of Chance," Behavior Science Notes, 1 (1966), 131 – 44; Brian Sutton – Smith, "The Sporting Balance," Soziologie des Sports, ed. Roll Albonico and Katharina Pfister – Binz (Basel: Birkhhuser Verlag, 1971), pp. 10% 13; Brian Sutton – Smith and John M. Roberts, "The Cross – Cultural and Psychological Study of Gmnes," IRSS, 6 (1971), 7%87; Brian Sutton – Smith, "Games, the Socialization of Conflict," SW, 3 (1973), 41 – 46; Brian Sutton – Smith, "Play as Adaptive Potentiation," SW, 5 (1975), 107 – 18; Donald W. Ball, "The Scaling of Gaming," Pacific Sociological Review, 15 (July 1972), 277 – 94; Donald W. Ball, "What the Action Is," Journal for the Theory of Social Behavior, 2 (1972), 121 – 43; Donald W. Ball, "Control versus Complexity," Pacific Sociological Review, 17 (i974), 167 – 84.

17. For their lack of concern for noncompetitive games, they hate been faulted by Henning Eichberg, "Spielverhalten uud Relationsgesellschaft in West Sumatra," Stadion 1 (1976), 1 – 15.

18. "Child Training and Game Involvement," Sport, Culture and Society, ed. Joim W. Loy and Cerald S. Kenyon (New York: Macnrillan, 1969), p. 124.

19. Ibid., p 128.

20. "The Cross – Guttural and Psychological Study of Games," p. 86.

21. Ibid.

22. Les]eux et les hommes, p. 142.

23. Ibid., pp. 169 – 70.

24. See also Benianrin Lowe, "The Aesthetics of Sport," Quest Monograph, no. 16 (1971), 13 – 17; Lowe, "A Theoretical Rationale for Investigation into the Relationship of

Sport and Aesthetics," IIISS, 8, no. 1 (1973), 95 - 101; Lowe, The Beauty of Spórt (Englewood Cliffs: Prentice - Ha/l, 1977); Francis W. Keenan, "The Athletic Contest as a Tragic´Form of Art," The Philosophy of Sport, ed. Robert G. Osterhoudt (Springfiekl, Illinois: Charles C. Thomas, 1973), pp. :309 - 26; Robert Mitchell, "Sport as Experience," Quest Monograph, no. 24 (1975), 28 - 33; H. T. A. Whiting and D. W. Masterson, eds., Readings in the Aesthetics of Sport (London: Lepus Books, 1974).

25. "Social hnplications of the Interaction between Spectators and Athletes," Exercise and Sport Sciences Reviews, 2 (1974), 202. The phrase "play and display" is an allusion to Gregory P. Stone, "American Sports - Play and Dis - Play," Chicago Review, 9, no. 3 (1955), 83 - 100. For a recent critique nf spoJ - as spectacle, see Christopher Lasch, "The Corruption of Sports," New York Review o[Books, 24 (April 28, 1977), 24 - 30.

26. Mythologies (Paris: Editions du Seuil, 1970), p. 17; see also Grcgory P. Store: and Ramon A. Oldenburg, "Wrestling," Motivations in Play, Games and ,Sports, ed. Ralph Slovenko and lames A. Knight (Springfield, Illinois: Charles C. Thomas, 1967), pp. 503 - 32.

27. Homo Ludens, p. 32.

28. Les]eux et les hommes, p. 37.

29. The best discussion of the "ludie frame" is by Alan G. lngham and John W. Loy, "The Structure of Ludic Action," IRSS, 9, no. 1 (1974), 23 - 60.

第二章 从仪式到纪录
From Ritual to Record

将一种现象放在不属于它的背景下来观察是理解这种现象的一种方式。当马克·吐温（Mark Twain）获知亚伯特·斯伯丁〔1〕的巡回表演棒球队在夏威夷群岛举行了一场表演赛时，他对这种文化差异感到惊奇：[1]

我到桑威奇群岛（*SandwichIslands*，即夏威夷群岛）观光……那里生活就好像一个长长的无眠安息日，天气永远是长久的美好夏日……那些孩子们竟然在打棒球！棒球，这一极具象征意义的运动，它是狂飙式的*19*世纪的动力、决心、进取以及竞争的外在表现！岛民不可能领悟到这种深层含义，因为空间与事件（夏威夷群岛与棒球）是如此的不协调，有如葬礼上突然闯进了马戏团。

葬礼和马戏团还不是最精确的比喻，但是在原始体育、古代体育以及中世纪体育的背景下，现代体育的格式塔〔2〕的确显得格格不入。

用这种方式将现代体育与其之前的体育相比，现代体育呈现出 7 大显著特点。我们很容易说出这些特点，但是它们的重大影响、派生后果、相互关系以及终极意义还需要更加精确和深入的分析。像其他文化事实（Cultural Facts）一样，身处现代性文化中的人很容易想当然，把它们当成是不证自明的“自然”的事实，然而对于局外人来说，它们看上去却很陌

〔1〕 亚伯特·斯伯丁（Albert Spalding，1850 – 1915），职业棒球运动员和知名的运动设备厂商的创建者；1876 年成为第一位 200 胜的投手；1939 年他被选入美国棒球名人堂。

〔2〕 格式塔（Gestalt）指完形，即具有分离特征的不同部分组成的有机整体，在此泛指现代体育的表现形式以及深层的象征意义的整体。

生。为了指出此次分析的方向，现在我们以最抽象的方式将这 7 种特点罗列如下：

世俗主义（Secularism）

平等的竞争机会和条件（Equality of opportunity to Complete and in Condition of Competition）

角色专门化（Specialization of Roles）

理性化（Rationalization）

科层化（Bureaucratic Organization）

量化（Quantification）

追求纪录（The Quest for Records）

虽说对于上面这份清单马克斯·韦伯[1]或是塔尔科特·帕森斯[2]的弟子不会感到惊奇，但是却很少有美国学者涉足体育的历史社会学——或是社会历史学领域。而欧洲学者，特别是德国学者，却更多地将体育当作一种社会现象来严肃对待。现在应该凭借美国和德国学者的研究以超越现在的界限来做更深的讨论了。

一、神圣与世俗
The Sacred and the Secular

原始文化中很少有哪个词能表达我们现在意义上的体育。2 倘若我们一定要将体育定义为一种非功利性的身体的竞赛，那么我们也许会说原始人根本没有体育可言。在卡尔·迪姆的《体育世界史》这一巨著中，他一开

〔1〕 马克斯·韦伯（Max Weber，1864 – 1920），德国著名社会学家、哲学家、历史学家，社会行动理论首倡者，与卡尔·马克思、涂尔干并称为社会学三大“奠基人”，其代表作有《新教伦理与资本主义精神》、《经济与社会》等，韦伯在其著作中对现代性问题进行了深刻的探讨与反思。

〔2〕 卡尔科特·帕森斯（Talcott Parsons，1902 – 1979），美国著名社会学家，美国现代社会学奠基人，结构功能主义代表人物，其代表作有《社会行动的结构》、《社会系统》等，在其著作中，帕森斯对于现代性问题提出了“现代性何以可能”、“现代性的诊断”、“现代性的治疗”等一系列命题。

始便宣称，“所有的身体运动（Physical Exercises）一开始都是带有祭礼性质的”。[3]有足够多的证据来证明他的观点，原始社会中，人们经常将跑步、跳高、投掷、摔跤，甚至是打球融入他们的宗教仪式或庆典。

《民族志》中学者对美国印第安人的有组织游戏已经做了很多的研究工作，特别是对大平原印第安人，他们是征服者文化影响下最后没落的民族。斯图尔特·库林〔1〕在其长篇概要中写道：[4]

> 孩子们有很多其他的娱乐项目，比如说玩陀螺（*Top Spinning*）、玩打仗，以及其他类似的模仿性体育项目，但是最早被描述的游戏却是仅限于成年人及青少年，而非孩童，而且通常是在特定的季节被作为特定节日或是宗教仪式的附加活动……通常，游戏是以仪式的形式出现，用来取悦上帝，祈求土地多产、天降甘霖、赐予和延长生命、驱除恶魔、或是治愈疾病。

除了偶尔有些例外，库林的《民族志》并没有解释这些有组织游戏的宗教内涵，但是在其后面的记录当中却给我们提供了一个很好的例子。

美国西南部的吉卡里拉阿伯切人（Jicarilla Apaches）用“体育”和太阳——月亮的符号体系来作为每年丰收仪式的一部分。阿伯切神话将大平原印第安人中的两种最主要食物来源之间的微妙平衡戏剧化。动物的来源与太阳有关，而蔬菜的来源则与月亮有关。“太阳与动物相联系，而月亮与蔬菜相联系，因为太阳是男人，而月亮是女人。”[5]这种二元结构的自然秩序观是克洛德·列维－斯特劳斯〔2〕和许多其他人类学家所假定的原始思维（la pensée sauvage）的一个不可或缺的方面。凯西·惠－科克达尔（K·the Hye－Kerkdal）在写到巴西青比拉印第安人时，强调体育和世界观之间的联系：“运动竞赛和原始人的二元社会结构可以被描述为世界两极的两个不

---

〔1〕 斯图尔特·库林（Stewart Culin，1858－1929），美国人类学家，主要研究方向有游戏、竞技、艺术、服饰等，其代表作有《东方游戏》、《北美印第安人的游戏》等。

〔2〕 克洛德·列维－斯特劳斯（Claude Lévi－Strauss，1908－2009），法国著名人类学家，结构主义人类学创始人，主要研究课题有神话、图腾、亲属关系，其代表作有《忧郁的热带》、《结构人类学》、《野性的思维》等，他认为，人类的思维模式是一种二元对立的结构，是一种超验的存在。

同代表（一个世界极面观，eines polaren Weltbildes）。”[6]现在最令我们感兴趣的是二元神话中的一个规定。该规定意为所有男性在从青春期到结婚这段时间内至少要参加一种接力赛。这种接力赛的一边代表着太阳，另一边代表着月亮，并且有着很复杂的仪式程序。比赛之前禁止肉食和性爱。跑道称之为“银河”，源于神话中太阳与月亮赛跑所在的跑道。“银河”连接着两个圆，沿着其圆周顺时针挖很多小洞，两边的参赛者边祈祷边往小洞里面撒花粉，然后在洞里面种上树。这些程序的进行过程中都有代表着太阳和月亮的鼓声伴奏，并且还有旗帜、舞蹈、歌曲和宴席。比赛是在节日的第三天举行，那时候，每个圆中间会点燃一团火。男孩子们被涂上彩绘，撒上花粉，装饰上羽毛，由两个分别拿一穗玉米和一片鹰的羽毛（代表着食物的两种不同来源）的年轻女孩带领着走向圆圈。接着四个年长的男人走出跑道，然后赛跑才开始。很明显，仪式的过程本身要比输赢的结果重要得多。两边领头者先跑，接着是其他人，而且他们没有什么特定的顺序。有些人跑过四五次，但是每个人都至少要跑一次。比赛结束后是跳舞和宴会。[7]

从严格意义上来讲，第二个与祭祀相关的体育的例子并不是来自原始社会，因为南非德班的祖鲁（Zulu）英式足球运动员是来自一个部落与现代社会过渡中的文化区域。他们的运动——英式足球（Soccer），是现代最流行的球类运动，但是他们的足球吸收了他们的生活方式中的诸多元素，而他们的生活方式绝对不是现代的。祖鲁足球队是按照国际足球协会（International Football Association）的规则来踢球的，而现代体育中所必要且正常的行为却可能与祖鲁的传统习俗相违背。例如，一名教练或训练员可能会惩罚一名比其年长的运动员——这在现代体育中是必要的，但这样做却蔑视了祖鲁的传统禁忌。祖鲁人自己创造了“英式足球”的其他方面。联赛前后以山羊祭祀。赛前仪式要求运动员、教练和各队的支持者在一起度过一个晚上——围绕着篝火一起睡。所有的人都是裸着的，但是不发生性行为。一个被称之为“树之人（Inyanga）”的巫医，会在运动员们的膝关节、肘关节，以及其他关节处划一些切口（这很像是彻罗基印第安人Cherokee Indians球类运动仪式上的医师）。每个运动员还会得到一份仪式上使自己纯洁的催吐剂。比赛那天会有队列游行，队列编排很紧密，人们都是紧挨着的，然后巫医施魔水。当运动队输球时，被要求“下课”（Replaced）的不是教练或经理，而是巫医。[8]

上面的例证皆为体育和宗教祭祀同时发生的情况，但是卡尔·迪姆断言的这种同时性不只是一种偶然，而可能是一种不可避免。他的概述让我们不得不考虑这样一个问题，原始人的体育活动始终都是宗教的一部分，还是说体育也简单地作为世俗生活？这个问题的前提就是原始人有世俗生活，这一点很多权威人士都反对，他们认为原始人的宗教生活与其文化几乎是一致的。同时这个问题也对我们的“游戏——有组织的游戏——竞赛——体育”这一基本图示有着特殊的意义。倘若我们认为体育在原始社会中一直是神圣的，一直是祭祀的一部分，那么我们就不得不下一个很奇怪的结论，那就是原始人根本就没有体育，因为他们的身体竞赛本质上都是宗教的，也就是说在某种意义上说是功利性的。他们都是为了一个外在性目的，比如确保土地丰收，而不是纯粹为了运动本身的快乐体验。

但是迪姆的观点是对的吗？我不这么认为。根据《民族志》的记载，我们可以找出很多祭祀性运动的例子，但是我们不能就此将原始人的所有行为活动都划进神圣的范畴。那孩子们摔跤、掷梭镖呢？他们的行为就很难让人认为是祭礼的一部分。尽管凯西·惠-科克达尔关于巴西青比拉印第安人的“比赛日志（log-races）”很明确地表述了很多比赛的祭祀重要性，但是有些比赛貌似也仅是追求自身愉悦的世俗活动。[9]避开普遍存在而下武断的结论（“原始人没有世俗体育”）是不明智的。虽说如此，但是迪姆的夸大其辞中也蕴含着一个很重要的事实——与“身体运动”截然不同的体育，也许一开始是带着宗教意义而进入原始成年人的生活的。我们时代本身泛滥的世俗主义导致我们低估了原始体育的宗教意义。

玛雅人（Mayans）和阿芝特克人（Aztecs）的球类游戏在宗教体育中记录最全面，研究最多。他们那错综复杂的文明，我们可以将其归为古代文明，而不是原始文明。随后关于古代体育的讨论我将主要聚焦于古典建筑，当然不是中国、印度以及其他“非西方”文化的远古历史，而是集中探讨人类学著作中玛雅-阿芝特克的著名球场，并且附上这种活动的内在本质，以此表明此实例的意义。

在这种球类运动背后是关于一对双胞胎兄弟的神话故事，他们的名字有各种不同的音译版本。这对兄弟离开母亲，在一场足球比赛中（实际上是英式足球之类的运动）挑战阴间诸神。他们输了，并走向了一般神话中庸俗而毫无新意的结局——死亡。其中一个兄弟的头被挂在了一棵树上，一个年轻姑娘恰巧经过。这时挂在树上的头颅突然从嘴里喷出了一些种子，使姑娘怀孕了，然后她就搬到了双胞胎兄弟的家中并生下了几个孩子。他们长大后，又去找诸神挑战足球，而意料之中的事情又一次发生了，他们赢了。于是双胞胎兄弟的头升上了天空，变成了太阳和月亮。[10]

有40多个球场可以为这个太阳——月亮的神话提供考古学上的证据，这些球场分布很广，从亚利桑那州一直到危地马拉再到洪都拉斯都可以找得到。球场被作为是天堂的象征，总是置于寺庙建筑群中，如今保存得最为完好的是在墨西哥犹加敦（Yucatán）的奇琴伊察（Chichén Itzá）〔1〕。阿芝特克时期，这个游戏是在主管花、爱与美的女神（Xochiquetzal）的守护之下而进行的，游戏中，球要穿过那些石头砌成的、雕刻着托尔特克国王标志（即羽蛇神标志）的圆型台。每年在祭祀中成千上万的人（作为祭品被杀）被供奉给这些神灵。这些人祭当中很多与球类游戏有着直接的联系。究竟是输球一方还是获胜一方被献祭还不得而知，但我们可以肯定的是，竞赛本身的规则是要求失败者面临厄运，而不是胜利者。不管是神话中的叙事，还是现实中的实际情况，考古记录都很清楚地指出这是一个非生即死的游戏。奇琴伊察大球场的6个浮雕分别展示了一名运动员被斩首的情形。总体来讲，很少有关于这项运动的真正打法的细节，而有关争议却很多，但是16世纪的西班牙人很清楚地看到了这项运动的宗教性质，其中有一个人这样说，“每一个网球场都是一座庙宇。”[11]西班牙当局禁止了这种游戏——倘若可以将其称之为游戏的话。[12]

尽管古希腊体育可被设想成现代体育的早期形态，但奥林匹亚（Olympia）和特尔斐（Dlphi）的身体竞赛从文化上来讲更接近原始人的体育，而不是我们现在的奥林匹克。我们对希腊文化的相对熟知以及特定田径项目的复兴模糊了雅典人的体育与阿伯切人、阿芝特克人的体育之间的最基本相似性。这个问题在某种程度上只是信息的缺乏。《伊里亚特》〔2〕(《Ili-

〔1〕 奇琴伊察：在犹加敦玛雅语中，意即“在伊察的水井口”，是一处庞大的前哥伦布时期的考古遗址。奇琴伊察由玛雅文明所建，坐落在今墨西哥境内的犹加敦半岛北部，也是世界七大奇迹之一。

〔2〕 是《荷马史诗》的其中一部分，另一部分是《奥德赛》，《伊利亚特》主要取材于著名的特洛伊战争的传说，是描写特洛伊战争的英雄史诗。

ad》）的第二十三卷有关于为纪念被杀死的帕特洛克勒斯（Patroclus）而举行的葬礼游戏的记录，这是众多文学篇章中的首次记载，而且也是最重要的记载。希腊花瓶上所描述的有关于竞技的事件仍然是西方人美学研究的重要部分。米隆[1]的《掷铁饼者》当列入最优秀的雕塑作品当中。尽管我们关于希腊体育的知识还有很多仍是空白，但问题更多的在于诠释而不在于信息。

古奥林匹克运动会，例如：皮提亚运动会（Pythian）、地峡运动会[2]（Isthmian）、尼米亚运动会（Nimean）、阿希那克运动会（Athenaic），都是神圣的节日，是古希腊人宗教生活中不可或缺的一部分（表2－1）。用一名学者的话来讲，“古奥林匹克运动会是神圣的运动会，在一个神圣的节日，在神圣的地方举行；运动会是为了表示对神的崇敬而举行的一种宗教活动。那些人参加运动会是为了为神服务，他们的奖赏来自于神……古奥林匹克运动会来源于宗教。”13在奥林匹亚举行的运动会为了向宙斯（Zeus）致敬。在科林斯（Corinth）举行的——地峡运动会——是致敬波塞冬（Poseidon），而阿波罗（Apollo）则受到特尔斐和尼米亚的赛跑运动员和摔跤手的膜拜。14

表2－1 古希腊竞技节日

节日	地点	祭祀的神	树枝或花环	间隔时间（年）	创建时间（公元前）
奥林匹克运动会	奥林匹亚	宙斯	橄榄	4	776
皮提亚运动会	特尔斐	阿波罗	月桂	4	582
地峡运动会	科林斯	波塞冬	松树	2	582
尼米亚运动会	尼米亚	阿波罗	西芹	2	573

〔1〕 米隆（Myron，活动于约公元前480～前440），希腊雕刻家。生于伊柳塞拉，长期在雅典活动，是希腊古典时期名家之一。他擅长作青铜像，作品突破了古风时期雕刻的拘谨形式，把希腊雕刻艺术推向新的高峰。他善于把握人体的准确结构及其在运动中的变化关系，并达到精神和肉体的平衡和谐。

〔2〕 也译作“伊斯米亚运动会”。

古奥林匹克运动会起源的确切历史目前尚不清楚，而且很有可能永远成为一个谜。有人认为一开始是为了供奉盖亚（Gea）——大地之女神。也有希腊神话讲述了为庆祝珀罗普斯（Pelops）（“丰产制造者”）求婚过程中与其求婚对象希珀达米亚（Hippodamia）的父亲欧那蒙厄斯（Oenomaus）的四轮马车竞赛的胜利。据说赫拉克勒斯（Herakles）在珀罗普斯的坟前举行了运动会的开幕仪式，珀罗普斯在一个男孩献祭之后复活了，自此在竞赛中的失败者被当成祭品的象征性替代物（现在喜欢把失败比作死亡的足球教练都是很优秀的人类学家，只是他们自己没有意识到）。赫拉克勒斯曾是古希腊人所崇拜的半神（其母亲是凡人）、英雄及丰产之神，因此丰产神话通常是贯穿于每一个运动会起源的一条主线。到古典时代，[1]运动会呈现出合并的特点，盖亚的祭坛仍然是奥林匹亚四大圣坛之一，珀罗普斯的葬礼仪式在运动会的第二天举行，供奉给宙斯的大祭祀在第三天举行。运动会的目的仍然是祭祀性和宗教性的。身体竞赛是“为了祈求神复活，让神以新芽的方式冲破大地黑暗的子宫，重见光明”。[15]

对于古希腊人而言，运动会的时间如地点一样神圣。古奥林匹克运动会是在夏至后的第二个或是第三个满月的时候举行，有三名传令官到处宣告奥林匹克休战原则。运动员首先在伊利斯（Ilis）附近的小镇上聚集，然后待上 30 天做最后的准备，之后两天是伴随着多种仪式的队列行进，前往埃夫罗塔斯（Eurotas）河边的真正比赛地点。因运动会的神圣性，除了德墨特尔（Demeter）的女性神职人员外，妇女不得参加，甚至是作为观众也不行。奥林匹亚运动会不断地扩大，从公元前 776 年简单的体育场比赛到各种复杂的比赛项目——竞走、四轮马车、拳击、摔跤、拳击和摔跤结合而成的搏击项目、掷铁饼和标枪。不仅有男人的竞赛，也有男孩的竞赛，从公元前 396 年起，还有号兵和传令官的竞赛。据大多数的史料记载，运动会的第五天也就是最后一天，所进行的全是宗教仪式。这一天会有对诸神隆重的致谢仪式，胜利者被授予橄榄枝，橄榄枝由一名父母都健在的男

〔1〕 古典时代：所谓“古典时代”（classical times）广义上是指古代文明发祥地的整个古代文明，在这个意义上说，古代希腊罗马历史属于西方古典文明的研究范畴；狭义的古典时代是指古代文明发祥地文化最为繁荣发达的时代，在这个意义上说，古希腊的古典时代是在公元前 5 - 4 公元前世纪前期；古罗马的古典时代是在公元前 6 - 公元 1 世纪。文中的古典时代是指狭义的古希腊的古典时代。

孩从宙斯的树林中剪来。古奥林匹亚运动会的宗教性质不容置疑，其他类似的“花环运动会”（因胜利者都冠以橄榄枝、月桂、松树枝或是西芹所制的花环，故取名为此）也同样如此。

在获知这些信息之后，我们可以回到福雷斯奈特的论点，他认为体育是艺术的表现形式，“关于多种多样的古希腊宗教仪式的研究告诉我们，人们总是可以通过供奉来取悦诸神……音乐、舞蹈、诗歌、戏剧和体育竞赛”。[16]“花环运动会”以及其他成百上千的地方运动会，的确都是人们取悦诸神的一种方式，但是这个事实并不能使我们得出这样的结论——体育和音乐、舞蹈、诗歌、戏剧以及其他艺术形式是同一类事物。在古希腊人的生活中，体育和艺术的关系与福雷斯奈特的观点恰恰相反。古希腊的体育有一种外在性的目的，从严格意义上来讲已经不是体育了，而是宗教仪式和艺术的表现形式。竞赛离艺术象征越近，则偏离体育越远。

奥林匹克和其他的“花环运动会”都是神圣的节日，体育赛事通常被赋予宗教意义，但是我们也可以在古希腊人的生活中察觉到体育逐渐成为了一种或多或少的世俗现象。一位德国学者曾提及：“人们所提到的‘世俗化’并不是说一个起初的宗教现象变得世俗了，而是说一项体育赛事〔1〕（Athletic Game）原本充满宗教含义，却开始关注一些内在性的东西——游戏、练习、竞争。”[17]这就是古希腊体育所经历的过程。体育除了作为膜拜诸神的活动之外，也逐渐变成了这个城邦普通人世俗生活的一部分。从古希腊文明的任何记载中都可以很明显地得知古希腊社会对于身体卓越的普遍关注。城邦高层十分注重市民在体育上的胜利，给予他们金钱和其他形式的利益作为物质奖赏，将他们写进传奇，为其树雕塑，以及用最伟大的诗歌来歌颂（例如：品达〔2〕的《奥林匹克颂》）。苏格拉底参加过地峡运动会，他欣赏身体的卓越，而鄙视那些不以自己的身体为傲的人。甚至连坚定不移地相信纯粹的精神世界比物质世界更为高级的柏拉图，在年轻的时候也是一名摔跤手而且在皮提亚运动会、尼米亚运动会以及地峡运动会

〔1〕 原文引用了德语文献为 sportliches Spiel，直译为竞技比赛。

〔2〕 品达（Pindar，公元前约 522 – 前 442），古希腊著名诗人，被后世誉为“抒情诗人之魁”，其诗歌的主要内容是奥林匹亚等竞技胜利者的颂歌，例如《奥林匹克颂》（The Olympic Odes）。

上获过很多奖项，而且他在《理想国》（《The Republic》）中强调体操锻炼对人的重要性。普通市民都以最有才能的人的成就为榜样，每个城市都配备了体育设施。我们可以肯定那些在体育场锻炼的人肯定不会忘记向诸神祭酒，然而我们也可以察觉到体育的世俗化。

罗马社会继承并发展了这种倾向（体育的世俗化）。罗马人既没有体育竞赛也没有体育节日。他们认为强身健体是隐藏在战争背后的目的。在E·诺曼·加登纳（E·Norman Gardiner）关于古代（尤指古希腊和古罗马时期）体育的优秀论文中，他写道："唯一能引起他们（古罗马人）兴趣的体育赛事是打斗性质的赛事，包括摔跤、拳击、搏击。"[18]古罗马的卫道士们常常嘲笑那些对希腊体育表示兴趣的人，认为他们是堕落的、退化的。"古希腊的身体和谐发展理念以及追求身体的美与高雅都被看成是女人气的。"[19]即使对在第三次迦太基战争中战胜了汉尼拔（Hannibal）的非洲征服者西庇亚（Scipio Africanus）也不例外[1]，当他穿着希腊服装出现在体育场时也没能逃脱他的同胞们的流言蜚语。就算是奥古斯都[2]这样的皇家声望也不足以让他按照希腊形式创办"伊斯奥林匹克（Isolympic）"运动会。在古罗马帝国的类似的节日，罗马人也仅仅是作为观众，而比赛中的运动员则来自希腊。比起赛跑或是掷铁饼来，罗马人更喜欢看角斗士格斗，这个项目始于公元前264年，马可·布鲁图（Marcus Brutus）和狄西摩斯·布鲁图（Decimus Brutus）的父亲的葬礼仪式。众所周知，角斗士的格斗在罗马帝国时期变得极其凶残。在习惯了面包、马戏团和血腥的民众眼里，不管是什么重要的宗教意义都显得不重要了。

在世俗化以及现代体育的其他特点方面，现代体育更接近于古罗马而不是古希腊。也正是17~19世纪这种泛滥的世俗化使得现代体育让很多宗教领袖持怀疑态度。经过长期固执的反对古希腊体育中注重身体的这一代表性世俗观念，天主教和新教想出了一条权宜之计，一种与现代体育的宗

---

〔1〕 公元前218年，北非迦太基军事家汉尼拔进军古罗马，并在一系列战役中击溃罗马军队，公元前204年，罗马人在西庇亚的率领下入侵迦太基本土，迫使汉尼拔撤军古罗马，回到迦太基作战，公元前202年，在扎马战役中，西庇亚击败汉尼拔，受到古罗马人的崇敬，被称为"非洲征服者"。

〔2〕 奥古斯都（Augustus，公元前63－公元14），别名屋大维，古罗马帝国开国皇帝，统治古罗马帝国43年之久。

教协定。神学家们仍然拒绝承认他们前辈对体育的严厉谴责，而将传统的基督教禁欲怪罪于柏拉图哲学以及新柏拉图哲学，教徒们则正在努力寻找现代体育和基督教义之间的和谐。[20]纽约的圣约翰大教堂有一扇彩色玻璃窗上刻画了棒球和其他现代体育，基督徒运动员团契（Fellowship of Christian Athletes：FCA）也尝试着用耶稣的智言慢慢改变足球、篮球和曲棍球中的冷酷无情的气质，而20世纪70年代的一首流行歌曲中，一个歌手在歌词中请求耶稣保佑他能将球踢进“生活的球门”。[21]

然而，赛前强制性的更衣室内的祷告与用体育节日来膜拜诸神是有根本性区别的。对于在代表着太阳和月亮的环之间接力的吉卡里拉阿伯切人，或是在特尔斐神圣道路上所建的体育场里面奔跑的希腊少年来说，竞赛本身就是一种宗教行为。而对于现代大多数运动员，即使是那些在比赛中寻求神的佑助的运动员来说，竞赛是一件世俗的事。神圣的诤言并不会帮助运动员在球场上避开抢断与阻截，宗教被遗忘在赛场之外。

除非体育自身具有宗教意义。现代体育变成一种世俗信仰的倾向，是原始仪式到世界系列赛，再到世界杯漫长而迂回的道路上最奇怪转弯之一。现在的年轻人，甚至已经不再年轻的人，似乎都在膜拜那些现代体育的英雄们。记者们提及威尔士人对橄榄球的热情或是德克萨斯人对足球的钟爱时，将体育描述成一种全民的“宗教”。一名澳大利亚官员说，“体育是澳大利亚终极的超宗教（Super-religion），是唯一的、每个澳大利亚人都虔诚信仰的宗教。”[22]现代奥林匹克运动的发起人皮埃尔·德·顾拜旦（Pierre de Coubertin），也曾很虔诚地谈到“宗教体育”（Religio Athletae），而莱妮·里芬斯塔尔〔1〕拍摄的1936年奥林匹克运动会史诗般的纪录片（法语版）也命名为《运动场上的诸神》（Les Dieux du stade）。迈克尔·诺瓦克〔2〕对体育有着狂热的崇拜，而将“棒球、橄榄球和篮球”比喻成“三位一体。”他还认为体育是“世俗宗教、民间宗教……当然运动员可以是异教徒，但

〔1〕 莱妮·里芬斯塔尔（Leni Riefenstahl，1902-2003），德国舞蹈家、摄影师、演员、导演，1936年拍摄了描写柏林奥运会的电影《奥林匹亚》，该片在电影技术上做了大胆的创新，有里程碑的意义，但因为与纳粹的交往，里芬斯塔尔在世界电影界一直受到排斥。

〔2〕 迈克尔·诺瓦克（Michael Novak，1933-），美国哲学家、神学家、天主教保守派代表，其研究方向集中于天主教与美国公共社会领域的历史与互动，代表作有《民主资本主义的精神》等。

是体育仍然是天生的宗教。”[23]如果我们将我们的注意力从哲学的狂热转移到幼稚的讽刺，我们可以来考虑圣母院大学的学生给他们图书馆旁用镶嵌工艺制作的举起双臂的耶稣图像取的名字：“6 分”。[1][24]

无论人们是否将现代体育的热情、仪式以及神话看成是一种世俗宗教，其与原始体育和古代体育的根本性差别仍然存在。世俗与神圣的联系已经割断，对于超验世界的依恋也已经断绝。[25]现代体育一方面是为自身目的而进行的活动，另一方面也是为其他世俗的目的而举行的。现代人不会因为祈求大地丰收而赛跑。我们的工作与休闲彼此分离，时空断裂。

二、平　等
Equality

现代体育的第一个显著特征是，现代体育比原始体育和古代体育更加世俗化。而现代体育的第二个特征则是两层含义上的平等：（1）每个人在理论上都有比赛的机会；（2）对于竞赛者来说，比赛条件是同等的。在实际经验中，有诸多的不平等，当我们抛开理想形式直面现实的时候，我们总是被琐碎事物牵绊着。然而，根本性的原则是明晰的，现代体育存在于平等的假设条件之下。然而，对于原始社会，参与比赛很有可能是根据城邦成员或是亲属群体来决定。正如马克斯·韦伯在其经典表述中谈到，是族群身份而不是成绩决定一切。对于我们前面所描述的吉卡里拉仪式来讲，年轻人的腿是否矫健不重要，重要的是他已经进入了青春期。陪伴着运动员走向太阳与月亮之环的年轻姑娘们必须是处女，尽管这对于比赛成绩来说毫无意义。

平等与成绩原则之间的关系是极为重要的。[26]对于原始体育来说，身体上的卓越与族群身份的成员资格相比，显得无关紧要，因为这些运动通常都不是真正的竞赛。很多时候，结果是由宗教需要所决定，而不是竞技能力。在原始体育中，没有必要保证每个人都有机会参与竞赛，因为诸神很早以前就将村庄一分为二，划分好了队伍。也没有必要保证竞赛条件的平

〔1〕　圣母院大学的校园有很多著名的宗教建筑，其中在图书馆旁并临近体育场有一座高 134 英尺（41 米）的耶稣雕像，原名为“生命之道”（The Word of Life），但是学生们亲切地称之为“Touchdown Jesus”，意思是美式橄榄球比赛中攻方持球触地达阵得 6 分的上帝。

等，因为结果就算不是由诸神决定，也不会由参与者的技能决定。族群身份也不总是统治着成绩，当两个不同部落的摔跤手遭遇并格斗时，想必他们在进行复杂的宗教仪式的同时也会很自然地卷入一场身体技能的竞技，但是我们要很细心地观察才行。他们打得肌腱断裂那是因为诸神想要看到他们努力地格斗——甚至当他们都明白其中有一个人注定会输的时候也是如此。

雷蒙德·弗思〔1〕的实例有助于我们理解原始体育的不平等性。在波利尼西亚（Polynesian）有一种神圣的、类似于扔飞镖或掷梭镖的比赛，在不同的地方它有不同的名字，在毛利（Maori）叫 tera，在萨摩亚（Samoan）叫 tika，在斐济（Fijian）叫 tinga。Tapu 意为“神圣”，就属于这类比赛，它很有可能是一种宗教仪式。双方各组成一支约 12 至 20 人的队伍，队员从家族和部落中选出，这样每个男人就不可避免地在其中一个队伍里面。奇怪的是，两方被称之为“未婚队”和“已婚队”，虽然双方现在（就是弗思考察的那个时候——作者注）并未按照婚姻状况来组队。很明显，至 1930 年，原本支配着队员选拔的祈求丰收仪式已经不再重要了。与此同时，有一点也很清楚，那就是选队员的新规则是按照族群身份，而不是本着平等竞争的观念，更不是按照现在每个现代小孩都清楚的方式——让双方队长轮流挑选，直至所有有才能的人都选入队中为止。[27]

正如德班的祖鲁人的足球展示了一种原始与现代特点的融合，阿拉斯加州波因特霍普（Piont Hope）的爱斯基摩人（Eskimos）能够让我们看到以族群身份原则和以成绩原则选拔的队伍之间的差异。尽管村里面的爱斯基摩人讲英语，信圣公会（Episcopalian Church），更多时候穿美国服装而不是传统服装并且极其高兴地按现代规则打棒球，但他们仍然保留着对类似英式足球这一古老运动的喜爱。在传统的足球运动中，球门之间相距几百码，球是踢过球门（而不是踢进球网）。男人、女人和小孩都参加比赛，双方由“陆地人”对阵“海角人或是海洋人。”陆地人队将球踢向位于村庄西部的海边，而海洋队则踢向陆地。当然是以亲属关系来决定运动员是

〔1〕 雷蒙德·弗思（Raymond Firth，1901－2002），新西兰著名人类学家，结构功能主义代表，他的思想一直致力于寻找到个体与社会的平衡点，而弥补之前功能主义存在的缺陷，其代表作有《人文类型》、《新西兰毛利人的原始经济》等。

陆地队还是海洋队。根据古老规则，只有年长的男人和女人才有资格将球捡起来然后扔出去。年老的人因此得到了补偿，至少在原始社会是这样。28

古希腊人比原始人更加注重成绩，而不是族群身份，但这并不意味着所有人都允许参加比赛。伟大的诗人普罗佩提乌斯[1]的挽歌以及卢浮宫、梵蒂冈博物馆和希腊国家博物馆中的雕塑证明，希腊艺术并没有完全忽略女运动员，但是女性禁止参加奥林匹亚和大多数其他的运动会。妇女单独进行比赛，比如在远没有奥林匹克节日重要的赫拉运动会（Heraean Games）。与此相似的是古希腊体育也不允许奴隶和“野人”（即所有非希腊人）参加。然而，在这些规范当中，男人——不管他是什么社会地位——都可以在他选择参加的赛事中证明自己是一名值得尊敬的竞争者。古典学者M·I·芬利[2]和H·W·普利克特[3]指出了这种平等性是如何的不同寻常：“每一个竞争者有同样的正式权利，遵循同样的规则，并且如果他胜利的话有权索取奖品；仅由他自己的技能和力量决定。在一个由诸多不平等建立的世界里，这样的平等是多么的罕见啊。”29还有一个有待证实的说法，现记录在案的首位奥林匹克运动会（公元前776年）冠军是一名厨师。30

对古希腊人来说，竞争条件的平等是很重要的，他们会尽一切努力来避免不平等。他们根据身高体重和身体发育程度的标准来划分比赛级别，而不是年龄。一个发育得很快的男孩将会和男人们一起比赛，而不是在男孩当中，因为在男孩当中，他将占有不平等的优势。古希腊对公平竞赛的重视可以很好地在擦油和喷粉中看出。在竞赛前所有的希腊运动员都在身上擦满橄榄油，摔跤手则是喷上一种优质粉末，这样可以使得比赛更具观赏性，而不至于成为一场滑溜溜的糟糕比试。为了确保每个摔跤手身上都有喷粉而不在比赛中占有特别的优势，他们都互相喷。然而，很奇怪地是，

[1] 普罗佩提乌斯（Propertius，公元前约50年–约15年），古罗马著名抒情诗人，为古罗马抒情诗的发展作出重要贡献，其作品内容多为爱情哀歌。

[2] M·I·芬利（M. I. Finley，1912–1986），出生于美国，后移民英国，古典学家，其代表作是《古代经济》，在该著作中，他指出不是经济理性，而是阶级与意识形态是古代经济的决定性因素。

[3] H·W·普利克特（H. W. Pleket），美国古典学家，主要研究方向是古代体育，著有《奥林匹克：第一个千年》、《古代体育》等。

古希腊人并不和我们现在一样将摔跤手或是拳击手分成不同的重量级。

在竞技节日的运动会中，赛会官员监督是否有不公平的事件发生，若有发现，立即实施惩罚。很多花瓶上都绘有官员们鞭打违反规则的运动员的画面。当然，不太注重输赢的原始体育是由赛会的司仪来监督而不是官员。

古罗马体育是以古希腊体育为原型的，他们也采纳了竞争的平等性原则，但是很明显角斗士格斗并没有形成统一的规则。在竞技场上，剑士与携带罗网和三叉戟的人打斗，人与兽打斗，而且观众还贪求更难以置信的比赛，这使得堕落腐败的帝王还急于满足观众的贪求。公元90年，多米提安王（Emperor Domitian）以一场侏儒对妇女的比赛撩起了观众的热情。[31]直至那时候，角斗士一直是奴隶而不是市民，这一点与希腊人的参与理念完全相反。

罗马人在角斗士格斗中对不平等的钟爱为我们研究像斗牛和登山之类体育运动提供了一条意外的线索。实际上，斗牛这项运动已经相当古老。考古学家亚瑟·伊文思〔1〕在古克里特岛（Crete）发现的壁画上描绘了一种杂技型斗牛，这很有可能是宗教仪式的一部分。[32]登山可谓是一种现代运动——伦敦登山俱乐部（Alpine Club of London）成立于1857年。1865年，他们第一次登上了马特洪峰（Matterhorn），很显然，这并没有什么传统的宗教含义。这两种运动都不是在竞争条件平等的情况下进行的。我们可以将这类竞赛想象成人与自然的斗争在现实中的表现，自然是以牛或是不可战胜的峰顶的形象出现的，那么这种不平等是很明显的。我们也可以将比赛更加抽象化，将比赛想象成是一场人与人的间接比赛，双方都接受同样自然难题的考验，但很明显，自然障碍不可能是相同的。一些牛会比另外一些更凶残，而登山条件随天气和季节的变化而变化。并且第一个登上山顶的人所获得的荣誉也不可能被后继者复制，他们必须寻找新的目标来突破。

---

〔1〕 亚瑟·伊文思（Arthur Evans，1851－1941），英国考古学家，古希腊米诺斯文明（又称克里特文明）发现者，其在克里特岛上发现两种不同类型的线性文字，分别命名为“线性文字A”和“线性文字B”，其中“线性文字A”至今没有破译，“线性文字A”的破译现被尊为考古学上的“圣杯”。

现代体育无疑体现了平等原则，而且远比古希腊人做得更好。理论家们可以很放心地断言现代体育是“以成绩的普适准则为基础”而合理地成立，但是参与竞赛的机会平等原则一贯落后于制度化更完全的竞争条件平等原则。[33]因为我们现在对业余原则（The Amateur Rule）感到很困惑，业余原则产生于中世纪，而且希腊体育也是从业余原则发展过来的，我们很有必要认真地审视参与竞赛的机会平等原则的缓慢发展。

在中世纪，马背射击和马上比武的都仅限于贵族，玷污了自己荣誉的骑士将被取消资格。例如：和平民姑娘结婚，倘若他们足够大胆，不考虑自身的地位而冒昧参加马上比武，一经发现，他们会被打，武器也会被折断。平民鲁莽地效仿主人的运动将被处死。

中世纪社会向现代社会演变的过程中，封建体育严重的不平等现象仍然存在。室内网球——草地网球的雏形，在1388年和1410年禁止仆人和工人参加。[34]网球是一项被贵族和富豪所钟爱的体育项目。亨利八世（Henry Ⅷ）在汉普顿宫苑（Hampton Court）有自己的私人网球场。在这个例子当中，很明显阶级比性别更重要，因为妇女并没有被排除在外，当时相传还有一位名叫玛戈特－艾诺（Margot de Hainault）的女网球运动员，她比巴黎最好的男性网球运动员还要优秀。[35]1541年——6年之后亨利八世重申了网球仅限于贵族和产业主的法令——保龄球被禁止了，除非是贵族以及那些“拥有自己的庄园、土地或是房产，每年至少有一百英镑以上收入的人”[36]才能参与。詹姆斯一世（James Ⅰ）在1618年重申了这项禁令。殖民者对殖民地的统治也有类似的限制，1674年弗吉尼亚的一个裁缝因为与绅士赛马而被罚款。[37]即使是今天，我们也不得不承认阶级限制仍旧存在。1879年皇家赛船会（Henley Regatta）的规则中写到：“业余划桨者或是划船者……或者曾经是商人、打工者、机工、工匠的人都不会考虑。”[38]（被皇家赛船会排除在外的人包括摩纳哥格雷丝王妃的父亲）。

在一篇非常优秀的论文中，埃里克·邓宁[1]和肯尼斯·谢尔德（Kenneth Sheard）探讨了1895年英国体育的分化。当时持不同意见的橄榄球联

---

〔1〕埃里克·邓宁（Eric Dunning），英国社会学家，现任英国莱斯特大学社会学教授，主要研究方向是体育与社会、暴力与文明等，著有《体育事件：体育、暴力及文明的社会学研究》、《足球流氓的根源：一项历史学与社会学研究》等。

合俱乐部解散了，并且创建了公开的专业橄榄球联盟。他们的直接矛盾是在于橄榄球联合俱乐部死板的业余主义（Amateurism），运动员因为练习或比赛损失了工作时间，业余主义不仅拒绝为他们提供现金补贴，而且还威胁要开除那些接受奖章的运动员和俱乐部。然而，更深刻的矛盾在于对社会结构中的体育性质的不同理解。上层阶级在长期争议中充满了苦楚，害怕“他们的”游戏正落入中下层阶级的手中，特别是在英国工业发达的北方。“换句话来说，尽管公立学校的高层想要推进体育的平等化，并且声称他们只对体育的‘根本属性（而不是阶级属性）’感兴趣，但阶级敌意和地区敌意以及对往昔的怀念，仍旧在左右他们对体育性质的认识。”[39]业余成为了阶级斗争的一个工具。

1895年一位美国人发现英国体育的阶级分化是很合理的：[40]

> 为什么要这样无休止地争执，为什么要求两个截然不同的阶级面对体育时走向融合，而他们在别的领域中却彼此决裂，这让人难以理解，这是我们体育不幸的唯一根源……工人阶级的方式没有问题；让他们平静地走自己的路，以最适合他们自己的方式建构他们自己的体育……让我们在自己那更为完善的阶级里以自己的方式建构我们自己的体育，不要让不和谐来破坏这种关系。

直至1960年，一名英国当局官员仍在为技工、工匠、工人的体育隔离而辩解，说这是“唯一能确保体育纯洁不受腐败玷污的方法……他还指出一些事实，认为普通工人不懂得体会体育的乐趣”。[41]

目前仍旧还存在着不合时宜的业余，企图将体育限制在绅士的范围内。该原则部分起源于中世纪的社会等级制观念，一部分起源于文艺复兴时期的体育（纵使努力锻炼）注重广博而忽视专业的理念，还有一部分是由于——正如我们所见——19世纪社会的阶级关系。既然现在没有人很严肃地主张以阶级关系来限制体育参与，那么上面列出的业余原则的理由中第一个理由〔1〕和第三个理由〔2〕就显得荒唐可笑了。而第二个理由则深植于人

〔1〕 使体育不致于落入下层阶级手中。

〔2〕 普通工人不懂得体会体育的乐趣。

们的观念当中，有些人认为纯粹把体育当成是娱乐的人不应该被要求和那些把体育作为职业的人同台竞技，但这种论据似是而非。有人可以反驳说，将训练有素的职业运动员排除在外，也可以获得竞赛的平等性，但这种论据是似是而非的，因为（1）体育中根本性的不平等就是这种运动能力上的不平等；（2）现在的业余原则并不是排除训练有素的职业运动员，而是那些公然收取现金作为补偿的运动员。当然收取金钱补偿的标准并不能真正区分职业运动员与非职业运动员。现在的业余原则要想在德国人称之为最高水平竞技体育（H · chstleistungssport）中增进平等是不可能的。西方国家终究将废除业余——专业的二元对立，因为它早就与时代不相适应，并且被虚伪所腐蚀，其“业余人士”在体育上所花的时间与我们所说的“职业人士”不相上下。

现代体育结构中的阶级隔离现象显然是异常的，而其中的种族隔离同样不正常。然而，我们都知道种族主义阻碍了美国、南非以及很多其他国家的现代体育的发展。尽管1875年第一次肯塔基赛马会（Kentucky Derby）的15名赛马骑师中就有14名是黑人，但黑人在这之后很快就被驱逐出了这种收益颇丰的职业，从此他们一直被排除在这项运动之外。尽管许多黑人的拳击水平足以去冲击重量级冠军，但是直至1908年杰克 · 约翰逊〔1〕打败汤米 · 伯恩斯〔2〕，拳击中的肤色限制才开始解禁，杰克 · 约翰逊才得以与约翰 · L · 苏利文（John L · Sullivan）、吉姆 · 科贝特（Jim Corbett）以及鲍勃 · 菲茨西蒙思（Bob Fitzsimmons）对决。尽管摩西 · 菲利特伍德 · 沃克〔3〕和几名其他黑人运动员在19世纪80年代打过职业棒球，但随后不久，黑人便逐渐被排除在这项运动之外，毫无退路的情况下，黑人开始创建自己的棒球联盟，他们的棒球联盟兴旺过，但一度受挫，直至1947年

〔1〕 杰克 · 约翰逊（Jack Johnson，1878 – 1946），美国拳击运动员，第一位世界重量级黑人拳王，他打败白人拳王汤米 · 伯恩斯，导致了美国白人社会对他的仇视与陷害，从而被迫流亡国外，1946年在美国死于交通事故。

〔2〕 汤米 · 伯恩斯（Tommy Burns，1881 – 1955），加拿大拳击运动员，拳击史上最矮的世界重量级冠军，并11次成功卫冕该殊荣，直至1908年被杰克 · 约翰逊击败才交出王位，1909年退役，成为一名律师。

〔3〕 摩西 · F · 沃克（Moses Fleetwood Walker，1857 – 1924），美国第一位黑人职业棒球运动员。

才走出低谷，那是一个值得纪念的时刻，这一年，杰基·罗宾森〔1〕登上棒球舞台代表布鲁克林道奇队（Brooklyn Dodgers）出赛。尽管威廉·H·刘易斯（William H. Lewis）和威廉·特康瑟·谢尔曼·杰克森（William Tecumseh Sherman Jackson）19世纪90年代表阿默斯特大学（Amherst College）参加过橄榄球赛事，但美国橄榄球联盟（National Football League：NFL）直至20世纪40年代才开始接受黑人运动员。[42]

到1970年，24.5%的大联盟棒球运动员和33.7%的NFL橄榄球运动员，以及54.3%的NBA篮球运动员都是黑人。[43]美国黑人运动员平均比其白人队友要赚得多，公然排除与低待遇的隔离现象看似已经不复存在，但是歧视与不平等仍旧以更加微妙的方式存在着。黑人运动员仍然发现自己总是被“堆放在”特定的位置上（棒球中的外野手、橄榄球中的跑卫），他们很少能有机会跻身于球队的核心位置。[44]他们拿到的薪水仍旧与其能力不相称。[45]然而，比起20世纪20年代——所谓的“体育的黄金时代”时的情形，种族的重要性已经消失。面对国外持续不断的压力，南非体育也改变了很多，之前南非排除黑人运动员情况比美国还要严重，黑人与白人不允许参加混合竞赛，不仅在南非如此，南非运动员在国外也同样如此。[46]

尽管犹太人并非是一个真正意义上的种族，纳粹却将他们划分在种族的范畴之中，并考虑将犹太人排除在1936年柏林奥运会之外，因为在运动会举行的前一年，德国发生了一次激烈的政治论战。艾弗里·布伦戴奇〔2〕带有政治阴谋的策略阻止了业余田径联合会（AAU）对柏林奥运会的抵制，而纳粹公然的两面政策使得德国一方面答应让犹太人参加运动会，一方面又排除所有犹太运动员，只是象征性地留下击剑运动员海伦娜·麦尔（Helene Meyer），而海伦娜只是拥有德国国籍的“半个犹太人”。在被排除的运动员中有跳高运动员葛瑞朵·贝格曼（Gretel Bergmann），她的成绩比世界女子跳高纪录还高出大约1英寸，但她的1.6米的成绩被忽略掉了，

〔1〕 杰基·罗宾森（Jackie Robinson，1919－1972），美国现代职棒大联盟第一位黑人棒球运动员，1947年4月15日，他身着42号球衣以先发一垒手的身份代表道奇队出赛，该事件具有划时代的意义。

〔2〕 艾弗里·布伦戴奇（Avery Brundage，1887－1975），美国人，1952至1972年担任国际奥委会主席，为世界奥林匹克事业的发展作出了贡献，但其在任期间的许多举措也颇受世人质疑，例如其独裁的管理方式、对媒体功能的漠视等等。

而埃尔弗里德·考恩（Elfriede Kaun）的1.54米却成为了世界纪录。[47]

继阶级和种族之后，性别隔离是第三种与时代不相适宜的现象，这一现象也是破坏现代体育纯洁性的因素之一。男人（从5~55岁）拥有的更强壮的体力和更快的反应速度，让男人与女人在诸多体育项目中同台竞技固然不合适，但至少女人应该具有平等参与体育的机会，这是现代体育发展的必然要求。实际上，不允许妇女参加体育活动，即不允许参加与体育教育或是游戏相关的身体竞赛，这种性别隔离的现象要比种族隔离早得多。德国第一批为妇女准备的体操设施是在1832年建立的，但是第一次重要的体操比赛是在1913年。[48]一直到1909年，普鲁士女子跳高和跳远项目的评判准则不仅仅只是高度和距离，还包括她们的动作是否优雅。[49]皮埃尔·德·顾拜旦反对妇女参加奥运会，禁止妇女参加很多项目的官方比赛。直至1912年，女子才被准许参加游泳比赛，到1928年，才开始参与田径比赛。权衡“女子参加奥运会”的是与非，《学校与社会》（《School and Society》）的撰稿人在1929年写道，竞争对男性来讲是很自然的，但是“就女性而言，则显得极其不自然。”该作者反对女子“男性化”。“自然的女性在身体、情感及社会方面的健康与魅力，都被寻衅的态度和竞争的精神削弱了，如果是没有被完全损坏掉的话……这是激烈竞技必然引起的。”[50]1930年，美国业余田径联合会女子组（Women's Division of the National Amateur Athletic Federation）向国际奥委会提出了退出1932年奥运会的申请[51]，其认为，如此剧烈的竞赛，对女性的身体及心理而言，都是不健康的。

对于女子运动员的偏见，是从维多利亚时期对瓷娃娃式的女性魅力的推崇开始的，而与那种禁止黑人和白人一同竞赛的歧视极为不同，这不是对妇女的直接敌意而是对她们的过分保护。一位德国学者在1853年提到，一种“亚马逊式（Amazon-like）的身体发育与真正女性的价值和优雅气质恰恰相反。”[52]一个多世纪之后，一位知名的英国体育记者和小说家也得出了相同的结论。[53]差不多过了一代人的时间，“亚马逊”（Amazon）这个词才不再是对运动女性的贬称。

早在19世纪90年代，就有妇女为争取竞技性运动的机会，而与传统女性观念作斗争，但是她们的教练以及女子体育行政人员总是给予这种斗争以严厉的批评。[54]1922年，女子组更满意“游戏日”和“体育日”，而不是校际交流会，那是因为节日聚会更加注重的是社交而不是体育成绩。慢慢地，到20世纪50～60年代，妇女体育行政人员才开始接受校际交流，甚至是全国性的赛事。1971年大学校际女子体育协会（Association for Intercollegiate Athletics for Women）的成立，可以看成是大多数女子教练和体育教育行政人员决定接受——如果不是积极推进的话——竞技性体育平等机会原则的标志。伴随着态度上的改变，法律上也随之做出了调整。1972年《平等机会法令》（The Equal Opportunity Act of 1972）授权强制实施1964年的《民权法案第七章》（Title Ⅶ of the Civil Rights Act of 1964），1972年《教育法第九修正案》（Title Ⅸ of the Education Act of 1972）取缔包括体育教育在内的教育性别歧视。这促使了波士顿马拉松赛开始接受女性，并使得男女的体育教育经费几乎持平——不再出现同所大学或同一校区内男子体育的经费是女子的50倍的现象了。[55]

在东欧的社会主义社会，从一开始政府政策就在为女子体育获得平等机会而努力。除去官方宣传与工作场所的体育设备不算，其普通妇女参加体育运动的实际概率几乎和西方社会一致——男女比例很少低于2比1。[56]然而在国际上，女子体操、田径、划船和游泳的优秀成绩则充分证明了现代体育中女子平等竞争机会得到了实现。

科莱特·贝松〔1〕、比利·简·金〔2〕和科内利亚·安德〔3〕的优秀成绩提醒我们，机会平等并不等于成绩平等。当人人竞争机会平等时，我们可以知道谁是最好的。事实上，参与机会越平等，成绩就越不平等。每年的男子和女子比赛中，普通运动员和全球冠军之间的差距越来越大。这很具讽刺意味，对此，古恩特·卢森（Günther Lüschen）说得好："在现代世界的其他任何领域……至少有消除社会等级的思想倾向，体育却是强化社会

---

〔1〕 科莱特·贝松（Colette Besson，1946－2005），法国女子田径运动员，在1968年墨西哥奥运会上获得女子400米短跑的冠军，2005年因癌症逝世，其生前一直致力于反兴奋剂事业。

〔2〕 比利·简·金（Billie Jean King，1943－），别名金夫人，美国著名女子网球运动员，曾12次获得大满贯女单冠军，她一直致力于促进体育领域中的男女平等，2006年，获得"世界女性奖"。

〔3〕 科利亚利·安德（Kornelia Ender，1958－）德国女子游泳运动员，于1976年蒙特利尔奥运会获得四枚金牌，曾32次打破世界纪录。

等级制度的一个方面，那精确而客观的层次是其他等级系统无法比拟的。”57成绩的不平等是现代体育的一个必要特征，但这常被用于为其他领域的不平等作辩解，例如缺乏平等原则的教育领域。

三、专业化 Specialization

我们对于早期人类的具体情况也许还难以全面把握，但相关民族志明确指出了原始社会已经出现功能的专业化。新几内亚〔1〕(New Guinean) 体育的专业化与美国橄榄球联盟的专业化是不同的，尽管只是程度上的不同。然而，我们仍旧不能对其视而不见。

事实上，同样不能被忽略的还包括原始社会体育与古代体育的分野。古希腊人很早就发现，有些人的身体素质适合跑步，而有些人则适合摔跤或是掷铁饼。E·诺曼·加登纳写到：“在5世纪末，过分注重身体卓越和体育上的胜利造成了专业化和职业主义（Professionalism）。”58现代五项全能（赛跑、骑马、游泳、射击和击剑）所展示的体育才能的结合本身就表明在一场普遍能力的测试中不同专业的结合。在古希腊文明的漫漫长河当中，专业化的确导致了职业化（Professionalization），首先表现在运动员开始领取正式的酬劳，更重要的是，他们可以全身心投入到体育当中去。有他们热情的同胞资助，运动员完全摆脱了经济上的困扰，可以最大限度地展示自己的体育才能。体育节日开始被职业运动员所主宰，像戏剧家欧里庇得斯〔2〕这样的传统人士对他们十分憎恶。在他的《奥托吕科斯》(Autolycus) 片段中，欧里庇得斯气愤地写到：59

希腊无数邪恶的事物，没有哪个像运动员们那样糟糕了……他们是自己的胃和嘴的奴隶，他们不知道怎样好好生活……年轻的时候，他们在华丽的舞台上趾高气扬，成为城邦的偶像，但是当可悲的衰老来到时，他们

〔1〕 位于澳大利亚北部的岛屿，其土著居民仍旧过着原始社会的生活，成为人类学家考察原始文明的田野首选之一，文中提到的新几内亚体育即指原始体育。

〔2〕 欧里庇得斯（Euripides，公元前480－前406），古希腊剧作家，被称为古希腊三大悲剧大师之一，一生创作90多部作品，流传至今的还有18部。

就像人们穿旧的大衣一样被扔掉。

戏剧家的厌恶，除了针对以前的运动员以外，似乎还有一部分是针对市民的缺乏感恩，而对体育的过分职业化，仅仅给予了轻微讽刺。500年后，处于2世纪的佩加蒙（Pergamon）的医学哲学家盖伦〔1〕，则更加针对于职业化这个问题：60

在他们的血肉之下，他们的灵魂就像在海泥中窒息了一般……他们失去了健康，失去了美丽。就算是那些原本正常的人也变得肥胖、臃肿不堪：他们的脸变形了，由于在拳击和格斗中受伤，脸变得很丑陋。他们没有了眼睛和牙齿，手臂也被拉伤了。

整个罗马帝国时期，体育职业主义的普遍存在使得体育在道德家和哲学家心目中的地位下降，这并不是因为用体育换取酬劳很卑鄙，而是因为专业化与人的全面发展背道而驰。但我们也难以回答，在罗马圆形竞技场（Circus Maximus）为战车手加油的市民，与崇拜贝利（Pelé）、乔治·贝斯特〔2〕、弗朗茨·贝肯鲍尔〔3〕的现代观众之间到底有何分别。

中世纪及现代早期的体育专业化比古罗马时期相差甚远。文艺复兴时期卡斯蒂利欧内〔4〕与其他人所提倡的朝臣典范注重多种技能的全面发展，而不是单一力量的强化训练。对当时的农民而言，专业化只不过是表现在挑选体力强壮的人代表队伍参加摔跤或是举重而已。在一种后来发展为现代英式足球的村庄游戏中，中世纪所强调的全面性（Undifferentiatedness）

〔1〕 盖伦（Galen，129－199），古罗马最著名的医学大师、解剖学家、哲学家，他的最基本理论认为生命来源于气，其一生著述颇丰，其代表作有《论解剖过程》、《论身体各器官功能》等。

〔2〕 乔治·贝斯特（George Best，1946－2005），北爱尔兰著名足球运动员，被公认为英国足球史上最伟大的球员之一。

〔3〕 弗朗茨·贝肯鲍尔（Franz Beckenbauer，1945－），德国著名足球运动员、足球教练、2004年，其与贝利一起被国足联授予“FIFA百年最佳球员”。

〔4〕 卡斯蒂利欧内（Baldissare Castiglione，1478－1529），意大利著名的朝臣、外交家，文艺复兴时期的重要作家。

显得尤其突出。

在中世纪的足球中，球场上每一个位置都面向所有运动员，而不存在特定位置与特定运动员一一对应的分配。全村人都参与到这个游戏当中去，更多的时候是，一个村子与另一个村子比赛。不管是男人、女人，还是小孩，都冲出去抢球，争先恐后。从教堂的塔顶看，运动员激烈抢球的情形看上去可能就像是一窝蜜蜂。埃里克·邓宁在一篇优秀的文章中评价了这种缺乏专业化的项目，他称其为中世纪和现代早期的“民间体育”（Folk-game）：[61]

这些项目在以下三个方面表现出相对一体性：（*1*）一个项目中通常包含之后高度专业化项目的因素，如橄榄球、英式足球、曲棍球、拳击、摔跤以及马球等；（*2*）运动员的劳动分工不明显；（*3*）没有运动员和观众的角色分工。

中世纪有杂技演员、翻筋斗杂技演员、杂耍演员的区分，但是中世纪不是一个体育专业化的时代。

现代体育中的劳动分工已经到了如此地步！橄榄球运动员被分在了22个不同的位置上，这还不包括“专业”队伍，他们仅限于踢特定的球，如定位球、开球、开球接待等。位置互换是可能的，但却不常见。防御线上队员偶尔会拦截正面飞过来的传球，在重要时刻缓慢地向球门靠拢，但是他会很快地回到自己的位置上去。现代体育的其他运动与橄榄球差不多。棒球就是一个很有趣的例子。自1845年棒球被发明开始，棒球就是以9种不同位置分工为特点，这项运动——至少在美国棒球大联盟——已逐渐向类似于橄榄球的高度专业化靠拢，投手开始专门防御，投球则由专业的指定击球员代替。棒球最终会演变成橄榄球式的两队系统〔1〕吗？传统人士想到这里会不寒而栗，但中场休息可能会促成这种分化，而现代体育的整体发展趋势也暗示着这种可能性有一天会变成现实。

伴随着现代体育领域专业化的是精密的人事支持系统。社会学家提及

〔1〕 在橄榄球比赛中，每一方都主要由进攻队员和防守队员组成，他们在比赛中随着球权的转换交替上场。

第一、第二、第三参与，讨论各种角色，如股东、经理、教练、训练员、侦查员[1]、医生、招聘人员、裁判员和仲裁员、日程安排人员、边线裁判员、体育场地管理员、检票员、爆米花销售人员、观众、记者，甚至是体育社会学家。校际交流运动，从开始时不同的大学学生之间的划船、橄榄球和棒球比赛，到现在却已经涉及到了体育教育部门，以及从体育管理特定领域毕业的诸多专业人士。

谈到现代体育的内部逻辑，专业化和职业化是不可避免的课题。在某种程度上来讲，这两者是相同的。正如我们在谈到平等原则和业余原则时所说的那样，职业化的核心要素不是金钱而是时间——一个人将一生中多少时间投入到体育训练中去？换句话说，一个人的技能到底专业化到何种程度？正因为各个体育项目中的竞技成绩与任何一项中的最高水平都无法相比，这就使得专业化的领域越来越细化。尽管我这里所用到的“职业化”这一专业术语还是遵循其普通含义，用来描述那些公开接受金钱补偿的运动员，事实上，这种职业的本质在于，运动员专业化程度达到将单个运动技能的不断提高当作自己相当长时期内的主要目标。鉴于一些合理的辩解，我们还应该考虑那些单纯为了该项运动给他带来的快感的业余运动员们和那些暗中想成为职业运动员的人，但是我们更倾向于将这种区别作为游戏和职业之间基本的理论性区别。[62]

专业化是由现代社会不断追求成绩的压力造成的，这种压力自然地导致想要摆脱烦人的、易分心的经济需求愿望的产生，不管是通过何种方式摆脱，比如依靠富裕的父母、慷慨的老板、一份体育奖学金、一份政府助学金，或是一份别的收入。撇开“狂飙突进运动”[2]中对业余原则乏味的争论，事实是世界级的竞赛通常与普通职业是如此的不协调。必须有人要为多萝西·哈米尔[3]的那些冷冰冰的记录买单，为法兰·塔肯顿[4]的抢球拦截付款。

---

〔1〕 英语原文为 Scout，意思是从事侦察和报告对方战术和参赛人员的人。

〔2〕 18 世纪德国文学界的运动，代表人物是歌德和席勒，是文艺形式从古典主义向浪漫主义过渡的阶段。

〔3〕 多萝西·哈米尔（Dorothy Hamill，1956 – ），美国著名花滑运动员，1976 年因斯布鲁克冬奥会女子单人花滑冠军。

〔4〕 法兰·塔肯顿（Fran Tarkenton，1940 – ），美国著名橄榄球运动员，球场任四分卫。

四、理性化
Rationalization

比赛必须要有规则，即使是在原始体育中也是如此，因为从体育的定义上来讲，它属于有组织的游戏，即有组织、有规则的游戏。也许有人可以聪明地辩解，说阿伯切人仪式性质的比赛比一群男学生踢足球的规则要多得多，而且被更严格地强制执行。毕竟人类学家早就已经更正了卢梭（Rousseauian）的“高尚的野蛮人”（Nobel Savage）的绝对自由观念〔1〕；我们意识到，原始社会是一个充满图腾和禁忌的社会，有着成百上千规则的限制和约束。除了原始社会的规则以外，比赛规则的性质比那些规则的数量更能奠定现代体育规则的基础。规则的起源和地位各不相同。现代体育在马克斯·韦伯的目的理性（Zweckrationalit·t）观念中得到了合理的解释，即手段和目的之间存在着一种逻辑关系。为了做这件事，我们必须做那件事。游戏的规则对于我们来说只是达到目的的手段。更重要的是，只要当参与者感觉到游戏的方便比原始规则的保守更为重要的时候，新规则就会被发明，而旧规则就会被舍弃。规则是文化的产物而不是神的指示。学术界讨论玛雅—阿芝特克人球类游戏的本质时，一致认为其中的规则是传统的、神圣的。很明显，这些规则的起源还是一个谜。在每年的代表大会上，这些规则未曾改变。

与此相比，想想詹姆士·奈史密斯（James Naismith）1891 年 12 月 21 日在马萨诸塞州春田市（Springfield）基督教青年会（Y. M. C. A.）的训练场所发明篮球的例子。我们能够说出发明人、时间和地点的这一事实就表明这项运动的现代性。奈史密斯发明篮球是应当时国际训练学院（International Training School）体育系主任卢瑟·古利克（Luther Gulick）的要求。卢瑟·古利克认为年轻人需要一种冬天可以在室内玩的游戏。奈史密斯尝试了多种可能性，然后发明了篮球。[63]

他的发明立刻取得了成功。他的同事，在这不久之后就迅速成名的爱默斯·阿隆佐·史塔哥（Amos Alonzo Stagg），1893 年将篮球介绍到芝加哥

〔1〕 卢梭认为，原始的野蛮人是高尚的野蛮人，他们对世界充满善意，也没有受到现代文明的毒害，以一种自由的方式生活着。

大学。同年，W·O·布莱克（W. O. Black）将篮球带到斯坦福大学。第一场校际篮球比赛（哈姆莱大学对明尼苏达农业大学）在1895年举行。第二年，基督教青年会举行了全国联赛。到1901年还创建了校际联盟。在校际联盟成立的5年之前（1895年）基督教青年会将这项运动介绍到中国。至1915年，篮球运动便流行于每个现代社会，以及许多不怎么现代的社会。

在这令人惊异的体育快速传播时期，篮球项目不断地发生改变，人们也可以说篮球运动在埃里·惠特尼[1]、托马斯·爱迪生（Thomas Edison）和亨利·福特（Henry Ford）的精神影响之下不断地改进着。奈史密斯的第一支篮球队伍每队由9人组成，因为他的体育课有18名学生。5年之后，5人队伍成为定制。1893年策应被允许，1896年运球被允许（尽管运球队员在1901～1908年间是不允许投篮的）。1913年双方疯狂抢夺界外球的规则被淘汰，取而代之的是现在的界外球规则。但是对一条条主要规则的改变以及小的调整进行一一介绍是没有必要的。这个例子的要义很重要，却也很简单，即篮球是一项有意识的发明，是一件经设计——使用——再设计的文化艺术品。篮球象征着游戏理性化的胜利。

此外，规则是普遍存在的。相对于奈史密斯在春田（Springfield）训练机构发明篮球时的规则，现在的篮球规则可谓极其复杂，但是每个地方都接受了这些复杂的规则。波利尼西亚的飞镖游戏同样也是复杂的，但是在各个地区的规则是不一样的，而篮球的规则不管是在塔什干[2]（Tashkent），还是托皮卡[3]（Topeka），基本上都是相同的。

许多职业运动员是出了名的迷信，这与强调理性有什么联系呢？倘若现在我们要继续以篮球举例，我们会发现，最著名和最成功的篮球教练，加州大学洛杉矶分校（UCLA）的约翰·伍登（John Wooden）在赛前总是进行同一个仪式。在比赛前，他以向妻子（会观看每场比赛，并且每次都坐在他的身后）眨眼，轻拍助理教练的膝盖，拉拉他的短袜，以及斜倾着敲击地面以赢取诸神的眷顾。没有人可以说这种仪式代表了现代体育的理

---

[1] 埃里·惠特尼（Eli Whitney，1765－1825），美国人，发明了轧棉机，即将棉与种子相分离的机器。

[2] 乌兹别克斯坦12个州之一，位于乌兹别克斯坦的东北部。

[3] 美国中部城市，美国堪萨斯州的首府。

性化，但是人们必须注意的是伍登的古怪行为并没有影响比赛的进程。倘若他的迷信违反了与篮球有关的理性化原则，例如，他以黄道十二宫（Zodiacal Signs）来选首发队员，那么很难相信他带领的加州大学洛杉矶分校的布鲁斯队（Bruins）能7次卫冕美国大学生篮球联赛（NCAA）的冠军。

篮球自发明以来就是一个现代体育项目。认真思考一下打猎这项现代以前的活动是如何演变成现代的射箭项目也是很有益的。在这转变中，理性化是关键。打猎一开始当然是一种谋生的职业。我们可以很肯定地假设，洞穴人用石头、棍棒或者长矛追打猎物更多的是为了丰富他们的储藏室，而不是单纯地追求打猎的乐趣。但是打猎变成了一个体育项目，一项在亚述、埃及、中国、印度、希腊、古罗马每个文明古国都拥有的运动。它是中世纪最流行的一项贵族运动，而且现在还持续不断地吸引着各个阶层的追随者。正如斗牛一样，打猎也倾向于忽略竞争条件平等的原则。捕狮的猎人比追赶松鼠的小男孩更有威望，就算都是捕狮的猎人，每头狮子的情况也是不一样的。我面临的狮子比你的更凶残，而且还是在更危险的情况下射杀的。不管乔治·奥威尔[1]在《动物庄园》(《Animal Farm》) 中说过什么，所有的动物都是不平等的。我们如何将打猎转变成一项现代运动呢?答案当然是创造一个“动物”，即一个目标，让它来充当所有动物们的平等体的代表。这个目标是标准大小的，它站在一个地点上而且也不会咆哮。利用这一目标，我们可以将打猎理性化成射箭或者射击。利用一个目标，理性化是所有体育项目发展的关键。射击一头牛可能比射击一头牛的眼睛更令人满意，但是却更不现代。一个类似的理性化过程是将骑兵的腾跃上马的动作转变成了现代体操运动员的鞍马跳。

在规则的理性化方面，古希腊体育位于原始体育与现代体育之间。尽管古典学者们不断地努力，我们了解的古希腊体育和古罗马体育的东西还是比预期的要少。例如：现在有各种不同的关于现代五项全能运动评分问题的解释，在这个问题上的权威学者不久前才更正了他以前的观点。[64]然而，理性化的一个方面很好地解释了古代与现代社会之间的文化差异。正如之前对竞争条件简单的讨论中所说，互相竞争的古希腊运动员们可能使用的

〔1〕 乔治·奥威尔（George Orwell，1903－1950），英国记者、作家、评论家，代表作有《动物庄园》、《一九八四》。

是同一个铁饼或是标枪。但是设备的标准化发展也就停留在这一步而已。为祭祀阿波罗神的特尔斐运动会上投掷的铁饼与为纪念希腊女神而举行的雅典运动会上用的铁饼是不同大小和重量的。事实上，发展到现在，铁饼的直径一直在变化，从5.5英寸到13.5英寸不等，重量从3磅到15磅不等。运动会的体育场比赛是规范化的，但是这个“体育场”的长度却不是一成不变的。我们知道蒙特利尔的400米跑道——在一厘米的误差范围内——与慕尼黑或是莫斯科的400米跑道是一样长的，但是古希腊的体育场的跑道却是每场运动会都不相同的。在奥林匹亚，运动场是192.27米，特尔斐是177.5米，埃皮达鲁斯是181.3米，而佩加蒙是210米。古希腊，当然还有古罗马，技术上绝对有能力将这些距离标准化，但是他们选择不这样做。

古希腊在另一方面也的确曾将体育理性化。他们似乎是最早用科学来（或多或少）研究竞技比赛的技巧，以及探究比赛成绩的生理学基础的国家。其他国家出“手册”、“指南”以及搜集传统学问，但是古希腊人则创建了科学的一整个分支学科，虽然现在大多已失传了，但那已足以与我们的体育医学和体育心理学方面的“手册”、“指南”和学术论文相媲美了。亚里士多德的一句评论就特别能揭示这方面的信息：“相对于运动员的训练项目，我们谈论的更多的是航海术，那是因为（航海术）作为一门科学来讲不够有组织性。”[65]

尽管原始社会小男孩的游戏中包含了为他们成年后打猎和参战做准备的一些身体活动，但原始社会的成年人好像并没有为了提高打猎技巧而进行什么训练。菲律宾群岛的伊富高人（Ifugao）“认为他是不是打中目标都是由诸神的旨意和神秘的力量来决定的。他一生当中，所做的所有练习就是投掷，但是当他还只是一个孩子，他就不再练习掷长矛，甚至不做任何努力来使自己保持良好的状态”。[66]所以，他们的练习仅仅在童年时代和青年时期进行过。古希腊人所做的就不仅仅是练习，而是训练，两者的区别是重要的。训练意味着整个练习过程的理性化、乐于试验，以及对成绩的不断检验。对于运动员来说，训练时有特殊饮食，要比平常吃更多的肉。训练是以四个环节或者四天准备为周期的往复循环：准备、集中、放松、节制（即简单锻炼、努力练习、恢复体力、技术练习）。还有为了竞技水平卓越这个单纯目的的一整套生活方式。

我们沿袭了他们的理性化，并且用我们自己的方式将其发展到登峰造极的程度。大学里面所进行的生理学和心理学的科学研究，为教练和训练员所用的技术与方法提供了知识支持。在美国，科学研究与现实实践的关系是相对非正式的。实验室的研究结果发表在像《研究季刊》（《Research Quarterly》）这样的专题研究或是其他期刊上，这样，研究成果就能方便地被实践的主体所利用。几十年来，教练们忽视了有如举重训练并不会使运动员"肌肉僵硬"之类的科学研究。然而，今天，教练们却试图"不断地"教授10岁的曲棍球运动员关于有氧运动和无氧运动的相对优点。通常在前民主德国和东欧各国，体育研究的理性化程度要比美国更高。他们有专门的研究机构，而且将研究结果应用于日常训练的速度要比美国快得多。前民主德国比美国更加重视生理学的研究，这也是其在1976年奥运会上取得成功的原因之一。他们的体育科学家（Sportwissenschaftler）能够鉴别出潜在的冠军，将他们隔离出来进行强化训练，让他们为竞赛做好心理准备。例如，科内利亚·恩德尔[1]拥有游泳冠军的潜力首先是通过验血发现的。对于运动员们残忍的理性化训练，也存在一些反面的声音，有些人将这样的运动员描述成为"机器人"，但是从古希腊的第一本手册到文艺复兴时期关于击剑艺术的书籍再到莱比锡、布拉格、华沙和莫斯科的复杂设备，这一发展主线是无可争辩的。前联邦德国的努力足以与之抗衡，而美国也必然会抹平这个新的"差距"。拒斥体育功利化的人们，企图通过抗议来阻挡理性化的不断深化，但他们的企图应该会落空。

五、科层化
Bureaucratization

在实际操作中，谁来决定现代体育的规则以及是谁来管理复杂的研究机构呢？答案是很明显的——一个科层组织。同样，我们应该关注到马克斯·韦伯关于规范行为的原始等级制度与角色分工的现代科层组织之间区别的分析。能够确定的是，原始社会的规则演变的速度缓慢，而且这种变

---

[1] 科内利亚·恩德尔（Kornelia Ender，1958－）前民主德国著名游泳运动员，1973年在贝尔格莱德第一届世界游泳锦标赛上，不满15岁的恩德尔获得四金，并三次打破世界纪录，成为游泳史上的传奇。

化可能是由司仪引进的。今天体育记者们可能会将美国橄榄球联盟（NFL）、美国大学生体育联合会（NCAA）、国际游泳联合会（FINA）的领导人当作是体育的“主教”，但这是一种隐喻式的讽刺。爱尔文·“彼得”·罗塞〔1〕(Alvin “Pete” Rozelle)、威利·道莫〔2〕(Willi Daume)、国际奥委会的基拉宁公爵〔3〕(Lord Killanin) 都被选为了这庞大的科层组织中的管理者。它们的众多功能中的一个是为了保证运动的规则能在真正意义上普遍适用。

不用说，原始社会没有类似于科层机构的组织存在，更不用说体育科层机构了。同样地，我们可以看看古希腊人的科层组织以得到一些关于现代体育的启示。古希腊人有很多组成机构的形态，他们可谓是拥有体育科层组织的雏形。雅典人以及其他有民主倾向的民族以选举或者抽签的方式来选拔官员。每个希腊城市有它们自己的体育官（Gymnasiach），或者运动场的管理人。竞技比赛通常是由一名古希腊运动会的管理官员（Agon-athete）来管理。到底有多少管理权限掌握在牧师手中，而不是世俗人士手中还不得而知。但可以肯定的是体育科层化的胚芽在古罗马时期绽放出了灿烂的花朵。最著名的管理者是希罗德·阿提库斯〔4〕，古罗马哈德良皇帝(Emperor Hadrian) 任命他为运动会的管理官员（Athlothete，同 Agon-athete)，他捐助建造了雅典大体育场。[67]碰巧的是，希腊人在1896年为举办第一届现代奥林匹克运动会翻新的体育场，正是当初阿提库斯捐助建造的那个。

古罗马体育科层体制的最重要形式是行会（Guild）或是称之为运动员协会体育（Xystos）（注意希腊术语的频率），一种范围很广的组织，具有选举产生的领导、详细的规章制度、入会要求、行为规范，甚至是细小的物品——如成员证书，这些都可以让我们联系到现代体育的管理组织。

原始社会中科层组织的缺失，以及古罗马科层组织的成熟都不会令人

〔1〕 爱尔文·“彼得”·罗塞（1926-1996），美国人，于1960至1989年担任美国国家橄榄球联盟的委员。

〔2〕 威利·道莫（1913-1996），德国人，曾担任前联邦德国奥林匹克委员会主席。

〔3〕 基拉宁（1914-1999），英国人，1972至1980年期间担任国际奥委员主席。

〔4〕 希德罗·阿提库斯（Herodes Atticus，101-177），古罗马诡辩家，古罗马参议院议员。

感到意外，但是这样的管理形式在每个现代社会中的普遍存在却值得我们好好思考。正如在很多其他领域一样，英国引领着现代体育科层化的发展。玛丽勒本板球俱乐部（Marylebone Cricket Club：MCC）成立于1787年，逐渐地成为了所有板球项目相关事宜的最终权威。至19世纪早期，玛丽勒本板球俱乐部成功地使板球项目走向规范化。例如：规定了板球的具体重量、球板的宽度、三柱门之间的距离、三柱门的规格大小等。

除了棒球和橄榄球之类的项目以外，每个现代体育项目都有它自己的国际组织，这一国际组织反过来监督几十个国家下属组织。第一个这样的国际组织是国际游艇竞赛联盟（Union Internationale de Courses de Yacht：UICY），成立于1875年。到1959年，已经成立了73个这样的组织，最为强大的是国际足球联合会（Fédération Internationale de Football Association：FIFA），至1964年，已经有126个国家和地区的足球协会成为其会员。[68]国际体育联盟和国际奥委会与不同的国家奥委会密切合作。当然，也存在很多司法争吵和相互对抗的情形，但重要的是这样一个错综复杂的科层网已经覆盖了全世界。

第一个全国性体育组织成立于19世纪中期的英国。到19世纪末，国际组织迅猛增长，国际奥委会也于1894年成立了。到20世纪，几乎每个现代国家都建立了一个政府体育机构来援助、支持、管制本国的体育，或是代替19世纪的志愿性联盟。甚至俄国（Czarist Russia）也有专门的俄罗斯人民体育发展总监制办公室。〔1〕[69]这里美国又有点特殊了，美国政府没有体育部长，另外必须补充的一点是，美国的业余运动员也不受单个志愿性协会管理。然而，必须肯定的是，一个管理的权力机构，不管是私人的还是公共的，都将很快出现。1977年总统委员会（Presidential Commission）关于奥林匹克体育项目的报告就是朝着这种方向迈出的重要一步。

科层系统最重要的功能之一是保证规章制度的普遍适用。另一个则是必须使比赛的网络结构易于操作，这些比赛通常是自下而上从地方比赛开始发展，然后通过国家级比赛直至世界级比赛。体育联盟还有一个令人感兴趣的功能，即对纪录的批准与认可。国际业余田径联合会成立于1913年，在成立的第二年就公布了世界纪录的官方名单。[70]但是作为现代体育最

〔1〕 General Supervisor for the Physical Development of the Peoples of Russia

后一个，但却最特别的一个特点——纪录，是由现代体育的倒数第二个特点所决定的，那就是量化。

六、量 化
Quantification

在美国、法国或日本，人们小时侯单独一个人的时候，一般都玩过向天空抛球的游戏，而且可能都数过接住抛球的次数。不是可能，而是一定数过。这是一个孩子气的游戏，它更趋向于发生在典型的现代社会，而不是原始社会，因为在原始社会中，量化并非必须的。尼姆罗德（Nimorod）是圣经时代一位伟大的猎人，但是罗兰·沃德（Rowland Ward）的《大游戏纪录》（Records of Big Game，1892）被称之为是“尼姆罗德的计算尺”（Nimrod's Slide - rule）[71]这一事实更能代表我们现代社会。

事实上，蒂科皮亚岛（Tikopia）上原始的波利尼西亚人用一种极其复杂的系统为他们的飞镖游戏打分，类似的计分系统在许多古代球类项目中都存在，但是现代体育的特点是几近疯狂地想将每一项竞技行为都转换成可以量化、可以测量的事物。体育项目无孔不入的数据积累，是足球、棒球、篮球、曲棍球，以及田径项目的特征所在，在这些项目当中，随着科学技术的向前推进，量化的精确度不断提高，而秒表这样的东西，已经变得像原始社会的产物一样古老、落后（秒表本身也被看作是现代体育发展的象征。大约发明于1730年，它是赛跑计时的一种工具）。而现在，电子计时器可以精确到百分之一秒，甚至是千分之一秒，不管是观众还是运动员，都十分重视这微妙的时间之差。国际业余田径联合会的创建者——西格弗里德·埃德斯特伦〔1〕，他是一名工程师，这难道仅仅只是巧合吗？

报纸每天都会刊登关于最受欢迎团体体育项目的数据——美国是棒球、橄榄球、篮球或者曲棍球，其他大多数现代社会是足球。报纸通常也会报道高尔夫球和网球比赛的结果。像田径、体操和举重等体育项目则有其专业报纸，整版面地刊登数据信息。前民主德国也许是最科层化，也是最量化的国家，前民主德国政府每年都会刊登一份《民主德国——儿童最佳体

〔1〕 西格弗里德·埃德斯特伦（Sigfrid Edstrom，1870 - 1964），瑞典体育官员、活动家，曾于电力公司任职，国际奥委会第四任主席，国际业余田联第一任主席。

育成绩名单》（DDR – Bestenliste der Kleinsten），这份名单列出了当年小学一年级到四年级儿童的最佳体育成绩。[72]大多数体育项目都有其专门的百科全书。还有一名理论家建议将体育定义为能以分数，或是厘米——克——秒（Centimeter – gram – second：c – g – s）系统测量的身体活动。[73]

体育数据是现代社会数据的一个部分。ERA（投手防御率）、GNP（国民生产总值）、YGD（冲锋码数），以及 GPA（平均绩点数），我们生活在一个数字的世界里。在成功击球员气喘嘘嘘地到达二垒时，计算机就已经为我们显示出了他的新平均成绩，正如计算机可以提供给我们道琼斯平均指数（Dow – Jones Average）和 25 个市区的重罪率一样。当奥林匹克运动会上的金牌、银牌和铜牌的数量似乎不适合用来进行国与国之间的比较时，勤劳的统计学家很快就得出了一个对数公式来解决问题：$P = 100\ (1 - \log x/\log n)$，在这个公式中，$P$ = 分数，x = 选手或是队伍的名次，n = 比赛中所有参赛选手的数量。[74]第一名可得 100 分（因为$\log 1 = 0$），而最后一名得 0 分（因为$\log n/\log n = 1$），在 5 个选手参赛的情况下得第 4 名的话可得 13.86 分，更加令人印象深刻的 50 个选手参赛的情况下得第 4 名则可得 64.56 分。设计这个系统的生理学家同样也发明了等值表，等值表将不可比较的项目放在一起比较。例如：跳高和掷铁饼——这是他发明的十项全能运动计分系统的一个延伸。他认为，鲍勃·比蒙〔1〕那 8.90 米（29 英尺）的跳远好成绩与 3 分 43.3 秒跑完 1 英里的成绩是相等的。[75]无可否认，我们生活在数字的世界里。

而古希腊人并非如此。毕达哥拉斯（Pythagoras）、阿基米德（Archimedes）、欧几里德（Euclid）和其他古希腊人对数学，特别是几何做出了很大的贡献，但是古希腊文明却并非是迫切地需要量化。对于他们来说，人类始终是测量一切事物的标准，而不是被不断测量的对象。戴上桂冠，在晴朗的古奥林匹亚运动会或是科林斯运动会上，成为那些为荣誉和名声而战的所有运动员中最好的——这就足够了。至于铁饼掷了多远？跑得有多快？没人知道。在所有的古希腊文化遗产中，只有在些许零星的短诗中可以看

---

〔1〕 鲍勃·比蒙（Bob Beamon，1946 – ），美国著名跳远运动员，在 1968 年墨西哥城奥运动会上以 8.90 米的成绩夺冠，并打破世界纪录，被誉为“进入 21 世纪的一跳”，该纪录直至 1911 才被鲍威尔打破。

到一点数据。据短诗中所述，克罗托那的帕乌洛斯（Phayllus of Croton）曾跳了16米（55英尺），掷铁饼掷了29米（95英尺）。第二个成绩不足为奇，但是第一个则是完全不可能。这首短诗也许是在讽刺，但是现代社会为解释那跳远成绩的合理性时却发明了三级跳，而这种解释并不可信。[76]

为什么我们不知道赛跑运动员跑得有多快呢？我们倾向于认为，古希腊人缺乏精确的计时仪器。这可能是正确的回答，但是我更相信另外一种与此相反的解释——古希腊人没有精确的计时仪器，是因为他们不在乎赛跑运动员到底跑得有多快。为什么我们会不知道他们跳得有多远，或是标枪扔得有多远呢？在这一问题中，我们肯定不能回答说是因为古希腊人缺少测量的方法。他们的技术远远超过丈量一根绳子的长度，然后用来测量距离。而关键在于只是他们不在乎。这一届奥运会的标枪冠军是不是比上一届的冠军掷得更远，他们对此毫无兴趣。同样地，在泛雅典娜庆典（Panathenaic Festival）上的掷铁饼冠军是否超越了尼米亚或是佩加蒙运动会上的冠军？这样的问题，永远没有答案。所以，我们终于可以理解，为什么不同运动会上的铁饼大小和重量没有一致的标准。他们从来不关心同一项目运动员的可比性，成绩的量化也是毫无必要的。最接近于我们现代意义上的量化是成绩的次数计算。正如赫拉克勒斯因完成了12项英雄伟绩而出名，克罗托那的米罗（Milo of Croton）是因获得5次古奥林匹亚运动会冠军、6次皮提亚运动会冠军、10次地峡运动会冠军和9次尼米亚运动会冠军而出名。

古罗马人正是抓住了这个特点——成绩次数的计算——并几乎将其以现代体育的精神发展着。古罗马人并不想量化古希腊体育，他们对此毫无兴趣。虽然几乎没有任何理由来量化一场角斗士格斗，但是古罗马和君士坦丁堡（Constantinople）的四轮马车竞赛则是另外一回事。据我们所知，四轮马车赛并没有计时。正如我们不清楚古希腊赛跑运动员有多敏捷一样，我们也无法了解四轮马车赛的冠军有多快，但是古罗马人却痴迷于计算第一名、第二名，以及第一名反败为胜等的次数。例如：狄奥克勒斯（Gaius Appuleius Diocles）的铭文所示，他于公元122年开始战车赛生涯，他一共参加了4257次比赛，赢了1462次，获得第二名861次，第三名576次。但是我们的信息来源很少，很难像在现代体育中一样下肯定的判断。Occupavit et vicit的意思是曾领先并取得胜利吗？我们不能确定。[77]另一种量化开始于古希腊时期，持续至古罗马时期。职业运动员们经常吹嘘说他们是在7个不同运动会上获得7次冠军，或是在某次著名的运动会连获3次冠军的第一人。这类的评价方式与现代传记后的一连串数据附录还相差甚远，但是这是量化的第一步。我们庆祝我们的奥林匹克运动会，想象着我们是古希腊文明的后代，但是在这方面，正如在很多其他方面一样，我们更接近于君士坦丁堡为战车手嘶喊加油的“蓝队”和“绿队”。

当1896年奥林匹克运动会重新举办的时候，一位美国人很细致地观察到体操之所以不怎么流行的原因是体操并不是“真正的”竞技竞赛，因为体操经不起精确测量的考验。[78]然而，体操低估了现代社会量化的迫切性。在我们的文化世界中，甚至是那些抵制量化的竞赛也被改进成与潮流模式相一致。规定一个跑道的长度，或是一个游泳池距离，然后电子测量赛跑运动员或是游泳选手的时间是很容易的，但是人们怎么理性化和量化一场体操比赛，一场美学上的比赛呢？答案现在看上去很明显。设计一个动作难度的系统和一组裁判，然后采用裁判主观性判断的数学方式（包括最高分和最低分）来打分。纳迪娅·科马内齐〔1〕在蒙特利尔奥运会上的得分是79.275分，一分不多，一分不少。人：测量者（Homo Mensor）这一说法的独创性可见一斑。

七、纪　录
Records

结合量化的冲动以及获胜、超越、成为最好的欲望——其结果就是纪录的概念。原始社会并不是说完全缺乏鉴别无法超越事物的本能。我们前面提及的蒂科皮亚岛掷飞镖选手会用一块石头来标记掷得最好的那一次，其他部落也会纪念极好的成绩——但这样做也许只是神话的指示而不是测量的需要。射箭运动可能是最早有纪录的体育项目之一。13世纪的一篇土耳其碑铭上赞颂苏丹·马哈茂德·汗（Sultan Mahmud Khan）的一箭射出1215箭头长度的优秀成绩，17世纪微型画描绘了伊斯坦布尔“箭矢地”（Okmeidan）的射箭手，“箭矢地”是记录令人震惊的射箭成绩（距离）的

〔1〕 纳迪娅·科马内齐（Nadia Comaneici，1961－），罗马尼亚著名体操运动员，曾获得五次奥运会冠军，被认为是有史以来最伟大的体操运动员。

地方。[79]早至17世纪，日本人可能就已经开始记录在各种严峻情况下射中目标的次数。但现代纪录是现代对量化狂热追求的结果。[80]古希腊人没有类似于我们现代意义上的纪录观念。据古典学者M·I·芬利和H·W·普里克特所说，古希腊人甚至没有“创建一个纪录”（To Set a Record）或是“打破一个纪录”（To Break a Record）之类的表达方式；名词“Record”派生出动词“Record”（正如在“fastest recorded time”中的recorded的一个缩略词一样），这种用法始于19世纪80年代。[81]

那什么是现代意义上的纪录呢？纪录是一个极为抽象的概念，它不仅使得在同场竞技的运动员之间的竞争成为可能，还可以使那些不同时间和空间里的运动员们的竞争也成为可能。根据量化纪录这个古怪而抽象化的概念，澳大利亚人可以与10年前就已经去世的芬兰人竞争。纪录变成每个与此事有关的人心中的一种心理压力。例如：班尼斯特1954年在伊夫雷跑道上首次以不到4分钟跑了1英里。纪录是“纪录本”上和电视屏幕右上角的一个数字；是取得难以想象的好成绩的动力；是阻碍我们努力的心理障碍；是一种狂热；是理性化疯狂的一种形式；是我们文明的象征。在一种极度狂热的情形下，20世纪20年代的一名法国运动员希望自己的女儿有一天可以背诵枯燥冗长的纪录，而不是历史上的战争，纪录要比赫拉克勒斯的十二伟业（Labor of Hercules）美得多。[82]

当亨利·亚伦（Henry Aaron）逐渐接近并最后超越贝比·鲁斯（Babe Ruth）终身714个全垒打的纪录时，美国的大众传媒界都激动不已。前苏联《真理报》（《Pravda》）也与美国媒体持同样的态度。在1950年8月6日的一篇社论中写到：“许多年前，创造的诸多纪录还没有被超越。打破这些纪录是我们年轻运动员的任务。”[83]在5年之前，《真理报》悬赏25000卢布给创造新的世界纪录的“业余”运动员。[84]这样的鼓励收到了很大的成效，从前苏联及其他社会主义国家逐渐在奥运会上独占鳌头就可以看出来。

我们已经知道美学的量化使为花样游泳、跳水和体操的计分成为可能。量化产生了对纪录的追求，即使是在这种类似于芭蕾的运动项目中。奥林匹克竞赛中的满分，在纳迪娅·科马内奇接近高低杆的那一刻，代表着至今没有过的“完美。”她7次达到了“完美”，而这个神奇的7次成为了一项纪录，这就打破了涅利金[1]一次获得满分的纪录。我们为纳迪娅·科马内奇的成绩感到惊叹不已，并且我们从纯粹的量化角度来看，1972年奥运会上，她的动作要比柳德米拉·图里谢娃[2]表现得更美。纳迪娅的79.275不是要比柳德米拉的77.025更加优秀吗？我们知道约翰·沃克（John Walker）的1英里跑步成绩要比国际业余田径联合会承认的任何人都快。因为纪录就是纪录，我们认为我们知道纳迪娅的绝好表现是史上最好的。玛雅人和阿芝特克人有他们的迷信，我们也有我们的迷信。

当运动员最终开始达到——他们最终一定会达到——人类的极限时，我们对纪录极端的追求又会怎样呢？当没有科内利娅·恩德尔或是德怀特·斯通斯来满足人们对世界纪录的欲望时又会怎样呢？在其著作《现代体育中的体操运动》（De la Gymastique aux sports modernes，1965）的结尾部分，雅克·乌尔曼（Jacques Ulmann）将古希腊体育精神与现代体育精神作比较："古希腊的体操离不开身体观，身体观本身则受到宇宙哲学的重要影响。现代人的体育与另一种哲学联系在一起，这种哲学有时候分散，有时候条理清晰，它就是进步理论。"[85]（Theory of Progress）著名学者J·B·伯里[3]将"进步观"（Idea of Progress）的历史一直追溯到18世纪，进步观后来一直支配着19世纪思想者。进步观或是进步理论是一种线性观念（Linear Concept），它认为在每一个进步的基础上都可以再进步。1924年约翰尼·韦斯默勒[4]使世界震惊了，他以5分4秒2的成绩游完了400米。然而今天，他的成绩在女子组的比赛中都难有一席之地。我们期待着现在女子100米自由泳的纪录将会在科内利娅·恩德尔创下的55秒65的纪录上再向前一步，但是人类绝对不可能使纪录降至30秒。在她的纪录和30秒之间的某个地方就会是人类的极限了。那个时候会怎样呢？

也许日本历史上的一些经历可以给我们一点启示。在古东京（Kyoto）

---

[1] 涅利金（Nelli Kim，1957－），白俄罗斯体操运动员，曾五次获得奥运会冠军，第一个获得奥运会女子体操满分的运动员。

[2] 柳德米拉·图里谢娃（Ludmilla Tourescheva，1952－）前苏联体操运动员，曾四次获得奥运会冠军。

[3] J·B·伯里（J. B. Bury，1861－1927），英国著名古典学家、历史学家。

[4] 约翰尼·韦斯默勒（Johnny Weissmuller，1904－1984），美国著名游泳运动员、演员，曾五次获得奥运会冠军，退役后进军好莱坞，也取得了成功。

宗教中心有一座庙宇——三十三间堂（Sanju - Sangen - Do），这座庙宇被一个长廊环绕着。在寺庙的屋檐与长廊的屋檐之间有 4.54 米的一个隙缝。17 世纪时开展了一项名叫“Oyakazu”的射箭比赛。这项比赛的重点是看在 24 小时以内射箭手在不让箭擦碰长廊的情况下能从隙缝中射进多少支箭。该比赛从 1606 年开始，一直到 1842 年都还很有名，但是在 1686 年 4 月 16 日之后，人们对该项比赛的兴趣就急剧下降。那时有一个叫和佐（Diachachiro Wasa）的人取得了 13053 箭 8132 中的成绩。一位现代日本历史学家解释说：“当人们发现打破纪录很困难时，‘Oyakazu’就逐渐不再流行了。”[86]当然，他的解释可能存在错误——毕竟，这项运动自那以后继续存在了 156 年之久，但是这个解释本身对于纪录观在我们现代社会中的重要地位是很有启发意义的。当竞技冠军不再产生新的世界纪录时，当每一项运动都有一个和佐这样的人物时，会怎样呢？我们会接受古希腊意义上的体育，会接受用于满足于人与人之间的激动人心的竞赛吗？还是会想出新的方式来满足对绝对不可超越的竞技成绩的浮士德式（Faustian）的强烈欲望呢？我们拭目以待。

八、现代体育的特征
The Characteristics of Modern Sports

在上文中我们已经讨论了现代体育的 7 大显著特征。现代体育的不同之处可以用典型的现代表格来总结（表 2 - 2）。 这些特征并不是简单地凭

表 2 - 2 不同时期体育的特征

	原始体育	古希腊体育	古罗马体育	中世纪体育	现代体育
世俗主义	有，无	有，无	有，无	有，无	有
平　等	无	有，无	有，无	无	有
专业化	无	有	有	无	有
理性化	无	有	有	无	有
科层化	无	有，无	有	无	有
量　化	无	无	有，无	无	有
纪　录	无	无	无	无	有

印象任意挑选，或是即兴胡诌的。当我们从最后一个特征——追求纪录——往回看的时候，我们会发现这些特征都是相互联系的。它们系统地相互影响着。我们甚至可以提出一个目的论（Teleology）的假设，这个目的论认为为了达到纪录，其他的特征都是必须的。现代体育对纪录追求如果没有量化作为前提是难以想象的。在一个没有接受过任何训练的人达到了一定的程度之后，倘若是没有专业化和理性化，是不可能创造新的纪录的。但是专业化和理性化通常意味着科层化组织，没有科层组织，世界冠军锦标赛不可能举行，规则不可能建立，纪录不可能及时地得到证明。蒙特利尔和因斯布鲁克奥运会的出色成绩是成千上万人年复一年努力的结果。现代体育的专业化、理性化和科层化也暗示着机会的平等。倘若最快的赛跑运动员或最有技术的击剑运动员因为职业、肤色或者宗教而被禁止比赛，那么谈论追求纪录是很可笑的。最后，量化成绩的观念与世俗系统的标准更一致，而不是与神圣的超验领域相接近。这是一个很难理解的观念，也许还是一个令人不快的观念，但也许竞技成绩的原动力是从社会的世俗化开始的。当定性等级变得不明显，并失去它们的效力时，我们便转向量化等级。当我们不再能区分神圣的和世俗的，或者好的和坏的的时候，我们对击球平均为 0.308 的击球员和 0.307 次的击球员之间的细微差别就感到满足。一旦诸神从奥林匹斯山[1]（Mount Olympus）或是但丁（Dante）《神曲》中的天堂消失，我们就不能再跑去他们那里寻求抚慰，或是祈求他们拯救我们的灵魂，但我们能创造一项新的纪录。这是现代性独特的不朽形式。

NOTES

1. Quoted by Harry Clay Palmer, "The Around the World′⁄′,mr," Athletic Sports in America, England, and Australia, ed. Pahner (Philadelphia: ltubbard Brothers, 1889), 446 – 47. Mark Twain′s fascination with basehal[and cultural contrast also appears in A

[1] 希腊北部靠近爱琴海海岸的一列山。其主峰奥林匹斯山海拔 2,918.9 米（9,570 英尺），是希腊境内最高点，也是希腊诸神的家园

Connecticut Yankee in King Arthur's Court (1889), where the game is played by medieval knights under the coaching of Hank Morgan.

2. See Hans Datum, "The So – Called Sport Activities of Primitive People," The Cross – Cultural Analysis of Sport and Games, ed. GLinther IAschen (Champaign, Illinois: Stipes, 1970), pp. 52 – 69. Many anthropologists deplore the term "primitive" because of its ethnocentric connotations. Unfortunately, none of their suggested alternatives seems wholly satisfactory and I fall back upon the layman's term, although I do not use it in order to make moral judgments.

3. Weltgeschichte des Sports, 3rd ed., 2 vols. (Frankfurt: Cotta, 1971), 1, 3.

4. Games of the North American Indians (Washington: U. S. Government Printing Office, t907), pp. 31, 34.

5. Quoted in Morris Edward ( ) pier, "A Jicarilla Apache Ceremonial Relay Race," American Anthropologist, 46 (1944). 78n.

6. "Wettkampfspiel und l) ualorganisation bei den Timbira Brasiliens," Die Wiener Schule der V61kerkunde Festschrift, ed. A. Haeke], A. ttohenwart – Gerlachstem, and A. 8]awik (Vienna: Verlag Ferdinand Berger, 1956). p. 509.

7. Opier, "A]icarilla Apache Ceremonial Relay Race," 75 – 97.

8. N. A Scotch, "Magic, Sorcery and Football among the Urban Zulu," Journal of Conflict Resolution, 5 (1961), 70 – 74. Scotch's experiences among the Zulu seem to have led to conclusions about baseball; see William A. Gamson and N. A. Scotch, "Scapegoating in Baseball," American Journal of Sociology, 70 (1964), 69 – 72. F'or other examples of flJe blend of primitive and modern, see 1. R. Fox, "Pueblo Baseball: A New Use for Old Witchcraft,"]ournal of American b'olklore, 74(1961), %16; F;ugenc tt. 1"reund, "The Transition of a Fertility Rite to an Indigenous Spectator Sport, Quest Monograph, no. 16 (June 1971), 37 – 41; "Orioles m Spirited'Race," New York Times, September 16, 1975.

9. "Wettkampfspiel und l) ualorganisation," pp: 504 – 33.

10. Walter Umminger, Supermen, Heroes and Gods York: McCraw – I lill,

11. Quoted in W. A. Goellner, "The Court Ball Game of the Aboriginal Mayas," RQ, 24 (May 1953), 164.

12. The best studies of the game are ('oellner, ibid., pp. 147 – 68; Walter Krickeberg, "Das mittelamerikanischc Ballspiel und seine religi/Jse Sy, nbolik," Paideuma, 3 (1948), 118 – 90; Theodore Stern, The Rubber – Ball Games of the Americas (Seattle:

[.lniversity of Washington Press, 1949), pp. ?;4 – 45, 50 – 71; Kurt Weis, "Die Funklion des Ballspiels bei den alton Maya," Die Soziologie des Sports, ed. Giintherl, Us-chcn and Kurt Weis (Darmstadt: Luchterhand, 1976), pp. 1 l –129.

13. Ludwig Deubner, quoted by Ludwig Drees, Olympia: Gods, Artists, and Athletes, traus. Gerald ()nn (New York: Praeger, 1968), p. 24. A contrary view appears in E. Norman (; ardmer, Athletics of the Ancient World (Oxford: Clarendon Press, 1930). pp. 32 – : –3.

14. Data for the table were derived from Gardiner, Athletics of the Ancient World, pp. 33 –37; It. A. ltarris, Greek Athletes and Athletics (London: Hutchinson, 1964), p. 36.

15. Drees, Olympia, p 31.

16. Pierre F´rayssmet, Le Sport parmi los beaux – arts (Paris: Arts et Voyages; 1968), p. 27.

17 Itans Kamphausen, "Traditionelle bcibesfibungcn bei autochthonen V6lkern," Geschichte der Leibesiibungen, ed. Horst Obcrhorst, 6 vols. (Berlin: Verlag Barrels und Wemitz, 1972 –), 1, 69.

18 Athletics o[the Ancient World, p. 49.

19 Peter I –. Lindsay, "Attitudes towards Physical Exercise Reflected ira the Literature of Ancient Rome," tlistor >, of Sport and Physical Education to 1900, ed. Earle F´. Zciglcr iChampaign, Illinois: Stipes, 1973), p. 179.

20. See Alois Koch, Die Leibeserziehung im Urteil der antiken und friihchristlichen Anthropologie (Schomdorf: Karl Hofinann, 1965); Ralph B. Ballou, It., "An Analysis of tile Writings of Selected Church Fathers to A. D. 394 to Reveal Attitudes Regarding Physical Activity," ftistory of Sport and Physical Education, ed. Zeigler, pp. 187 –99; Georg $611, "Sport in del katholischen Theologic des 20. Jahrhunderts," Sport im Blickpunkt der Wissenschaft, ed. Helmut Baitsch (tleidelberg: Springer Verlag, 1972), pp. 43 –63; Rtlidiger Schloz. "Probleme und Ans/itze mder protes. tantischen Theologie," Sport im Blickpunkt der Wissenschaft, pp. 64 –83.

21. See Frank Deford, "Religion in Sport," SI, 44 (April 19, 1976), 88 –102; f) eford, "The Word According to Tom," Sl, 44 (April 26, 1976), 54. 69; l) efl – rd, "Reaching fo – the Stars," SI, 44 (May 3. 1976), 42 –60.

22. Keith Dunstan, Sports (North Melbnume: Cassell Australia, 1973), p. 1

23. The]ol´of Sports (New York: Basic Books, 1976), pp. xiv, 18 –19, 34.

24. Dan Jenkins, Saturday's America (Boston: Little, Brown, 1970), p. 88.

25. See Martin tt6rrmann, Religion der Athleten (Stuttgart: Kreuz Verlag, 1968).

26. See Christian Graf von Krockow, Sport und lndustriegesellschaft (Munich: Piper, 1972).

27. "A Dart Match in Tikopia: A Study of the Sociology of Primitive Sport," Oceania, 1 (1930), 64 - 96.

28. lames W. Vanstone, Point l - trope: An Eskimo Village in Transition (Seattle: University of Washington Press, 1962), p. 122.

29. The Olympic Games: The First Thousand Years (New York: Viking, 1976), p. 58.

30. E. Norman Gardiner, Greek Athletic Sports and Festivals (I,ondon: Macmillan, 1910), p. 54. tt. W. Pleket, "Zur Soziologie des antikcn Sports," Mededelingen Nederlands lnstitut Te Rome, 36 (1974), 60.

31. Ummmger, Supermen, Heroes, and Gods. p. 185.

32. Denise Pahner and Maxwell I,. Howell, "Archaeological Evidence of Sports and Games in Ancient Crete, History of Sport and Physical Education, ed. Zciglcr, pp. 69 - 71.

33. Alan G. lngham, "Occupational Subcultures in the Work World oi Spc - rl." Sport and Social Order, ed. Donald W. Ball and John W. l. oy (Reading: Addison - Wesley, 1975), p. 363.

34. Christina Hole, English Sports and Pastimes ([xmdon: B. 1ː Batshml, 1949), p. 40.

35. lean Le Floc'hmoan, La Gen&se des sports (Paris: Payot, 1962), p. 46.

36. Dennis Brailsford, Sport and Society: Elizabeth to Anne (Torrmto: Universib´of Toronto Press, 1969), p. 31.

37. Foster Rhea Dulles, America Learns to Play (New York: Appleton - Century - Crofts, 1940), p. 34.

38. Howard 1. Savage, Games and Sports in British Schools and Universities (Nm - York: Carnegie Foundation, 1927), p. 186.

39. "The Bifurcation of Rugby Union and Rugby League," IRSS, 11, Nr 2 (r976), 54.

40. Caspar W. Whitney, A Sporting Pilgrimage (New York, 1895). pp, 164, 167.

4l. H. Graves, "A Philosophy of Sport 1960), reprinted in Sport and the Body, ed

Febiger, 1972), p. 10. Contemporary Review, 78 (December Ellen W. Gerber (Philadelphia: Lea &

42. The most usefid historical studies of race in American sports are Edwin Bancroft Henderson, The Negro in Sports (Washington: Associated Publishers, 1939); John P. Davis, "The Negro in American Sports," American Negro Reference Book, ed. [ ) avis (Englewood Cliffs: Prentice - Hall, 1966), pp. 77%825; Egon W. Stein - kamp, Sport und Rasse - Der schwarze Sportier in den USA (Ahrensberg: Czwalina, 1976); Robert Petersou, Only the Ball was White (Englewood Cliffs: Prentice - Hall, 1970).

43. Gerald W. Scully, "Economic Discrimination in Professional Sports," Law and Contemporary Problems, 38 (1973 - 74), 67 - 84.

44. John W. Loy and Joseph F. McElvogue (wrongly printed as "Elvogue"), "Racial Segregation in American Sport," IRSS, 5 (1970), %23; Barry McPhersou, "1'he Black Athlete," Social Problems in Athletics, ed Daniel M. Landers (Urbana: Universi-Woflllmois Press, 1976), pp. 122 - 50.

45. Norman R. Yetman and D. Stanley Eitzen, "Black Americans in Sports: Unequal Opportunity fi - r Equal Ability," Civil Rights Digest, 5 (August 1972), 20 - 34; Amhony H. Pascal and Leonard A. Rapping, "The Economics of Racial Discrimination in Organized Baseball," Racial Discrimination in American Life, ed. Anthony H. Pascal and Leonard A. Rapping (Lexington, Mass.: D. C. Heath, 1972), pp. 119 - 56; Gerald W. Scully. "I) iscrimination: The Case of Baseball," Government and the Sports Business, ed. Roger G. Noll (Washington: Brookings Institute, 1974), pp. 221 - 73.

46. Richard Edward lapchick, The Politics of Race and International Sport (Wcsq - ort, Conn.: Greenwood Press, 1975).

47 Richard D. Mandell, The Nazi Olympics (New York: Macmillan, 1971); Amd Kruger, "Thc 1936 Olympic Games - Berlin," The Modern Olympics, ed. Peter I. Graham and Horst 0berhorst (Cornwall, New York: Leisure Press, 1976), pp. 168 - 82, Karl Adolf Scherer, Der Miinnerorden (Frankfurt: Limpcrt, 1974), p. 1 - 2.

48. Die,n, Weltgeschichte des Sports, 2, 631, 633.

49. Auguste Hoffinann, Frau und Leibesiibungen im Wandel der Zeit (Schorndoff: Karl ltofiraann, 196g), p. 48.

50. I"rederick Rand Rogers, "Olympics for Girls? School and Society, 30 (1929), 193. Sec also Ellen W. Gerber, "The Controlled Development of Collegiate Sport for Women, 1923 - 1936,"]Ski, 2 (1975), 1 - 28.

51. Alice Allene Sefion, 1he Woman's Division, National Amateur Athletic Federation (Palo Alto: Stanford University Press, 1941), pp. 82 - 84.

52. tfugo Rothstem, quoted in Hoffmann, Frau und Leibesiibungen, p. 31.

53. Brian Clanville, "The Amazons," Mademoiselle, 61 (May 1965), 166 - 67, 228 - 29.

54. For an outspoken woman, see Harriet Isabel Ballintine, "Out - of - Door - Sports for College Women," American Physical Education Review, 3 (March 1898), 38 - 4:,. Ballmtme brought track and field sports to Vassar in 1896.

55. For changes in both attitudes and taw, see Jan Felshin, "The Social View," The American Woman in Sport, ed. Ellen W. Gerber (Reading: Addison - Wesley, 1974), pp. 177 - 279; "Sex Discrimination m High School Athletics," Minnesota Law Review, 57 (December 1972), 339 - 71; Bil Gilbert and Nancy Williamson, "Sport Is Unfair to Women," SI, 38 (May 28, 1973), 88 - 98; Gilbert and Williaruson, "AreYou Being Two - Faced?" SI, 38 (June 4, 1973), 44 - 54; Gilbert and Williamson, "Programmed to be Losers," SI, 38 (June 11, 1973), 60 - 73; Gilbert and Williamson, "Women in Sports: A Progress Report," SI, 41 (July 29, t974), 27 - 31.

56. For detailed empirical studies of rates of male - female participation in sports, see footnote 59 to chapter 3, below.

57. "Zur Strukturanalyse des Sports," Die Soziologie des Sports, ed. L - schen aud Weis, p. 65.

58. Greek Athletic Sports and Festivals, p. 4.

59. Athletics of the Ancient WorM, p. 103.

60. Ibid., p. 115.

61. "The Structural - Functional Properties of Folk - Games and Modem Sports," SW, 3 (1973), 227.

62. On amateurs as those who play for the sake of play, see Paul Weiss, Sport: A Philosophic Inquiry (Carbondale: Southern Illinois Universib´Press. 1969), pp. 192 - 211; Harold J. VanderZwaag, "Amateurism and the ()lympic (,ames," The Modern O-lympics, pp. 83 - 106.

63. For the invention and early history of the game, see Nell D. lsaacs, All the Moves: A History of College Basketball (Philadelphia: Lippincott, 197g).

64. For a reconsideration by H. A. llarris of views expressed in (;reek Athletes and Athletics, see his "The Method of Deciding Victory in the Pentathlon," Greece and Rome,

19 (April 1972), 60 – 64. See also Joachim Ebert, Zum Pentathlon der Antike (Berlin: Akademie Verlag, 1963).

65. Quoted from Harris, Greek Athletes and Athletics, p. 173.

66. Roy Barton, Philippine Pagans (London: George Routlcdge, 1938), p. : $8n, See also Victor Turner on the Ndembu of Zambia, The Forest of Symbols (Ithaca: Cornell University Press, 1967), pp. %1 1, 289 – 90.

67. On him, see N. G. Politis, The Olympic Games in 1896 (Athens and London: Charles Beck/H. Grevel, 1897, pp. 31 – 48.

68. Jean Meynaud, Sport et Politique (Paris: Payor, 1966), pp. 77, 81.

69. See Henry W. Morton, "Soviet Sport: School for Comnmnism," Ph. D. dissertation (Columbia University, 1959), p. 49.

70. See R. L. Quereetani, A World History of Track and Field Athletics (London: Oxford University Press, 1964), p. xvii.

71. Umminger, Supermen, Heroes and Gods, p. 144.

72. Hermann Josef Kramer, K6rOererziehung und Sportunterricht in der DDR (Schorndorf: Karl Hofmann, 1969), p. 78.

73. 11ermann Altrock, Die kulturellen Au[gaben des Deutschen Sports (Kevelaer: Verlag Butzon trod Bercker, 1949), p. 9.

74. Ernst Jokl, Medical Sociology and Cultural Anthropology of Sport and Physical Education (Springfield, Illinois: Charles C. Thomas, 1964), pp. 56 – 61.

75. "Nahe der absoluten Grenze," Rekorde aus der Retorte, ed. Helmut Acker (Stuttgart: l)eutsche Verlag – Anstalt, 1972), p. 82. On the dream of absolute comparability, see also Weiss, Sport, pp. 230 – 42.

76. See Cardiner, Athletics of the Ancient World, pp. 152 – 53. For a contrary view, see ltarris, (;reek Athletes and Athletics, pp. 80 – 82.

77. 1t. A. llarris, Sports in Greece and P, ome (Ithaca: Cornell University Press, 1972), pp. 198 – 199.

78. Rufus B. Richardson, "The New Olympian Games," Scribner´s Magazine, 20 (September 1896), 279.

79. Carl Diem, Weltgeschiclite des Sports, 1, 352 – 55.

80. Kohouko Sasajima, "ltistory of Physical Exercises and Sport in Japan," Geschichte der Leibestibungen, cd. Oberhorst, 4, 199.

81. The Olympic Gamm, p. 22; Maria Kloeren, Sport und Rekord (Leipzig: Verlag

yon Bernhard Tauchnitz, 1935), p. 184.

82. Andre ()bey, I. Orgue du stade (Paris: Gallimard, 1924), p. 35.

83. Quoted in Morton, "Soviet Sport," p. 177.

84. Ibid., p. 232. F ́nr the East - German sched,le of cash payments for records, see Frank R. Pfetsch. I, eistungssport und Gesellschafissystem (Sehorndorf: Karl Hofmann, 1975), p. 196.

85. De la Cymnastique aux sports modernes (rev. ed.; Paris: J. Vrin, 1971), p.

86. Sasajirna, "llistory of Physical Exercises and Sport in Japan," p. 199.

第三章　资本主义、新教和现代体育
Capitalism, Protestantism, and Modern Sport

现代体育，是一种普遍且独特的非功利性身体竞赛，从18世纪早期到19世纪晚期，经过了约150年的时间才成型。从历史的角度看，我们不仅知道时间，还能很清楚地知道地点。现代体育产生于伦敦，后传播至美国、西欧，以至全世界。成千上万的书籍和文章中都记录了现代体育的起源，但专业的历史学家更多地是针对特定的体育项目，而只有少数学者——大部分是欧洲的学者，曾试着解释整个现代体育的兴起。其中最具有说服力的解释几乎都从卡尔·马克思和马克斯·韦伯的深刻见解中得到过启示，而他们两个人都不曾专门谈及体育。

一、一个马克思主义的解释
A Marxist Interpretation

马克思主义关于现代体育兴起的解释要从历史唯物主义谈起。马克思主义认为，体育始终与生产方式的组织存在着联系，甚至在石器时代也是如此，“身体运动……原本就是一种生产过程（Arbeitsprozeβ）”。[1]那时候，生存取决于身体的力量，所以奔跑、举岩石和掷长矛都是为了提高作为猎人的技巧。对石器时代“体育”的这一解释，可能同样适应于现代体育。马克思主义历史学家试着从唯物主义的角度分析现代体育的兴起。中世纪的体育是封建社会的反映，而现代体育则是自由资本主义的产物，也就是资本主义的产物。这个解释的可信度值得我们做更加深入的探讨。在这一节后面的内容当中，我将引入一些其他的视角，而不是千篇一律的马克思主义的见解，我自己的观点将会出现在第三节。

中世纪的体育是为封建贵族的利益服务的，而封建贵族是中世纪的统治阶级。[2]体育有很多种类，平民也有其简单的运动，如跑步、摔跤、用木棍打架，以及混战版本的足球的运动（其最终演变为现代英式足球）。平民阶级的体育倾向于一些可以使他们保持身体健康的运动，这样可以使他们有体力完成农业劳作。体育是使他们的劳动力（Arbeitskraft）维持在可供剥削层面的一种方式。

贵族体育项目的起源都打着劳动的烙印。一方面，打猎、垂钓和利用鹰行猎等，所有这些都是贵族消磨时间的运动，但同时也会伤害到社会底层人民的利益，他们通常是靠打猎或者捕鱼来维持生计，统治者在他们耕作或者养殖的地方狩猎或垂钓时，他们的经济就会蒙受重大损失。通常，打猎或是利用鹰行猎的权利都仅限于贵族，偷猎者会受到严厉的惩罚。除了这些直接从生产劳动演变过来的“田野”体育项目之外，还有些体育项目是直接与政治权利相联系。例如，武士骑马比武和骑士马上长矛比赛，前者是大批佩戴盔甲的骑手之间的微型战争，第二项是两名骑士马上的格斗。在一个要以身体力量来获得统治权力的世界里，游戏本身就象征着阶级之间的关系。武士骑马比武是模拟战争，是体育，也是军事能力的表现，同时也是给予那些追求社会平等的人变相的警告。

统治着资本主义阶级关系的生产方式与中世纪的生产方式不同。不同的需求产生不同种类的体育项目，更重要的是，产生了对体育本质的不同认知。

工业资本主义和金融资本主义所带来的财富分配不均，致使富人与穷人的体育项目产生了分野。拥有土地的贵族变成了地主，他们继续保留着封建时期的剥削工具。体育失去了其直接的政治功能——用一个高尔夫俱乐部来镇压一次叛乱是不可能的——而特定的体育项目成为了有闲阶级的表现。高尔夫和网球仍然是统治阶级的特权，但皇家对穷人的禁令或者严重的惩罚条例都已显得多余，经济花销就足以将这两项运动控制在富人的世界。例如，网球需要昂贵的球场和漫长的学习过程，这就意味着专业的课程学习和巨大的时间投入。网球洁白的运动套装，是新贵们微妙的身份标签，这种无瑕的洁白，对大多数劳动阶层来说并不合适。对于特别富有的人而言，高尔夫和网球也显得过于普遍，这使得他们对马球和帆船具有更大的热忱。例如，1901 年纽约出版的《体育之书》（《The Book of Sport》），这本奢侈的、富有大量插图的书中编入了很多的文章，文章内容所涵盖的范围也十分之广，高尔夫、室内网球、网球拍、墙手球、壁球、草地网球、马球、猎狐、帆船及其训练都有涉及。最后，喜欢驾驶着马车到处闲逛的奥利弗·H·P·贝尔蒙〔1〕认为："美国人永远追随那些技术完美、需要勇气、鼓励上进的体育运动。"[4]但是在《体育之书》中，却忽略了大多数美国人的体育项目。

在资本主义社会，类似于英式足球和棒球之类的运动是工人阶级的运动。这些运动有其首要目的，那就是保持最大限度的生产劳动力。"工人闲暇时间的运动或者说被允许的运动，在资本主义社会，取决于劳动力（Arbeitskraft）再生产的需要。"[5]同时这也是对流水线作业对身体危害做出的必要的补偿，以免由此产生的疾病使工厂的劳动力下降至零。

上层人士的体育是其社会化的工具，依靠这个工具，统治阶级能培养出为国内外统治者所必需的性格特征和领导才能。另一方面，无产阶级的体育则是另一种社会化的工具。他们的体育倾向于团体体育项目，这种项目向他们不断地灌输附属和服从的思想，教练则成为了他们的统治阶级。他们吸纳年轻人加入到工业系统的日常运行中来，并使潜在的革命力量远离政治。

因此，作为工业资本主义发源地的英国毋庸置疑地成为了现代体育的故乡。英国人令人惊奇地喜欢利用赛马、竞走和拳击进行赌博，很多观察家都对此有过一番评论。一位18世纪的法国评论员在谈到英国风俗时说道："生命的概率和船只的返航是算术的对象。同样计算的习惯引申到了游戏、赌注和其他任何带有风险的事物当中。"[6]

这种在马、鸡、熊、船和拳击手身上下赌注的爱好，几乎可以与英国工业扩张发展进程中风险投资的增长趋势相媲美。对风险和赌博的热忱，带来的是计算时间与空间的需要，与资本家的账簿和计分卡相类似。突然我们会发现自己进入了一个簿记员和赌本的世界里。

19世纪，像拉格比学院、伊顿公学、哈罗公学和温彻斯特大学之类的私立学校与牛津大学、剑桥大学一同掀起了公平竞争、体育绅士风度（Sportsmanship）和经济理性的优秀思潮。托马斯·休斯〔2〕著名小说《汤

〔1〕 奥利弗·H·P·贝尔蒙（Oliver H. P. Belmont，1858－1908），美国社会名流，纽约市参议员。

〔2〕 托马斯·休斯（Thomas Hughes，1822－1896），英国作家、法理学家及改革家。

姆·布朗的求学生涯》(《Tom Brown's Schoolday》, 1857), 就是对托马斯·阿诺德[1]的拉格比学院的戏剧化写照，拉格比学院是中产阶级子弟学习自由资本主义的地方。私立学校的毕业生会进入到牛津和剑桥继续上学。从牛津和剑桥出来的毕业生，成为英国士兵、公务员或是商人，然后走向温哥华、马德拉斯、开普敦和墨尔本，并且他们都带着现代体育这一新奇的事物传播到世界各地。

早在1830年，居住在德国的英国人就创建了汉堡赛艇俱乐部（Hamburg Rowling Club）。1873年退役了的少校沃尔特·温菲尔德[2]发明了草地网球。5年内，这项激动人心的新运动就传到了德国、美国、巴西、印度和澳大利亚。1890年，英国人建立了德累斯顿足球俱乐部（Dresden Football Club），第二年在巴黎建立了怀特流浪者足球俱乐部（White Club）。3年后，一个居住在巴西的英国家庭的儿子将足球带到了圣保罗。1896年，在英国的匈牙利移民回到祖国访亲，将足球介绍到了匈牙利。类似的故事还发生在很多其他运动项目上，例如从英式橄榄球到羽毛球，从中我们可以看到英国模式的力量。1880年的汉堡体育俱乐部（Hamburg Sport Club）以英式距离来举行比赛，法国的大多数有名的体育俱乐部都倾向于以英文名字命名，例如 le Racing – Club de France（1882）。

一个国家接受和引进现代体育的能力本身就是该国家工业发展的一个指数。尽管历史传播的过程中存在例外，并且这样的调查本身也存在不确定因素，但现代体育组织的传播如何与工业主义的兴起联系在一起，依然值得关注。据W·W·罗斯托[3]在《经济增长的阶段》(《The Stage of Economic Growth》, 1960）中所说，最先开始“起飞”（Take off）进入持续增长阶段的5个国家为英国、法国、美国、德国和瑞典。表3–1很清楚地说明，最先开始工业化的国家也是最先建立现代体育组织的国家，而且几乎是同一顺序。7通过专注于国家性组织，我尝试着将干扰因素降到最低，因

[1] 托马斯·阿诺德（Thomas Arnold, 1795–1842），在1828至1842年期间担任拉格比学院的校长，并推行了一系列的改革政策，对英国公学产生了深远的影响。

[2] 沃尔特·温菲尔德（Major Walter Wingate），英国人，1873年对室内网球运动加以改进，发明了室外网球，当时取名为“草地网球”，他被誉为是“近代网球的创始人”。

[3] W·W·罗斯托（W. W. Rostow, 1916–），美国经济史学家，发展经济学的先驱，他将社会发展分为六个阶段，其中“起飞进入持续增长”是第三个阶段。

为类似的情况可能会发生。例如，一群英国商人创建了一个英式足球俱乐部，而且完全与东道主国家的本土体育不相符。如果我们以肯达尔一致性系数（Kendall's Coefficient of Concordance）来计算的话，当顺序一直是从“英国——美国——法国——德国——瑞典”的规律时，系数将是 1.0，当顺序一直是相反的时候，系数将是 0。表格上的一致性系数相对高，为 0.637，这就强有力地表明工业主义步伐与现代体育传播之间的关系。[8]

表 3－1　现代体育的传播（以创立的年份）

	英国	美国	法国	德国	瑞典
足球协会	1863	1913	1919	1900	1904
业余游泳协会	1869	1878	1889	1886	1904
自行车手联合会	1878	1881	1881	1886	1900
都市赛艇协会	1879	1872	1890	1883	1904
业余田径联合会	1880	1888	1887	1891	1895
草地网球协会	1888	1881	1889	1902	1906

19 世纪早期，现代体育——像资本主义本身一样——是一股进步力量，要比它所取代的中世纪体育更加民主，但是工业资本主义的发展导致了剥削形式的产生，这比封建主义的剥削方式更加严酷无情。体育开始承担着一个保守落后的角色，其中的一个征兆就是，除中国和前苏联以外，体育的极度商业化。人类行为日渐市场化的倾向，使体育变成了一个有盈有亏的经济问题。业余体育组织呼吁大学生运动会进行门票销售，类似业余田径联合会这样的体育组织所赞助的运动会也开始实行门票制。体育产品与娱乐产业市场庞大，职业体育的商业化不再羞涩，而变得毫不遮掩。运动队的所有权落在了公司和富人的手中，他们利用税务法来获得经济利益，同时不断地抱怨他们的特权还远远不够。最高法院将棒球置于反垄断法的约束之外，棒球大联盟正好利用了这一点。其他职业运动队的处境则更为艰难，当地方政府兴建的体育场以及因法权以外的力量，而不能凭借法律以实施垄断时，他们依靠的仅是队员贬值额和电视转播的收入，结果，青少年为追求金钱而出卖自己的身体，“业余”运动员只顾挣钱，但当他

们变成职业运动员时，却只能哀叹着他们失去的一切，胜利带来了巨额的经济财富，同时也导致了违禁药品的泛滥。总的来说，是不容乐观的景致。[9]

除了商业化外，西方体育也越来越成为了灌输军国主义、民族主义和帝国主义思想的工具。20世纪20～30年代，体育领域的高官欣然准备接受法西斯主义。法国小说家亨利·德·蒙泰朗〔1〕著有《奥林匹克运动会》(《Les Olympiques》，1920，1938）和《梦想》(《Le Songe》，1922)，在其中，竞技主义（Athleticism）是法西斯主义世界观的一个隐喻。当时德国体操协会的领导人埃德蒙·诺伊恩道夫（Edmund Neuendorff）恭喜希特勒成为总理，并郑重其事地说德国体操运动员与希特勒的突击兵（Hitler's Storm Troops）共进退。[10]1936年在希特勒的支持下，柏林召开了第十一届奥林匹克运动会，这是一场纳粹和现代体育的联姻。自二战以后，美国和西欧诸国继续将体育当作向群众灌输军国主义、民族主义和帝国主义病毒的工具。前民主德国国家体育组织——德国体操和体育联合会（Deutscher Turn－und Sportbund：DTSB）——成立之际，其会长宣称，“德国体操和体育联合会在体育中注入社会民主，以民主集中制原则为牢固基础。而联邦德国，却与此相反，民主有如脚下的土地一样被他们践踏。帝国主义和军国主义的一小撮人统治着大部分的人民。这种情况在体育中得到了反映。”[11]将近20年之后，在缓和的新时期，前民主德国的主要体育研究期刊——《体育教育的理论与实践》(Theorie und Praxis der K·rperkultur）——继续谴责资本主义体育的军国主义和帝国主义倾向。[12]

伴随着历史发展到最后阶段，社会主义出现了，社会主义消除了资本主义和工人之间的剥削关系。既然生产方式改变了，体育也不可避免地跟着改变。在前苏联和东欧国家，体育继续作为社会化的一种方式（在心理学意义上)，但是体育课程却与过去的完全不一样了。除了愉悦功能以外，体育还是国家安全和经济生产力中的因素。在前苏联，有一整个体育教育系统，从学前儿童的义务训练开始，包括中小学校、大学、工厂和办公室

---

〔1〕亨利·德·蒙泰朗（Henry de Montherlant，1895－1972)，法国著名小说家、剧作家。

的有组织体育，包括前苏联上百万竞赛者定期参加的综合运动会[1]，从“青年成绩第二等”[2]到“荣誉体育能手”[3]的7个不同等级的体育成绩系统，几十个大学中心的先进研究以及政府和党派权力不断的监督。思想体系上，这个系统可以一直追溯到1920年10月前苏联共青团第三次代表大会，那时，列宁也在场，代表们决定：[13]

年轻一代的体育教育是整个共产主义青年人培养系统的一个重要部分，旨在培养和谐发展、有创造力的社会主义社会公民。今天，体育教育也有直接的现实目的：(*1*) 为年轻人就业做准备；(*2*) 为苏联军事防卫做准备。

与这个政策相一致的是，体育和旅游部长督促每个社会主义国家的人民借助健美体操（Calisthenics）和体育来保持身体健康，以此提高工业产出水平，为社会主义社会的国防事业做贡献。这个主题的重要性在宪法规定中得到了体现。例如，前德意志民主共和国宪法第18条规定“体育教育(K・rperkultur)、体育和旅游是社会主义文化、更进一步的说，是公民身体与精神全面发展的组成部分”。[14]一个稍微不那么正式但也很重要的目的是与资本主义国家的体育相竞争，以此显现社会主义的优越性。

在社会主义社会，体育为全民享有，不论性别、种族和阶级，这与以前的情况不一样了。一名波兰社会学家说：“全民体育，就要求消除一切社会隔离……全民体育就意味着所有社会、民族、阶级、性别和种族歧视的消除。”[15]体育不再与民族主义和帝国主义相联系。这就为创造马克思主义所说的“社会主义新人”作出了贡献。“众所周知，苏联正成功地完成培养全面发展人才的任务”。[16]而体育是这种成功的不可或缺的一部分。

简单地讲，以上内容就是马克思主义学者所解释的现代体育的历史发展。在对此解释作任何评论之前，我们有必要看看新马克思主义者的观点。

---

〔1〕 Spartakiades，指在社会主义国家举行类似奥林匹克运动会式的综合运动会，进行多个项目的比赛。

〔2〕 Youthful Achievment Second Class

〔3〕 Honored Master of Sport

二、新马克思主义的批判
The Neo – marxist Critique

马克思主义关于现代体育兴起的解释多半从客观分析开始，以诡辩（Polemics）结束。论述越是接近当下，便越是有失公允，越是显得情感偏激。新马克思主义的批判从马克思主义对西方体育的彻底批判开始，并将这种批判发展到完全的控诉，这种控诉不仅是针对所谓的当代资本主义体育的堕落，还涉及到体育本身。尽管马克思主义理论学者指责前联邦德国体育的军国主义和帝国主义；尽管美国激进分子，如杰克·斯科特（Jack Scott）和哈里·爱德华兹（Harry Edwards），揭露美国“体育机构”的独裁主义和种族主义，但新马克思主义者比其更加激进。他们不仅反对机构的滥用，还反对机构本身。他们想象中的体育——教练、体育教育者和管理层所描述的体育——是人类精神的堕落。

新马克思主义的理论基础一部分是来自于马克思，特别是其早期的哲学方面的著作，另一部分是来自弗洛伊德，他的潜意识理论在新马克思主义的论证中起到至关重要的作用，这个论证就是似乎满足于现状的工人（或是运动员）是“错误意识”的受害者，那就是说，他们没有真正理解他们自己的利益。20 世纪 20 年代，新马克思主义在法兰克福社会研究所非常盛行，西奥多·阿多诺[1]、马克斯·霍克海默[2]和赫伯特·马尔库塞[3]共同合作，颇有成果。尽管没有哪个战前新马克思主义的大家著有专门关于体育现象的书籍，但阿多诺在《棱镜》（《Prismen》，1955）和《教育成熟》（《Erziehung zur Mündigkeit》，1970）中的一些片段对随后的新马克思主义关于现代体育的批判起到了重要的促进作用，他们包括贝罗·里高尔（Bero Rigauer）、格哈德·维纳（Gerhard Vinnai）、让 – 玛莉·博豪（Jean – Marie Brohom），以及 20 世纪 60 年代德国和法国涌现的新马克思主

---

〔1〕西奥多·阿多诺（Theodor Adorno，1903 – 1969），德国著名社会学家、哲学家、音乐理论学家，法兰克福学派第一代主要代表人物，社会批判理论的奠基人。

〔2〕马克斯·霍克海默（Max Horkheime，1895 – 1973），德国著名哲学家、社会学家，法兰克福学派创始人。

〔3〕赫伯特·马尔库塞（Herbert Marcus，1898 – 1979），德裔美籍哲学家、社会理论家，法兰克福学派左翼的主要代表。

义体育批评的代言人。

正如我们在上一节所说，在我们尝试对此作出任何评论时，理解新马克思主义的看法是很重要的。再次，我将综合他们的观点，将我自己的观点暂且搁置。

现代体育的7个特征中，新马克思主义者愿意接受第一个和第二个特征——世俗化和平等性，但是他们认为专业化代表着邪恶的开始。例如，美国橄榄球队中专门射门得分的运动员。现代体育中还有比这更荒唐的专业化象征吗？难道他是查理·卓别林电影中的一名运动员，或是一个什么人物吗？难道他是“健全的心灵寓于健全的身体”（mens sana in corpore sano）的一个范例？当他的腿碰到球后，他5秒钟的“踢球”结束时，他会感到一种发自内心的本能的原始（Animal Pleasure）欢愉吗？想想类似的情况；想想那只想要成为世界上最优秀的跳高选手或链球运动员所需要的那颗固执的心；想想那仅有着严格训练、自制、禁欲和细心经营的单调乏味的年月。他们与生产流水线上被剥削的拧螺丝的人有何分别？在《德意志意识形态》（《Die Deutsche Ideologie》，1845－1846）中，马克思提到完整的人，充满着无限可能全面发展的人：17

当分工一出现之后，任何人都有自己一定的特殊的活动范围，这个范围是强加于他的，他不能超出这个范围：他是一个猎人、渔夫或牧人，或者是一个批判的批判者，只要他不想失去生活资料，他就始终应该是这样的人。而在共产主义社会里，任何人都没有特殊的活动范围，而是都可以在任何部门内发展，社会调节着整个生产，因而使我有可能随自己的兴趣今天干这事，明天干那事。上午打猎，下午捕鱼，傍晚从事畜牧，晚饭后从事批判，这样就不会使我总是一个猎人、渔夫、牧人或批判者。[1]

新马克思主义者将这份有限的身份名单延伸下去——猎人、渔夫、牧人、批判者、短跑运动员、左内边锋、后援投手、守门员。

伴随着专业化的来临，人变得机械化，运动员变成了体育这架机器里面的一颗齿轮。一名法国评论家写到：“冠军，是以工人的形象捏造的，而

〔1〕《马克思恩格斯选集》第1卷，第85页，人民出版社，1995年版。

跑道是以工厂的形象捏造的。体育运动变成了生产的一种方式，具有工业生产的所有特征。"[18]一位德国学者也做过相似的评论："人在体育世界里与在办公室和工厂的角色可以互换……人变成了一种机器，而他的动作，是由仪器所控制的，变得机械化了。"[19]极其反常的是，专业化的最终结果是没有人类举动可以阻碍或是替代的机械化完美。

现代体育的理性违背了自发与独创的精神。没有哪项现代体育没有明文规则和法规，但是为什么我们就不能玩我们自己想玩的游戏；为什么我们不能以自己选择的方式与精神来玩？现代体育的规则限制使运动员变成一些编号的零件。

理性化不仅仅是对"人——游戏者"这一发自内心的冲动的压制。资本主义理论学者鼓吹，通过游戏规则，体育才成为公平竞争的模范。新马克思主义者则认为社会的规则是剥削性的、极其不公平的，而且是不道德的。体育有助于将我们社会化，使得我们接受那些原本不公正、不公平的原则，并让我们错误地认为公正可以在公平竞争中体现。"个体被迫接受'游戏的规则'，而他对这个规则却没有一点影响力，通过规则维持的是统治阶级的特权。"[20]我们真正应该明白的是社会规章制度的阶级属性。规章制度以理性的方式通往无理性的彼岸，也就是说，规则保护着资产阶级镇压的权力。

在新马克思主义者看来，科层化组织这个短语本身就明显透着非人性。运动员变成了权力组织手中的无助的小卒，这个权力组织是由退役的运动员、政府公务员或是对体育（通常是对体育中的利益）感兴趣的富有商人组成。官员们通常以一种权力者自居的方式做决定，他们不对任何人负责，至少肯定不对被他们无情操控的运动员负责。公告发布下来，没有讨论，也没有呼吁。"运动员收缩成了被异化的（Alienated）集中制管理的对象。"[21]业余田径联合会协会和美国大学生体育联合会都不断地寻求权力，而无助的运动员们却发现自己被禁赛、被停职、被阻挠、被羞辱。

同样，新马克思主义者认为，量化使惠特曼[1]、华兹华斯[2]、德国浪漫主义诗人所赞美的鲜活的、有呼吸的、简单的、独立的人消失在数字的抽象化之中。“在所有的人类关系、社会生活的各个方面中，唯资本主义产生量化。”[22]在资本主义社会中，人性变成了一份薪水、一连串数字、一个击球平均数。不管怎样华丽地描述运动本身要比数字重要，观众的注意力都在持续不懈地追求量化。没有时间来考虑优雅；没有空间来做公平竞争；没有机会去对身体成长的动觉做出反应。工人消失在对自己所生产的商品的迷恋之中，这种异化的现象在另一种情况下更加明显，运动员消失在抽象化当中，变成了10秒人或是0.300击球员。吉米·布朗，[3]绝对是最好的橄榄球跑卫之一，当他承认这一点，就透露了一些信息，“我保持了几十个纪录，结果都转变成了数据。”[23]

正如我们所见，这种倾向的极端形式是对纪录、量化义无反顾的追求。在竞赛中获胜不再能满足人们对成绩的迷恋。在资本主义社会，即便是冠军，倘若他跑步的成绩满足不了观众的期盼，他也会变成一个失败者。如果没有纪录，奥运会或者“超级碗”又能意味着什么呢？对纪录的崇拜是专业化不断深化的原动力，也是运动员让身体遭受更持久、更艰难、更严酷训练的原动力。其结果是，几乎给每个人——除了那些创造纪录（一般是暂时的）运动员——都有一种失望和挫败的感觉。

除了马克思主义对资本主义体育以及现代体育显著特征的批判之外，阿多诺和马尔库塞的追随者又增加了对体育潜在功能的批判。最重要的指控是，体育是为性升华（Sexual Sublimation）而设计的。体育以攻击的形式释放性冲动。倘若这种冲动没有得到释放，他们就可能以政治革命的形式爆发出来，当然，如果资本主义存活下来，这个结局就可以避免。据马尔库塞所说，性压抑是资本主义的一个必要部分，但是当压抑过度时，体育就为其提供了一个安全阀门。被压抑的性能量不能为经济系统创造效益，而体育却恰恰能将它释放出来。场上运动员的性升华，通过认同的精神机

〔1〕 惠特曼（Whitman，1819－1892），美国著名诗人，被誉为自由诗之父，代表作有《草叶集》等。

〔2〕 华兹华斯（Wordsworth，1770－1850），英国著名浪漫主义诗人，代表作有《孤独的收割人》等。

〔3〕 吉米·布朗（Jimmy Brown，1936－），美国著名橄榄球运动员、演员。

制，使观众也加入其中。

性升华的具体形式是重要的。性压抑产生攻击（Agression），在体育中通过攻击使之得到释放，这种攻击倘若无法释放，将可能冲击整个政治控制系统。“来源于性压抑的这种攻击，可以通过运动成绩和竞赛得到释放。”[24]不幸的是，这种性能量与体育攻击之间的转换并不是完美的。体育中的性的确是性——但只是变态的性，就有如性施虐狂、性受虐狂、自恋和同性恋。“运动员的性生活表现出来的是一种古怪的精神分裂症；从生理学方面讲，运动员的性生活是异性恋的，但是从精神方面来讲，则与早期儿童时候的性倾向相一致，是同性恋的。”[25]运动员的妻子也许能满足他的欲望，但是他的队友才是他爱的对象。保罗·胡克（Paul Hoch）认为，橄榄球是“美国头号伪男性（Fake - masculinity）仪式”，是一场讽刺的、无意识的性变态表演，而这种性变态正是运动员和观众都最为不齿的。[26]

简而言之，体育是“资本主义游戏的堕落方式。”[27]体育并不是对工作的逃离，而是工作世界的一个组织上和功能上的平行体。在资本主义社会，体育并没有为异化劳动（Alienated Labor）的伤害提供补偿；体育引诱不幸的运动员和观众进入工作的第二世界，这个世界要比经济世界更加专政，更加压抑，更加无意义。资本主义社会本质上是以成绩为导向的，是竞争性的，所展现在我们面前的体育，是资本主义社会的最纯粹模型，而这就是体育的症结所在。社会所需要的不是为追求更好成绩而获得的更大压力，而是对成绩不断追寻的过程中的自由，是“渴望胜利的……近乎非人的荒诞感”[28]中获得的自由。社会所需要的不是体育而是游戏，不是现实原则（Realit · tsprinzip）而是快乐原则（Lustprinzip）。体育使人压抑，而游戏使人得到解放。在共产主义社会中，体育将会消失，游戏将重获其应有的地位。

三、批判的批判
A Critique of Critiques

倘若不能确认“体育与社会之间存在一种关系”这一命题，我就不会着手写这本书。问题是，这是一种什么样的关系？回答这个问题的一种方法是仔细观察现代体育的特征，以此证明现代体育的特征与马克斯·韦伯和塔尔科特·帕森斯所描述的现代社会的特征很大程度上是相似的。这些我们在第二章已经如此做了。另一种方法是通过仔细观察从中世纪的民间体育与贵族体育演变成现代体育的这一历史过程。马克思主义与新马克思主义者都认为工业资本主义的发展可以解释现代体育的演变。这一观点以英国是现代体育和工业革命共同的发源地这一无可辩驳的事实为理论依据。就这一点来看，这个观点是很有说服力的。但是我却提倡另一种解释。当然，要清楚我们为什么不能完全接受马克思主义和新马克思主义的解释也是很重要的。

马克思主义认为现代体育的本质是由生产资料决定的，这一点没有说服力。尽管有诸多信息可以证明，但特定体育项目与特定经济系统之间确切的关系仍然显得含混不清。身披盔甲的骑士之间进行的马上长矛比赛毫无疑问是封建秩序的一个方面，但是其生产方式本质上是农业生产方式，很多个世纪以前是这样，很多个世纪之后也仍然会是这样。既然农业经济先于体育，那马上长矛比赛与农业劳动之间的关系就非常清楚了。倘若有人辩解说，马上长矛比赛和武士骑马比武是军事演习，这与直接以暴力为统治工具的统治阶级的地位有着直接的关系，那么这就将主题从经济因素转向了政治—军事因素。这个转变将会导致其他的问题。如果统治阶级的政治目的是对中世纪体育类型的一个启示的话，那么我们会不禁发问，为什么英国的统治阶级一再强调射箭是农民偏爱的运动呢？鼓励下层阶级训练这一最终推翻马上骑士至高无上权力的武器是明智的吗？

关于现代社会中特定体育项目的论据却更加含糊、更缺乏说服力。例如这样的问题：工业资本主义与英式足球之间的确切关系是什么？英式足球本身可以一直追溯到中世纪。这项运动现今不管是在农业国家还是欧洲大多数工业国家都很流行。在波兰、前捷克斯洛伐克，以及其他社会主义国家，也很流行，这些国家皆为高度工业化的国家，但是都不能称之为资本主义国家。如果英式足球的内在组织是为剥削工人阶级服务，那么，很难看出前苏联的球员没有受到圣保罗、利物浦的球员同样的剥削。倘若有人辩解说，不同的社会背景导致了这种差异，那么重要的就应是社会背景的差异，而不是体育。倘若说人道社会使所有的体育都人道，但承认这一点就又违背了主旨，违背不同的体育项目反映不同生产方式这一主旨。

与以上相似的是，体育项目因社会阶级而不同，这是常识，而且参与率的实证研究也为此提供了数据证明。[29]我们可以进一步确认，英式足球在工人中的确要比在职业运动员中更受欢迎，而板球则正好相反，但是仍然很难说清特定的体育项目与不同阶级成员的社会化之间的必然联系。倘若说橄榄球中有些因素促使运动员甘心接受自己低下的命运，那为什么在工人阶级还不知道橄榄球为何物时，橄榄球就已经在哈佛、耶鲁和普林斯顿等大学流行起来了呢？1920 年美国橄榄球联盟建立后的很长一段时间内，橄榄球都一直被认为是典型的大学生运动，而今天这项运动仍旧是在经理和管理阶层中更加流行，而不是在工人当中。[30]倘若说这项运动是在向参与者灌输从属顺从的意识，那么领导广大受害者的不是别人，正是自受其害的理查德·M·尼克松（Richard M. Nixon）。马克思主义和新马克思主义者认为特定体育项目所传递的价值观念是思想意识的产物，而不是实证分析的结果。

同样毫无说服力的是另一指控，指控西方体育是灌输民族主义和帝国主义的学校。如果这一论断是正确的，那么美国或者意大利的运动员和体育管理者要比古巴或者前南斯拉夫的运动员更具军国主义和民族主义特色，那么这种解释就不只是对特定体育项目的解释，而应该适应所有的体育项目，原因又可以归结为体育项目本质上都是一样的。当然，理论上讲，西方运动员在被操控之下接受非民主的价值观，而东方一些国家则朝着相反方向，这一点也是有可能的。

美国陆军和西欧国家的陆军通常是将体育作为是余暇时间（Leisure - time）的内容，而前苏联以及其同盟国的体育机构则通常是带有军事意味。加入华沙条约（Warsaw Pact）组织的 12 个“友邦”体育上互相竞争，就有如北大西洋公约组织（North Atlantic Treaty Organization：NATO）的士兵一样。[31]市民在学习体育技巧的同时也学习军事。前苏联体育俱乐部的摩托车手学习如何骑得又快又好；同时他们也学习如何“戴防毒面具骑车，骑车时扔手榴弹以及射击”。[32]前苏联授予在 8 项运动中都合格的男人“准备劳动与保卫国防体育制”〔1〕的荣誉徽章。其中前 6 项十分平常，但是第 7 项却要求射击技术纯熟，第 8 项提供了一些选择，可以是掷铁饼、掷标枪、掷铅球或是手榴弹。[33]批评家们指责美国体育的军事隐喻，如橄榄球中的“远距离炸弹”，而包括射击术、障碍跑、刺刀冲锋、掷手榴弹、降落伞和

〔1〕 GTO 荣誉勋章，原文英语解释为“Ready for Work and Defense”。

对空防御的体育项目都是针对平民的。[34] 20 世纪 60 年代，前民主德国授予 12 岁 ~ 14 岁之间的儿童“观光”五项全能徽章。五项全能包括 8000 米、障碍跑、以高尔夫球棒击目标、长距离游泳、气枪射击。[35] 在一次演讲中，前民主德国教育部长提醒他的听众：[36]

弗里德里希·恩格斯（*Friedrich Engels*）非常注重通过体操锻炼来进行年轻人的基础教育。至今我们低估了基础教育的重要性……我们必须克服体育课程中的和平主义。这些课程必须成为我们年轻人基础教育的一部分。

最后，社会主义国家运动员比西方运动员更可能说他们是为祖国而竞赛。中国人将他们取得的成绩归功于毛主席的鼓舞，前民主德国人归功于瓦尔特·乌布利希（Walter Ulbricht）的模范作用，而古巴人则归功于菲德尔·卡斯特罗（Fidel Castro）的英明领导。用前民主德国一位“体育能手”（“Master of Sport”）的话来讲，“竞技体育（Leistungssport）最美好的一面是它使运动员有可能在国家竞赛或者国际竞赛中代表自己的国家出赛”。当然，社会主义国家经常报道运动员在国际竞赛中的胜利。[38] 社会主义国家非常注重在体育方面优越于资本主义国家的社会意义，这种态度也不足为奇。

对于西方国家是以军国主义和民族主义的方式组织体育的这一断言，我们应持怀疑态度，但我们则必须承认马克思主义和新马克思主义另一控诉的真实性。即西方体育，特别是美国体育，商业化程度已经到了不可思议的地步。前苏联或保加利亚的政府做的事情，前联邦德国或是法国的私人俱乐部做的事情，在美国则由学校和私人公司共同完成。而且“一流”大学的体育和职业体育联盟之间的界限通常是模糊的，外国人很难分清楚，就连美国大学生体育联合会自己也难以界定。尽管如此，我们也不能错误地认为商业化要为现代体育的弊病负全责。有些弊病的确是由商业化造成的：对没有利润可图的体育项目的忽视，过于昂贵的花销使得本该向全民开放的设备受到限制，电视转播赛事或是广告赞助运动会的缺陷，以及为赢利“黄金时段”的收视率而对赛事安排的操纵。然而，现代体育的大多数诟病已经感染了所有现代社会，不能仅仅简单地将其与商业化相联系：对胜利的过分注重、作弊、服用药物、对儿童的残忍训练，以及将每种形式的游戏都转变成某种竞赛的倾向。

这样我们就又回到了第二章所提及的那个基本假设。现代体育的特征在每个现代社会本质上都是一致的，不管这个社会是自由党、社会主义还是共产主义。当然，区别也是存在的，我们将在第四章到第六章进行讨论，但是与原始体育、古代体育和中世纪体育的区别相比，它们是微乎其微的。这一事实严重地降低了新马克思主义批判的可信度。美国和法国体育的确是以高程度量化为特征，但是这一社会事实并不能简单地用资本主义来解释，要知道在波兰和前苏联也同样存在与法国和美国相同程度（倘若不是更高程度的话）的量化。科层化的确控制着前联邦德国的竞技体育，但是我们也应该对此持有怀疑态度。前民主德国一位重要的社会学家声称，“社会主义民主的根本原则要求运动员为了体育事业的发展，自己提出计划，并经讨论、一致同意最终完成他们的计划，实现其目的。”[39]这也许是根本原则，但是“民主集中制”的这一原则使得东欧目前要比西欧更加科层化，所以，资本主义不可能是这种现象的根源。西欧体育的确将成绩原则（Achievement Principle）制度化，并经常走极端，但是成绩同样也是社会主义国家骄傲的标语：“在我们社会生活的每一个角落，成绩原则的力量都在不断增强……竞技体育反映出我们社会主义者体育教育的人文特征。”[40]倘若说资本主义可以解释成绩压力，而不是原因的话，那么马克思主义就应该找一个更为合适的理由。东欧的体育心理学为动机理论研究做出了很大的贡献，而动机理论研究本身的动机就是急切地想要提高竞技成绩水平，这是西方人所不知道的。[41]

那么就难怪前联邦德国的新马克思主义者不将批判炮火对准共产主义国家的专业化、理性化、科层化、量化，以及对纪录的追求，而是死死对准西方。只不过他们的理论模型不能与共产主义的制度现实相适应。最后用于证明这一点的证据可以从马克思主义对新马克思主义做出的反应中找到。共产主义学者很不耐烦地否认了整个新马克思主义体育批评，如同当初列宁否认“幼稚的左翼异端”一样。他们宣称新马克思主义者为“左翼激进托洛茨基〔1〕分子”，其著作含有“以反马克思主义和反列宁主义为理论基础的政治缺点和错误”。[42]与此同时，法国的新马克思主义毫不犹豫地得出结论，共产主义体育和资本主义体育（几乎）一样坏。法国严厉批评

〔1〕 托洛茨基（1879－1940），俄国无产阶级革命家，国际共产主义左翼领袖。

了法国共产党对现代体育异端的信奉。法国共产党已找到了自我防卫的言辞武器。意识形态之锅沸腾了。[43]

前苏联与任何对现代体育的理性批判都脱不了干系，然而这一事实并不表明现代体育不能被理性批判。指责新马克思主义者将每一指控都归因于资本主义是一回事，而认为没有指控是另一回事。问题的症结所在是这些指控是否指出了现代体育的异化，是否揭示了现象背后的本质。体育是一个现代咒语吗？体育是否使得运动员与其劳动产品相分离？体育是性升华的一种形式吗？

当我们从游戏和非竞争性游戏转向竞赛世界时，我们已经完成了一个重要的过渡，已经跨过了游戏的卢比肯河。〔1〕日本合作性的蹴鞠游戏中既没有赢也没有输，但是现代体育从本义上讲是为了定输赢而组织起来的。平局是可能的，但是现代体育完全倾向于通过各种方式消除平局，棒球是通过加赛一局，也有通过“加赛一分或者加赛一场”、重新比赛来定输赢的，总之是用能消除平局的各种方法。赢的欲望滋生了无数种精神紊乱。这就是精神病专家阿诺德·贝尔塞（Arnold Beisser）所说的“体育癫狂症（Madness in Sports）”的根源。[44]不惜一切想要赢的欲望侵蚀了游戏的单纯乐趣，这最终导致非法暴力和违禁药物的泛滥。当8岁曲棍球运动员在冰面上滑行，开始实行“除掉”对方主力明星的计划，用曲棍球杆打伤对方的脚踝——“成绩原则”明显过分了。

我们必须承认这一点。同时，我们也应该注意到，现代体育的结构毫无疑问地注定竞赛中一半的参与者要面对输的结局。在联赛和冠军赛中，输的比例还要大。一场奥运会比赛中，胜利者获得金牌，其他的人都是失败者，他们都在失望中度过。他们引用皮埃尔·德·顾拜旦重在参与的评论，除非我们认为这一言论完全是虚伪的，否则，我们必须得出一个结论，输赢不是一切。换句话说，一定存在某种心理机制使我们能经受起失败，面对并非每个人都是最好的这一现实。尽管运动员想要胜利的压力通常是破坏性的，尤其当运动员是小孩的时候，但面对一个失望和沮丧都不可避免的世界，体育可能是一种帮助我们社会化的很有价值的方式，我并不急于过分地赞誉维多利亚式说教中的“优秀失败者”（Good Loser），但是我

〔1〕“跨过卢比肯河”是西方的一句习语，意指下定决心、义无反顾地做某事。

坚持认为胜利者不是唯一从竞赛中获得利益的人。失败太过于平常，以至于它并不如某些人所说的那样对灵魂具有破坏性。

同样地，关于体育中异化（Alienation）的说法也过于夸张。对于其所说的现代体育使得运动员走向异化，汉斯·伦克[1]曾反击说，在现代社会中体育并没有比其他领域更促使人的异化。体育仍然是自由世界的一个分支，运动员可以选择是否参加。也正是在这样一个自由选择的体育世界中，人们可以以“自己工作的产物”——自己的表现——来区别出自己是一名运动员。在体育成绩中，人们可以感觉到一种在别处感觉不到的完整感。在这里，正如在艺术当中一样，人们只屈从自由原则。“竞技成绩……毫无疑问是自己的，这就与流水线生产的成绩相反”，[45]在体育界，个人的成绩是公开的，这与物理研究完全不同，运动员可以在体育界以外获得认可。运动员可以做到欧文·戈夫曼意义上的向他人“展现自己”。[46]

由于纪录的抽象化而使得个人丧失个性的说法也显得过于夸张。倘若运动员单调乏味，那么可能他辉煌的时刻就只能与其纪录共存，但是这样一个单调乏味的人在体育界所获得的认可在别处是得不到的。易逝的辉煌比毫无亮点的生活要好得多。而且许多运动员在他们的纪录被打破之后仍然很有名气，这是不可否认的。汉斯·伦克有个问题问的好：“鲁米[2]、查托沛克[3]、威尔玛·鲁道夫[4]的纪录已经被打破、被遗忘了，但是他们的名字、性格也随着纪录一同消失了吗?”[47]很明显没有。吉姆·索普[5]、

---

〔1〕 汉斯·伦克（Hans Lenk，1935－），德国著名哲学家，技术哲学的集大成者，主要研究方向是科技伦理。

〔2〕 鲁米（Nurmi，1897－1973），芬兰中长跑运动员，他参加过三届奥运会，并夺得9枚金牌，一生22次打破世界纪录。

〔3〕 查托沛克（Zatopek，1922－2000），捷克斯洛伐克中长跑运动员，他参加过三届奥运会，夺得4枚金牌，一生18次打破世界纪录。

〔4〕 威尔玛·鲁道夫（Wilma Rudolph，1940－1994），美国著名女短跑运动员，两次参加奥运会，夺得3枚金牌。

〔5〕 吉姆·索普（Jim Thorpe，1888－1953），美国著名田径运动员，1912年斯德哥尔摩奥运会五项全能和十项全能冠军。

贝比·鲁斯[1]及大比尔·蒂尔登[2]的名字可能不比克罗托那的米罗和萨索斯的特阿根尼（Theagenes of Thasos）持续得久，但是纪录与个性之间的关系明显是复杂的。

除非我们认为，人类受“错误意识”的伤害是如此之深，以至于他们失去了对自己感情的知觉，那么我们应该注意人们对自己的运动经验是如何评价的。对于著名运动员所出版的传记和自传，我们不应该持完全信任的态度，里面大多洋溢着对体育界的热情。让我们仔细看看米歇尔·布埃特（Michel Bouet）的现象研究——《体育的动机》（《Les Motivations des sportifs》）中所搜集的证据，以及哈特穆特·加布勒（Hartmut Gabler）艰难的量化研究，加布勒关于游泳运动员的量化研究可谓是有史以来最彻底入微的了。[48]结果是很明显的。布埃特从1634名男女运动员中所得到的信息来看，体育对于他们来说是“感受自己的存在”、“发现自我”、“实现自我”、“寻找表达自我的方式”、“认识自己”、“非语言沟通”、“从他人那获得认可”和“主宰他人”的一种方式（布埃特太过诚实而没有将一些不好的动机隐瞒）。体育“提供给人一次以真实的方式向他人证明自己存在的机会。”[49]加布勒的心理测试不那么戏剧性，但是却足够证明认为体育成绩与神经症人格有联系的流行说法是错误的。[50]既然我们一开始探索现代体育的本质时引用的是罗杰·班尼斯特对于“发自内心的游戏”那神秘一刻的描述，那么将他与成千上万想要表达对于体育的感觉的运动员加以区分是更为合适的做法。班尼斯特试图描述他快要接近“4分钟1英里”这一时刻的感受：[51]

当我又有意识的时候，我感觉到了一种快乐与痛苦夹杂着的复杂情感。它带领着我的身体不断地推向前方。我感觉我一生中最重要的时刻到来了。没有痛苦，只有一种动作与目的的结合。世界似乎停止了，或者世界似乎已经不存在……那时我觉得，这是我能把一件事做到最好的一次机会。我

---

〔1〕 贝比·鲁斯（Babe Ruth，1895－1948），美国著名棒球运动员，1919至1921连续三年打破大联盟全垒打纪录。

〔2〕 大比尔·蒂尔登（Big Bill Tilden，1893－1953），美国著名网球运动员，7次获得美网单打冠军，3次温网单打冠军。

继续前行，被恐惧与骄傲共同驱使着。

跑完之后，时间公布，班尼斯特紧紧拉着他的朋友布拉谢尔和查特威说："我们一起欢快地在跑道上狂奔。"[52]

尽管有时候运动员被认为相当不善言辞，但确实令人震惊的是如此多的运动员都曾尝试着用诗的形式表达自己，特别是在职业体育期刊，如《追求》（《Quest》）。这些诗几乎总是试图表达本质上不可表达的身体运动的快乐。前游泳运动员芭芭拉·蓝布琳（Barbara Lamblin）在她的诗集《我的皮肤仅仅是将我遮掩》（《My Skin Barely Covers Me》，1975）中，将体育的快乐及想要赢的压力对这种快乐的破坏戏剧化了。

并非只有芭芭拉·蓝布琳一人有这样的感觉，许多运动员都对训练，甚至是对现代体育的理想境界大失所望，确实有运动员认为现代体育给他们带来的是伤害和异化的感觉。新马克思主义坚持认为公开承认这种异化感的运动员才真正感受到了现实，而支撑他们这一论断的是"错误的意识"的理论。最终没有方法能解决这种意见上的分歧。同样的僵局也发生在困难重重的心理分析当中。新马克思主义控诉说，同性恋式的体育攻击是由压抑的异性恋能量升华而来，对这样的控诉我们能如何回答呢？正如诸多心理分析理论一样，新马克思主义关于性和体育的关系的解释并非完全不合理。最好的反映似乎是，维多利亚性道德体系的确曾将体育当作是性行为的代替物。以吃力的游戏和一个冷水澡驯服野性的青少年，但是现代体育早就已经不受维多利亚性观念的影响了。不管教练和体育教育工作者可能公开地做何种声明，运动员已表明得很清楚，异性恋是体育生活的一种福利。贝比·鲁斯曾暗中做的事情——后来被道德说教记者共同搬上荧屏，现在威尔特·张伯伦〔1〕和"百老汇乔"纳玛斯〔2〕正公开地、甚至引以为豪地在做。一位赛跑运动员的话似乎能表达现在最为普遍的观点："运动员喜欢用身体表达，而性是最好的方式。"[54]面对占优势的异性恋行为的证据，新马克思主义反击说运动员的异性恋是不真实的，是一种"压抑

〔1〕威尔特·张伯伦（Wilt Chamberlain，1936－1999），美国著名篮球运动员，他至今仍在 NBA 中保持着多项个人纪录。

〔2〕"百老汇乔"纳玛斯（" Broadway Joe" Namath，1943－），美国著名橄榄球运动员。

的、日常的、虚伪的（如化妆品和日用品）性满足。”[55]这种论断绝对是托勒密式的（Ptolemaic），这样的控诉是得不到回应的。

讽刺的是，新马克思主义激进分子并没有试图维护体育中同性恋的权利。至于这一点，我们可以看看引人注目的美国小说，帕特里夏·内尔·瓦伦〔1〕的《领先者》（《The Front Runner》，1975），但是新马克思主义者在这本书里面也找不到多少安慰，这本书赞颂的是体育的快乐，以及一名奥林匹克冠军与其教练之间的同性恋的爱情。

新马克思主义的批判中至少有一个方面是经不起实证检验的。有证据可以证明，其关于体育导致冷淡疏远并转移人们对政治活动的注意力的论断是站不住脚的。众多研究表明积极的体育参与和被动的体育参与之间有着强烈的关联。同非参与者相比，那些直接参与到体育当中的人更可能成为观众，不管是亲临现场还是通过电子媒体。[56]既然积极参与者在社会总人口当中总是少数部分，这并不意味着大多数观众也是积极参与者。然而，他们还是比那些不当观众的同胞们更可能成为参与者。[57]研究显示，即使是参与比例相对其他体育项目更低的英式足球中，仍有将近三分之二的观众自身是积极参与者。更多的实证研究表明，体育中积极参与者一定与很多其他文化活动，如政治参与有着一定的联系。[58]最后一点很重要，目前最全面的数据否定了体育的兴趣使得运动员或观众变得“幼稚”和“傻”这一指责。

我们还可以更深一步地进行讨论。倘若体育一般来说是压抑的、促使异化的和缺乏兴趣引导的（这是新马克思主义的主旨含义），那么我们就此可以得出这样的结论，现代社会的统治阶级决定促使自己走向异化之路，而不是那些他们最想压迫的人。有强有力的证据表明，经理和职业人士比工人阶级的体育参与率更高；有文化群体要比没文化群体的体育参与率更高；男人比女人体育参与率更高。[59]这些比率在共产主义国家和非共产主义国家是一样的，而比起休闲体育而言，在竞技体育项目中更是如此。倘若体育是异化的工具，我们就只能得出这样的结论，优势群体将矛头指向的是自己，而不是弱势群体。

---

〔1〕 帕特里夏·内尔·瓦伦（Patricia Nell Warren，1936 –），美国著名女作家，其作品中有很多涉及同性恋主题。

最后再对新马克思主义批评做一点评论。比起现代体育而言，新马克思主义对游戏更为偏爱，这是“新左翼”与约翰·赫伊津哈的共同之处，后者在一代[1]以前曾懊恼“随着体育的系统化和严格统一的管理”,[60]游戏的本能萎缩了。对游戏的偏爱是浪漫主义反对现代社会基本特征的一部分。在这一点上，新马克思主义的立场更接近《游戏的人》中的保守主义，而不是《资本论》的激进主义。

四、韦伯式的解释
A Weberian Interpretation

对马克思主义和新马克思主义批评的批评又一次将我们带回到现代体育的兴起与现代社会的发展之间必然存在某种联系之中。究竟是什么联系呢？答案肯定是对一个相当大的关系序列进行概括。这样的概括当然是取决于对具体联系的仔细观察与严肃质疑，但是至少有一种解释是经得起事实的考验，不会由于明显的矛盾而致整个理论体系这艘巨轮的搁浅与沉没。

为了方便记录起见，我将关于原始体育与现代体育之间区别的讨论（第二章）称之为韦伯的社会组织观。我们也可以在其他地方找到与韦伯关于传统社会过渡到现代社会的分析相类似的理论，斐迪南·滕尼斯[2]的社区（Gemeinschaft）与社会（Gesellschaft）的经典表述，亨利·梅因爵士[3]从身份（Status）到契约（Contract）的运动理论以及塔尔科特·帕森斯特殊主义（Particularistic）与普遍主义（Universalistic）模式的表述。我选择“韦伯式”这一术语部分是出于表述的简便。

韦伯式模式的一个很大优势在于，这种模式使人能从微观世界（现代体育）中看出宏观世界（现代社会）的特征——世俗主义、平等性、专业化、理性化、科层化和量化。这六大特征，再加上与其他社会秩序相比，

---

[1] A Generation，大约30年。

[2] 斐迪南·滕尼斯（Ferdinand T · nnies，1855－1936），德国著名社会学家，他在其著作《社区与社会》中提出了“社区”和“社会”两个著名的概念，他认为从中世纪到现代的进程可以表述为从社区到社会的演化，前者指基于血缘、情感等相互关系而建立的共同体，而后者指通过权力、法律等理性策略建立的人群组合。

[3] 亨利·梅因（Sir Henry Maine，1822－1888），19世纪英国著名法律史学家，历史法学派在英国的代表人物，代表作有《古代法》等。

在体育中显得尤其鲜明的追求纪录这一特征，这七大特征相互依存，是现代社会理想形式中系统上不可分割的部分。这些特征来自于韦伯关于传统社会先赋地位（Ascribed Status）与现代社会自致地位（Achieved Status）区别的基本观点。

韦伯式解释的另一优势在于，韦伯并未将解释归纳为经济决定论（Economic Determinism），而这正是马克思主义批判中经常出没的丛林猛兽。在此，经济决定论的缺陷在于工业化的这种单一维度的观点并不能够清楚地对议题做出解释。尽管第一批工业化的国家的确也是第一批创建现代体育国家性组织的国家，但其他国家，例如保加利亚和古巴，已经取得了令人印象深刻的竞技成绩，但其并没有进行广泛的工业化（更无须说工业资本主义）。工业主义似乎不再是——倘若曾经是——症结的所在。

希尔米·埃布拉海姆（Hilmi Ibrahim）近期的一项数据研究试着探讨奥运会中各国得奖情况（以平均分为基础）与工业化程度（用罗伯特·马什的社会分化指数计算）之间的关系，罗伯特·马什以非农业劳动力比例和能源消耗水平为基础将各个国家进行排序。用这些公认不一致的变量，埃布拉海姆发现，马什指数高的国家在奥运会上的成绩通常非常优秀，但是工业化程度不那么高的国家通常却更加优秀，特别是近几年更是如此。[61]利用埃布拉海姆的数据，我们能够计算出奥运会成绩与工业化之间的斯皮尔曼等级相关系数（Spearman Rankorder Correlation）。如果奥运会成绩的排名与工业化指数的顺序是一样的，那么相关系数是1.0。如果顺序正好相反，那相关系数就是-1.0。对于1968年的前5名奖牌得主国家，体育成绩与工业化程度的相关系数实际上是-0.8。

然而，在所有对现代体育性质令人满意的解释中，经济因素仍然起着至关重要的作用。例如：在每一个现代社会中，中产阶级对体育积极参与和被动参与都是一个典型的代表。这种现象不能说与经济因素（如财富、收入和职业类型）毫无关系。马克思主义理论已经提醒我们注意这种关联。但是现代体育中也存在这样的情况，相对于老年人，年轻人与体育的关系更为紧密，类似的情况还有男人比女人、文化水平高的群体比文化水平低的群体、新教徒比天主教徒、经济社会地位处于上升趋势的群体比处于下降趋势的群体与体育的关系更为紧密。阶级是重要的，但是倘若我们想要理解现代体育的性质，年龄、性别、教育、宗教、社会流动（Mobility）[1]也是不能忽略的重要因素。再者，通常连结这些因素的线索是对成绩的注重。倘若身份地位是以年龄、性别或者宗教信仰为基础决定的，那么社会地位的流动性——倘若有流动的可能的话——对人的成就几乎不产生影响，教育过程中也不会强调个人努力是成功的途径。很明显，我们现在没有，而将来也不会完全居于心理学家戴维·麦克利兰[2]（David McClelland）所说的“成就社会”（Achievement Society）当中。甚至在具有成就倾向的体育世界当中，人也不可能完全不受先赋地位的影响。而且教练总是会有最喜欢的队员，而官员也不可能是完全的不偏不倚，等等。韦伯式的分析模式比其他的模式更适于复杂社会现实的分析。这种相称性特别体现在现代体育当中。

对于韦伯式的解释而言，体育与宗教之间的关系是一个特别难的问题，正如经济与宗教的关系在韦伯自己的社会学著作中证明是其经典问题一样。我们知道现代体育从新教盛行的英国开始传播，在新教国家要比天主教国家传播得更快（尽管这里法国是一个很重要的例外）。我们也清楚新教徒要比天主教徒更可能与体育相联系，而且也更可能成为国际性运动员（但这并不能否认在某些运动中天主教徒出现过优秀代表，如美国职业橄榄球）。表3－2和表3－3，是从冈瑟·路什和汉斯·伦克的研究中总结出来

表3－2　前联邦德国的体育与宗教

	总人口（%）	体育俱乐部成员（%）	参与田径及游泳项目成员（%）	参与高水平田径及游泳项目成员（%）
新教徒	52	60	67	73
天主教徒	44	37	31	26
其　他	4	3	2	1
数　量	1，880	366	111	

〔1〕社会流动指一个社会成员或社会群体从一个社会阶级或阶层转到另一个社会阶级或阶层，从一种社会地位向另一种社会地位，从一种职业向另一种职业的转变的过程。

〔2〕戴维·麦克利兰（1917－1998），美国著名社会心理学家，他提出了成就需要、权力需要、亲和需要的需求动机理论。

表 3－3　奥林匹克运动会中的体育与宗教

	奥运会金牌份额（%）	世界宗教总人口份额（%）
新教徒	54.5	7.6
天主教徒	40	23.6
伊斯兰教徒	1.6	15.5
佛教，道教徒	1.2	7.3
犹太教徒	1	0.4
其　他	1.6	45.4

的，表明新教徒在德国体育和奥林匹克竞赛中的超额代表现象〔1〕。[62]考虑到这些数据，我们倾向于采用韦伯“世俗禁欲主义”（Secular Asceticism）的观念，并以此来解释参与率和通过自觉体育训练得出的成绩之间的差别，这就等同于对资本的积累与利益的再投资应用的延期的感激。[63]

沿着这条思考线索，我们会不幸地发现，我们认为英国和美国清教徒是新教徒中最为典型的代表，而清教徒对体育却怀有很深的敌意。约翰·班扬（John Bunyan）在其自传中，夸张了他在沉迷于一种“猫的游戏”（棒球的雏形）时皈依正途的事情。马萨诸塞州和康涅狄格州的清教徒“禁止骰子、纸牌、掷环、保龄球、九柱地滚球，‘或是任何其他在房屋、庭院、花园或者后院玩耍的不合法游戏’，特别是一种名为沙壶球的游戏，许多宝贵的时间都将浪费在公共娱乐房。”[64]但禁止沙壶球并不意味着对体育的强烈不满。

英国的詹姆士一世在《体育书》（《Book of Sports》，1618）中鼓励说，在他的国度里，人们“进行任何合法的娱乐时，例如跳舞，不管是男人，还是女人，男人射箭、跳跃、撑竿跳跃，或者其他无害的娱乐项目……”不应该受到干扰，但是共和国〔2〕的清教徒却让刽子手焚烧了国王的体育书。[65]在叙述从伊丽莎白女王至安妮女王期间的体育和社会的历史时，丹尼

〔1〕超额代表现象在此指某一群体的参与率超过了其人口在总人口的比率。
〔2〕1649 年，查理一世被处死，克伦威尔建立共和国。

斯·布莱斯福特（Dennis Brailsford）总结了清教观："清教徒认为其使命是将所有运动和游戏从人们的生活中抹去。"[66]这听起来像是麦考利的妙语（Macaulay's Quip），清教徒禁止逗熊游戏（Bear - baiting），不是因为此游戏会给动物带来痛苦，而是因为这会给观众带来乐趣，但是布莱斯福特的研究是严密的学术考察得来的结果。其他历史学家曾对1660年英国体育的突然兴起做过评论，那时"快乐君王（the Merry Monarch）"查理二世复辟，取消了对戏剧和赛马的禁令。[67]20世纪以前，有足够的证据表明新教正在犹豫着改变对现代体育的印象。

敌意（清教徒对体育）造成了其中一个问题。而当我们仔细考虑前苏联和日本人对现代体育的热情时，另一个问题出现了，前苏联和日本这两个国家都不信奉新教，而我们就更不能用新教来解释波兰、古巴、保加利亚和匈牙利运动员的成绩了，这就显出新教与现代体育的关联和新教与资本主义发展的关联一样不合理。这些问题，也许能从罗伯特·默顿（Robert Merton）的《新教，虔信派与科学技术（《Puritanism, Pietism, and Science》, 1936)》这一优秀的论文中找到答案。在这篇文章中，默顿认为，与天主教徒相比，新教徒更可能是17世纪"新科技"（New Science）的拥护者：[69]

> 经验主义和理性主义，可以说被封为了圣徒，主教为其行了宣福礼。也可以更好地说，是新教精神并未直接影响科学方法，这仅仅是科学发展历史过程中的一个平行发展，但明显的是，通过对于特定思维模式和行为习惯的心理冲动，这种价值观情结使得以经验为基础的科学技术值得赞扬，而不是像在中世纪一样，备受指责，或者充其量是可以忍受。

这段话对于我们现在的意义是，新教信仰与体育参与这两个变量之间的相互关系，其中掩盖了这两个变量以及对这两个变量起作用的独立变量之间的根本因果关系。科学世界观是其中基本的解释性因素。这种世界观自此受到了日本人和每一个马克思主义者的拥护。事实上，马克思主义者倾向于认为他们自己是唯一科学的哲学家。

换句话说，17世纪的数学发现风行于18世纪，那时我们发现现代体育中对量化的痴迷。启蒙运动时期和文艺复兴时期意为适度与平衡的"衡量”（Measure）概念转变成了现代的“测量”（Measurement）概念。这种转变从德语中也可以看得出来，即适度（Ma）变为衡量（Messen）。[70]现代体育的出现既不代表资本主义的胜利，也不代表新教的兴起，而是代表着一个实践的、实验的、数学的世界观的缓慢发展。英国早期领导工业化与现代体育的发展，同新教伦理及资本主义精神的关系要小一些，而与知识革命的关系则更加密切，这场知识革命是以艾萨克·牛顿（Isaac Newton）和约翰·洛克（John Locke）为代表，以英国皇家学会（the Royal Society）为制度基础。英国皇家学会以科技的发展为目的，创建于1662年王政复辟时期。

这种解释是由汉斯·伦克所提出的：“竞技体育（Achievement Sport）是其成绩通过测量比较，而超越了时间与空间限制的体育，与现代西方的科学实验态度紧密相关。”[71]赫宁·埃克伯格（Henning Eichberg）在《工业文明中的体育方式》（《Der Weg des Sports in die industrielle Zivilisation》）一文中更进一步地发展了这种观点。[72]深知科学世界观在现代体育兴起中的作用之后，我们就可以清楚地解释二战以后东欧国家竞技成绩的飙升了，那时东欧现代化以前的社会组织和意识形态的痕迹猝不及防地——甚至是无情地——遭到了残酷的现代方式的打击。

从宗教传统导致非科学的，甚至是反科学的倾向这一方面来讲，民间游戏向现代体育的转变会受到抑制和阻碍，但是这种抑制和阻碍的原因和宗教信仰另一方面积极影响的关系都很小，反而与现代科学中的消极评价关系甚大。这可以从加拿大体育中看出来，加拿大的法国移民出现了体育参与率过低的现象。在法国本土，罗马天主教与数学科学的兴起有着很紧密的联系，从笛卡尔（Descartes）与帕斯卡尔〔1〕时代到庞加莱〔2〕与德布罗意〔3〕时代，法国人对自然科学的发展做出了很大贡献。而且在法国本土，现代体育出现得很早，并且发展相当迅速（尽管有些人认为，体育“在法国人的灵魂中没有留下真正的印象”）。[73]然而，在加拿大，天主教似

〔1〕 帕斯卡尔（Pascal，1623－1662），法国著名的数学家、哲学家、物理学家，其代表作有《思想录》等。

〔2〕 庞加莱（Poincaré，1854－1912），法国著名数学家、天体力学家、科学哲学家。

〔3〕 德布罗意（de Broglie，1892－1987），法国著名物理学家，诺贝尔物理奖获得者，波动力学创始人。

乎鼓励一种对现代社会的敌意，一种消极论，这可以从体育参与的数据上看出来。尽管大约30%的加拿大人从种族上来讲是法国人，但是在4297名代表加拿大参加联邦、全美洲运动会，以及奥运会的运动员当中，这个群体的人仅占其中的8.1%。正因为我们知道经济因素对现代体育的参与率起着很重要的作用，因此我们不能简单地下结论说，就是宗教应该对这种明显的差异负责，但漠视了天主教在魁北克和加拿大沿海省份的巨大影响也是错误的。我引用过这一经验研究成果的社会学家为魁北克体育的落后做出了如下解释："在法裔加拿大人当中，传统精神状态是以农业意识和宗教世界视野为基础的，而这种状态是崇尚过去的。"[74]

学术界中几篇关于学生体育参与率的研究增强了这种解释的说服力。通过对两所瑞士大学的387名学生进行调查，调查者发现，神学专业的学生最少参与体育，而且与其他专业的学生存在很大的差距，而自然与社会科学专业的学生则是最积极参与体育活动的。[75]一份对阿默斯特学院（Amherst College）的345名学生进行的调查研究特别地关注了学习专业与体育参与率之间的关系。该研究发现，社会科学专业的学生最经常参与体育活动，接着是自然科学专业的学生。人文学科的学生则明显不积极（$t=2.366$，$p<0.01$；$t=2.087$，$p<0.025$）。[76]倘若这种实证研究的结果具有说服力的话，那么我关于体育与科学世界观〔1〕的论据的正确性也可以得到保障。

赫宁·埃尔伯格指出了数学——实验世界观的重要性，但是他也曾——很缺乏说服力地——试图寻找现代体育的兴起与浪漫主义运动之间的相关性。浪漫主义运动于18世纪末和19世纪初席卷欧洲和美国大部分地区。我认为，具有普遍反科学偏见的浪漫主义，更有可能鼓励如打猎和钓鱼之类的现代化以前的体育项目，并且阻碍现代体育的出现。这点我们可以从德国一次最为激烈的运动中看清楚，浪漫主义运动在德国也是相当激烈的。我现在想的是体操的德国变体——德国体操（Turnen）。

德国体操的起源传统可以追溯到古兹姆斯（Johann Christian Friedrich GutsMuths）和杨（Friedrich Ludwig Jahn）的革新教育著作。两人都认为体育教育非常重要。同时都设立了包含一系列体操运动的系统，这就是我们

〔1〕 原文使用德语 Weltanschauung，翻译成英语为 Pilosophy of Life，或者 World View。

所知的田径运动项目。两人都极度民族主义。古兹姆斯 1817 年重新出版他的《青年体操》（《Gymnastik für die Jugend》，1793）时，他将希腊词从标题中去掉，并以德语代替，他以民族的指称代替了世界的指称，而这本书就变成了《祖国男儿的体操》（《Turnbuch für die S · hne des Vaterlandes》）。在书中，他写到，"我们必须为我们年青一代的精神提供爱国教育，为他们的身体提供一个真正的辅助性军事教育。"[77]在《德意志人的民族性》（《Deutsches Volkstum》，1810）的前言中，杨声称："一个没有民族的国家什么也不是，仅仅是无灵魂的人造物；一个没有国家的民族什么也不是，仅仅是一个无实质的游荡的抽象概念。"[78]杨自己也是坚定不移的民族主义者，在反对拿破仑侵略的德国民族革命中，他是积极的参与者。

从 1811 年在柏林附近创建的杨的体操练习场（Turnplatz）开始，运动很快就遍布了德国，并从德国传播到了欧洲其他各国，甚至是美国。这场运动不仅是体育的，而且也是政治的。尽管早期德国体操的运动员（Turner）通常都是自由民族主义者，这给他们带来了一场与普鲁士当局的持久斗争，这场运动的政治倾向渐渐地变得十分右倾，尤其是在 1848 年自由革命失败，许多较为激进的德国体操运动员逃往美国之后，[79]使他们更加忠于浪漫民族主义，以及对神秘德国精神的赞颂，神秘的德国精神来源于民族（Volk）和祖国（Vaterland）的神秘结合。神秘主义在赫尔曼 · 伯特（Hermann Burte）的小说《威尔特斐伯：永远的德意志》（《Wiltfeber：Der ewige Deutsche》，1912）中对德国体操运动员发出召唤时达到高潮，该小说是最具浪漫主义的小说之一。

尽管古兹姆斯和杨都未能免于量化、追求纪录或者鼓励竞争的倾向，但是德国体操运动员对"嘈杂竞标赛的反精神"[80]的东西越来越充满敌意。德国体操运动员，作为浪漫民族主义的拥护者，变成了现代体育的敌人，他们认为现代体育是自由的、理性的、国际的，并且是"非德国的"。[81]德国体操运动员对现代体育的拒绝是至关重要的。他们的报纸《德意志体操报》（《Die Deutsche Turnzeitung》）指责拳击和赛跑，并且谴责现代体育是闪米特人（Semitic）的（原始的、落后的）。[82]当奥林匹克复兴的消息传到德国时，《莱茵—威斯特法伦人报》（《Rheinische – Westf · lische Zeitung》）表示反对："任何一个参加甚至是亲临观看这些竞赛而使祖国蒙羞的德国人或是体育俱乐部都应该被其愤慨的同胞所抛弃。"[83]在希腊运动会的邀请函到来时，德意志体操协会（Deutsche Turnerschaft）拒绝了邀请。[84]一群体操运动员最终还是去参加了奥运会，而他们因此被立即开除了。[85]第1届现代奥林匹克运动会4年之后，德意志体操协会的主席宣布，体育是“身体锻炼的一种热烈追求的形式，与德国格格不入，正如它的名字一样，因为它名字里面没有德语。”[86]一直到1933年，《人民》（《Die Schar》）一书的作家仍在呼吁抛弃“体育场、灰渣跑道、卷尺、跑表、修剪的草坪和跑鞋……取代它们的是简单的牧场、自由的自然世界”。[87]甚至是处于工人阶级的德国体操运动员也在竞技体操——尤其是高水平比赛——的同时表示犹豫不决，尽管他们具有现代的、社会民主德国的马克思主义思想。[88]比赛，不管是集体项目还是个人项目，最终都成为了德国体操的一部分，但是现代体育仍然处于令人怀疑的境地。从19世纪晚期开始，直至希特勒统治下德意志体操协会的解体，一直都在控诉，控诉体育是英国的，不是德国的，是自由国际主义的象征，是对祖国本土上德国人民的浪漫主义统一的一种威胁。而英国，现代体育的发源地，一直以几乎完全无视的态度来回应他们的“赞扬”。[89]因此，一件有悖常理的具有历史讽刺意味的事情发生了，阿道夫·希特勒（Adolf Hitler），这一浪漫民族主义最无理性、最具破坏性形式的化身，被说服放弃最初的犹豫，赞助1936年奥运会。为了使作为元首的希特勒能够宣传其政变成功，现代体育最终得到了德国的崇拜。[90]

从浪漫民族主义对现代体育的反对中，我们看到了硬币的另一面，即科学世界观的正面。从我们对现代体育起源的追寻中，我们进行了一次解释的退化，从类似于工业革命和改革的抽象概念到更为抽象的表达——科学世界观。而且我们现在面临着一个自相矛盾的说法。追求纪录本身就是浮士德欲望最独特的形式之一，是对不可达到事物的浪漫主义追求的最为不寻常的表示之一。体育源于身体力量的自然表达，以非理性为源头。我们熟知竞技盛会的狂热；熟知球迷的那种类似于原始人类的激情；熟知拳击手猛击之下赤裸裸的攻击；熟知不顾痛苦身体的痉挛蹒跚前行的、着魔似的赛跑选手那份无法解释的执着。看来，这并非是自相矛盾。体育是对现代反映的选择之一，本身也是一种现代反映。体育根源于本能生活的黑色土壤之中，但它们所采取的形式是现代社会赋予的。正如阿波罗11号登月之旅的科学奇迹一样，体育是浪漫主义的理性化。

NOTES

1. Wolfgang t';ichel, quoted in Horst 0berhorst, "Urspmngtheorien," Geschichte tier Leibesiibungen, ed. Horst 0berhorst, 6 vols. (Berlin: Verlag Barrels und Wcrnitz, 1972 –), 1, 17; see also Dieter Voigt, Soziologie in der DDR (Cologne: Verlag Wissenschafl und Politik, 1975), pp. 2% :;1.

2. The best account is by Andrzej Wohl, Die gesellschaftlich – historischen Grundlagen des biirgerlichen Sports (K61n: Pahl – Rugenstein Verlag, 1973), pp. 9 – 30.

3. Ibid., pp. 3(I – 57.

4 "Goachir, g," The Book of Sport, ed. William Patten (New York: l – F. Taylor Co., 1901), p. 219.

5. Gerhard Vmnai, Fuflballsport als Ideologie (Frankfim: Eump/iische Verlagsanstatt, 1970), p. 13. Vinnai is a Neo – Marxist, but this remark is Marxist.

6. J. B. DeBlanc, quoted in Marie Kloeren, Sport und Rekord (Leipzig: Verlag yon Bernhard Tauchnilz, 193! 5), p. 272.

7. The idea fi)r such a table came from Peter C. Mclntosh, Sport in Society (London: C. A. Watts, 1963), pp. 6: –, 85; the use of Rostow was suggested by Hihni lbrahim, Sport and Society (Long Beach, Ca.: tlwong Publishing Co., 1975), p. 117.

8. For the coefficient of concordance, see George A. Ferguson, Statistical Analysis in Psychology and Education, 3rd ed. (New York: McGraw – Itill, 1971), pp. 312 – 14.

9. The fullest documentation of conmaereialism comes from non – Marxist sources, especially from Joseph Durso, The AILAmerican Dollar (Boston: ttoughton Mifflin, 1971); Bernie Parrish, They Call It a Game (New York: Dial Press, t971); PEter Douglas, The Football Industry (Imndon: George Allen & Unwin, 1973); Roger G. Noll, cd., Government and the Sports Business (Washington: Brookings Institute, 1974); Gary Davidson and Bill Libby, Breaking the Game Wide ( ) pen (New York: Atheneum, 1974); and Sheldon M. (;allner, Pro Sports: The Contract Game (New York: Scribner's, 1974)

10. liirgen DieckerL Die Turnerjugendbewegung tSchorndorf: Karl ttofinann, 1968), pp. 111 – 16; Horst Oberhorst, Edmund Neuendorff (Berlm: Barrels und Wer nitz, 1970), pp. 6%72.

11. Rudi Reichart, "Zur Gruindung des Deutschen Turf > und Sl – ortbtmdes,'" TPK, 6 (1957), 481 – 88.

12. See Rudolf Volkert, "Zur b(irgerlichen Theorie der 1, eistungsgesellschafl' und zn

dem dieser Gesellschaflstheorie unterstellten Modellcharaktcr des Sporls, ′ TPK, 24 (1975), 1082 –95.

13. Quoted from lames Riordan, "Marx (1976), 159.

14. Cited from Hermann losef Kr/imer, K6rpererziehung und Sportunterrieht in der DDR (Schomdorf: Karl ttofmann, 1969), p. 29.

15. Andrzel Wohl, "Prognostic Models of Sport in Socialist Countries," IRSS, 6 (1971), 26; Wohl, Die gesellschafilich – historischen Grundlagen des biirg, erlichen Sports, p. 181.

16. N. I. Ponomarev, "Free Time and Physical Education," IRSS, 1 (1966), 167.

17. Die Friihschriften, ed. Siegfried Landshut (Stuttgart: Alfred Kroner, 1971), p. 361.

18. Picrre Laguillaumie, "Pour une Critique fondamcntale du Sport," Sport, culture, et rO. pression, ed Ginette Berthaud et al. (Paris: lCran – ois Maspero, 1972), p. 41.

19. Vinnai, Fuflballsport als ldeologie, pp. 17 – 18.

20. Jac – Olaf B6hme, lc/rgen Gadow, Sven Gfildenpfennig, Drn Jensen, and Renate Pfister, Sport im Spiitkapitalismus, 2nd ed (Frankfurt: l – impert, 19741, p. 47.

21. Vinnai, Fufiballsport als ldeologie, p. 39.

22. Jean – Marie Brohm, "Socio] ogie politique du sport," Sport, culture, et r4pression, p. 23.

23. Jimmy Brown and Myron Cope, Off My Chest (Garden City′: Doubleday, 1964), p. 6:;.

24. B6hme, Gadow, Gfildenpfennig, lensen, and Pfister, Sport im Spiitkapitalismus, p. 37.

28. Jean – Marie Brohm, Critiques du sport (Paris: Christian Bourgeois, 1976), p. 23:

29. Among tile best studies ; ire John W. Loy, "Social Origins and Occupational Mobility Patterns of a Selected Sample of American Athletes," IRSS, 7 (1972), 5 – 23; Gfinther Ltischen, "Social Stratification and Social Mobility, among Young Sportsmen," Stx – rt, Culture, and Society, ed. John W. [my and Gerald S. Kenyon (New York: Macmillan, 1969), pp. 258 – 76; John Eggleston, "Secondary Schools and Oxbridge Blues," British]ournal o/Sociology, 16 (1965), 232 – 42.

30. See George tt. Gallup, The Gallup Poll, 3 vols. (New York: Random House, 1972), 3, 1699 – 1700.

31. Heinz KeBler, "Die 1. Sommerspartakiade der befreundeten Armeen " TPK, 7 (1958), 758 – 63.

32. ttenry Morton, "Soviet : Sport: School for Communism," Ph. D. dissertation (Columbia University, 1959), p. 273.

33. Peter Sendlak, "Leibesllibungen und Sport in der Soviet Union," Geschichte der l. eibesiibungen, ed Oberhorst, 4, 114 – 15.

34. See Ionathan Kolatch, Sports, Politics, and Ideology in China (Middle Village, New York: Jonathan David, 1972), pp. 148 – 64.

35. Kramer, KOrpererziehung und Sportunterricht in der DDR, p. 55.

36. Dietlich Martin, Schulsoort in Deutschland (Schomdoff: Karl ttofmann, 1972), p 88.

37. Siegfiiedc Webcr – Dempc, "Die Frau als Leistungssportlerin," TPK, 4 (1955), 820.

38. See, for example und Sport in der DDR,

39. G(inther Erbach Dietrich Dcnz et al., "Zur Entwicklung von K6rperkultur TPK, 13 (1974), 589 – 601.

40. Paul Kunath, "Pcrs6nlichkeitsenlwickhmg und Sport," TPK, 17 (1968), 596; Fred Cras, "About the Way of Life and Development of Personality of Competitive Sportsmen," IRSS, 11, no. 1 (1976), 77 – 81.

41. See Hnrst Smieskol, "Sportpsychologie in den sozialistischen Landern Europas," Sport im Blickpunkt der Wissenschaften, ed. Helmut Baitsch (Berlin: Springer Verlag, 1972), pp. 160 – 72.

42. Quoted in loser N. Schmitz, Sport und Leibeserziehung zwischen Spiitkapitalismus und Friihsozialismus (Schomdorf: Karl ttofmann, 1974), pp. 21 – 23.

43. See lean – Marie Brohm, "Une Politique ouvri, – re: le PCF et la collaboration de classe," Sport, culture et r – pression, pp. 141 – 69; Guy Hermier, Roland Passevant, Michel Zilbermann, Le Sport en questions (Paris: Editions sociales, 1976).

44. Arnold Bcisser, The Madness in Sports (New York: Appleton – Century – Crofts, 1967).

45. Hans Lenk, "l, eistungssport in der Erfolgsgesellschaft," LeistungssOort in der Erfolgsgesellschafi, od. Frank Crubc and Gcrhard Richtcr (Hamburg: Hoffmann & Campe, 1973), p. 21. See also Hans Lenk, "Sport, Arbeit, Lcistungszwang," Leistungssport, 1 (1971), 63 – 70; Lenk, "Notizen zur Rolle des Sports und derI, eis-

tungsmotivation in einer kOnfiigen Gesellschafl," Die Leibeserziehung, 20 (1971), 82 - 87; Lenk, Leistungssport: ldeologie oder Mythos? - Stuttgart: Kotdhammer, 1972); Lenk, " 'Manipulation' oder 'Emanzipation' irn [- Astungssport," SW, (1973), %40; Lenk, Sozialphilosophie des Leistungshandelns (Stuttgart: Kohlhammer, 1976); Howard S. Shlsher, Man, Sport and Existence (Philadelphia: l, ca & Fcbiger, 1967); Michel Boutron, La grande F - te du s/x) rt (Paris: Andre Bom - e, 197 (/); Harold I. VanderZwaag, Toward a Philosophy of Sport (Reading: Addison - Wesley, 1972): Karl Adam, Leistungssport: Sinn und Unstnn (Munich: Nymphcnburgcr Vcrlag - shandhmg, 197S.

46. See Helmuth Plessner, "Die Ftmktiot - des Sports in dcr industriellen Gescll - schaft," Letbeserziehung und Sport in der Modemen Gesellscha/t, ed. (;otffried KI6hn (Weinheim: Julius Beltz, 1961), pp. 18 - 32; Gunter Geballer, " Leistune;'als Aktion trod Priisentation," Philosophic des Sports, ed. ltans l,enk, Sim{m Moser, aim Erich Be- yer (Schorndorf: Karl Hofmann, 1973), pp. 42 - 66; Ctuistian Graf yon Krockow, "Selbst - Bewugtsein, Entfremdung, [xeistungssport," SW, 4 (1974), 9 - 20.

47. "Zu Coubertius Olympischen Elitislrlus," SW, 6 (1976), 410.

48. Les Motivations des stx - rtifs (Paris: Editions univcrsilaims, 1969); Gablcr, Leistungsmotivation im ttochleistungssport (Schorndorf: Karl l lofinalln, 1972): Gabler, "Zur Entwicklung yon Pers6nlichkeitsmerkmalen bet Itochlcistungssporllern," SW, 6 (1976), 247 - 76.

49. Les Motivations des sportifs, pp. 45 - 55.

50. There is, of course, the other popular notion thai athletes arc psycholf - ically healthier and "heifer adjusted" than nonathletes. Gablcr concludes in the abort: - noted works that athletes are simply like nonathletes.

51. The Four Minute Mile (Ncw York: Dodd, Mead, 1957), irp. 21 ——14.

53. See especially David Meggysey, Out 0[Their l, eague (Berkeley: Ramparts Press, 1970); Ralph "Chip" ( )livcr, Itigh fi)r the Game {New York: Willianl M, - rrow. 1971); Gary Shaw, Meat on the Hop[(New York: St. Martin's Press, 1072]; Franz l)wertmann, "Sporthilfe: eine gemeinnfitzige Einrichhmg," Sf - rt in der Klassengc sellschaft, ed. Gerhard Vinnai (Munich: Fischer Taschenbuch Verlag, 1972), pp.

54. Lynda Huey, A Running Start: An Athlete, A Woman (New York: . Quadrau- gle, 1976), p. 209.

55. ttoch, Rip Off the Big Game, p. 199.

56. Sec Hans Bloss, "Sport and Vocational School Pupils," 1RSS, 5 (1070), 25 - 56; Dieter tlanhart, "Freizeit und Sport in der industriellcn Gesellschafl," Arbeit, Freizeit, und Sport (Bern: Paul Haupt, 1963), pp. 13 - 68.

57. See Helge Anderson, Aagc Bo - Jensen, N. Elkaer - Hansen, and A. Sonne, "Sports and Games in t)cnmark in the Light of Sociology," Acta Sociologica, 2 (1956), t - 28; Deopold Rosenmayr, "Sport as Leisure Activity of Young People," IRSS, 2 (1967), 1%32.

58. See Hanhart, "Freizcit und Sport in der industriellen Gesellschaft," pp. 13 - 68; Urs Jaeggi, Robert Bosshard, and J - irg Siegenthaler, Sport und Student (Bern: Panl Haupt, 1963), pp. I19 - 22; Anderson et al., "Sport and Games in Denmark," 1 - 28; Stefan Gr6ssing, Sport der]ugend (Vienna: Verlag fiir Jugend und Volk, 1970), p. 26; James E. Curtis and Brian G. Milton, "Social Status and the 'Active Society,'" Canadian Sport, ed. Richard S. Gmneau and John G. Albinson (Don Mills, Ontario: Addison - Wesley, 1976), pp. 302 - 29; Voigt, Soziologie in der DDR, p. 55.

59. See Marek Zfim, "Tourism and Motor Activity of Cracow Inhabitants," IRSS, 8, no, 1 (1973), 7%92; N. I. Ponomarev, "Free Time and Physical Education," IRSS, 1 (1966), 167 - 73; John P. Robinson, "Time Expenditure on Sports across Ten Cm-mtries," IRSS, 2 (1967), 67 - 87; Andrzei Wohl, "Engagement in Sports Activity on the Part of Workers," IRSS, 4 (1969), 83 - 121; Joffre Dumazedier, "Sport and Sports Activities," IRSS, 8, no. 2 (1973), 7 - 34; Ladislav Lopata, "The Structure of Time and the Share of Physical Education," IRSS, 3 (1968), 17 - 35; Kyuzo Takenoshita, "The Social Structure of the Sport Population in Japan," IRSS, 2 (1967), % - 18; Klaus Prenner, "Leistungsmotivation im Spitzensport," Leibeser - ziehung, 20 (1971), 370 - 75; Richard S. Gruneau, "Sport, Social Differentiation and Social Inequality," Sfx - rt and Social Order, ed. John W. Loy and Donald W. Ball (Reading: Addison - Wesley, 1975), pp. 121 - 84; Gruneau, "Class or Mass," Canadian Sport, ed. Gruneau and Albinson, pp. 108 - 41; Barbara Krawczyk, "The Social Role and Participation in Sport," ILLS& 8, nos. 3 - 4 (1973), 47 - 59; Inge Bausenwein and Auguste lloffmann, Frau und Leibesiibungen (M/ihlheim: Geh6rlosen Druckerei und Vcrlag, 1967); Gcinther Lfischen, "Social Stratification and Social Mobility among Young Sportsmen," pp. 258 - 76; Ltischen, "Soziologische Grundlagen yon Leibcserziehung und Sport," Einfiihrung in die Theorie der Leibeserziehung, ed. Ommo Crupe et al. (Schomdorf: Karl Hofmann, 1968), pp. 93 - 111; John W. Ix)y, "The North American Syndrome," Sports or Athletics?, ed.

J. Alex Murray (Windsor, Ontario: University of Windsor Press, 1974), pp. 76 – 96; Raymond Thomas, La Riussite sportive (Paris: Presses universitaires, 1975), pp. 17 – 25; Hans Linde and Klaus tteinemann, Leistungsengagement und Sportinteresse (Schorndorf: Karl Hofmann, 1968).

60. Homo Ludens (London: Temple Smith, 1970), p. 223. John M. Hoberman has suggested that the rejection of records may also be typical of Fascism; see "Political Ideology and the Record Performance," Arena Newsletter, 1 (February 1977), 7 – 1t.

61. Sport and Society, pp. 108 – 13.

62. Gfinther Ltischen, "The Interdependence of Sport and Culture," IRSS, 2 (1967), 132; tlans lx:nk, Werte, Ziele, Wirklichkeit der modernen Olympischen Spiele, rev. ed. (Schomdorf: Karl Hofinann, 1972), p. 77. Both tables reproduced by permission of the publisher. See also Paavo Sepp/anen, "Die Rolle des Leistungs sports in den Gesellschaften der Welt," SW, 2 (1972), 133 – 55.

63. See Christian Graf yon Krockow, Sport und lndustriegesellschafi Piper, 1972), pp. 28 – 32.

64. Foster Rl – lea Dultes, America Learns to Play (New Yolk: Appleton – Century.. Crofts, 1940), p. 6.

65. Ibid., pp. 10, 12. See also Robert W. Malcolmson, Popular Recreations in English Society, 1700 – 1850 (Cambridge: Cambridge University Press, 1973).

66. Stx – rt and Society (Toronto: Universi – of Toronto Press, 1969), 13. 141. See also H. Mayer, "Puritanism and Physical Training," IRSS, 8, no. 1 (1973), 37 – 51.

67. Klocren, Sport und P, ekord, pp. 19 – 37, 205 – 65.

68. For example, William R. Hogan, "Sin and Sports," Motivations in Play, Games and Sports, ed. Ralph Sloveilko and James A. Knight (Springfield, Iltil – ois: Charles C. Thomas, 1967), pp. 121 – 47.

69. Social Theory and Social Structure (Glencoe: Free P – ess, 1957), p. 579.

70. Henning Eichberg, "Dec Beginla des moderiicn Lcisteils," SW, 4 (1974), 21 – 48.

71. Leistungssport: ldeologie oder Mythos?, p. 144.

72. Der Weg des Sports in die industrielle Zivilisation (Baden – Baden: Nomos Verlag, 1973), pp. 135 – 37.

73. Edgar Joubert, "Sport in France," Sport and Society, ed. Alex Natall tl,oldon: Bowes &, Bowes, 1958), p. 29.

74. Roger Boileau, Fernard Lalldry, and Yves Trempe, "Los Ca,adicns Franqais et les Grands Jeux Internationaux," Canadian Sport, ed. Cruncau and Albinson, pp. 158, 163.

75. laeggi, Bosshard, and Siegenthaler, Sport und Student, p. 27.

76. Computed by me from data gathered by Daniel Lundquist, Fall 1976.

77. Turnbuch for die S6hne des Vaterlandes (bŕallkfurt: Witmans, 1817), p. xvii.

78. Werke, ed. Carl Euler, 2 vols. (Hof: Verlag yon O. A. C, rau, 1884 - 1885), 1, 160.

79. tlannes Neumann, Die Deutsche Turnbewegung in der Rev - dution 1848/49 und in der amerikanischen Emigration (Schomdorf: Karl Hofiraann, 1968)

80. Edmund Neuendorff, quoted in J/irgen I)ieckert, Die Turnerjugendbewegung, p. 20.

81. Quoted in Gerd Kr/imer, Wie Fern 1st Uns Olympia? (Osnabrfick: A. Fromm, 1971), p. 17.

82. Carl Diem, Weltgeschichte des Sports, 3rd ed, 2 w - ls. (Frankfurt: C——tta, 1971), 2, 945.

83. Kramer, Wie Fern 1st Uns Olympia? p. 28.

84. Arnd Krfiger, Sport und Politik (Hannover: Fackel - Tr/iger Verlag, 1975), pp. 30 - 31.

85. Horst Uberhorst, "Return to Olympia and the Rebirth of the Games," The Modern Olympics, ed. Peter 1. Graham and Horst 0berborst (Cornwall, New York: Leisure Press, 1976), p. 14.

86. Quoted by ftorst Geyer, "Stellvertreter der Nation," Die Vertrimmte Nation, ed. 16rg Richter (Reinbek bei ftamburg: Rowohlt Verlag, 1972), pp. 80 - 81.

87. Quoted in Eichberg, Der Weg des Sports in die industrielle Zivilisation, p. 120; see also ()berhorst, Edmund Neuen&)rff, p. 19.

88. Horst () berhorst, Frisch, Frei, Stark und Treu (Dusseldorf: Droste Verlag, 1977,), pp. 50, 136.

89. Mclntosh, Sport in Society, p. 58.

90. Mandell, The Nazi Olyml - ics; tta/o Bernett, Sportpolitik im Dritten Reich (Schomdorf: Karl Hofmann, 1971); Arnd Kruger, Theodor Lewald (Berlin: Barrels & Wernitz, 1975); K - figer, Die Olympischen Spiele 19 - 6 und die Weltmeinung (Berlin: Barrels & Wernitz, 1972).

第四章 为什么棒球曾经是我们的国球[1]
Why Baseball Was Our National Game

一、美国例外主义[2]
American Exceptionalism

马克思主义与韦伯关于社会发展模式的解释很多方面都不相同，有些方面我们已经有所提及，但是他们都反对历史学家们所指的“美国例外主义”。他们认为美国的发展轨迹与其他现代社会所展现出来的普通模式没有区别。从封建社会向资本主义转变，或者从传统社会向现代社会转变，美国并不处于社会转变规律之外。

但是美国人总是喜欢认为自己是独特的，总是被“美国的确是一个例外”这一观念所吸引。大街上一个男人简单的断言“只有在美国”所表达的例外主义，历史学家在其研究中有所表述是这一信仰的通俗形式，人类学家、社会学家、小说家和诗人则以更为复杂的方式表示出来。

新英格兰的清教徒想象着他们自己是带有特殊使命的英国人（但仍然只是英国人），是上帝的选民，是受上帝的派遣来到荒野的。美国独特感在18世纪消退，当时加尔文主义的黑暗色彩逐渐被漂白成了更为浅淡的基督教虔诚，甚至是美国启蒙运动时期温和的自然神教。殖民者和其母国一起成为了历史学家经常提及的“大西洋文明”的两个部分。这是一个世界的

[1] 本章最早版本是以题为《文学、社会学以及‘我们的国球’》发表在《展望》杂志中，《展望》，1（1975），36－119。经《展望》授权使用。——作者注

[2] 美国例外主义是托克维里1831年所提出来的概念，指美利坚合众国和美国人在世界上有着独特的地位，因其为人类提供机会与希望，由注重于人身与经济自由的宪政理想所治理，衍生出独一无二的公私利益平衡。美国例外主义时常被理解为美国优越主义，在此处，作者意指美国具体的一些情况。

时代。美国独立战争，无论它是不是一次真正的革命，都使人们意识到了美国身份定位这一问题。1782 年，克雷夫科尔[1]发表了《美国农业书简》(《Letters from an American Farmer》)，并提出了当时还不好回答的问题：这个新生儿——美国——是谁？5 年之后，罗亚尔·泰勒[2]在其戏剧《对比》(《The Contrast》) 中阐述了美国人与英国人不同之处的一个版本——乔纳桑兄弟与约翰·牛之间的不同。从泰勒到霍桑[3]和詹姆斯[4]的“国际小说”再到现在的作家，这些富有创造力的头脑将他们的美式特质（A-merican Character）观念戏剧化。

早在 19 世纪，乔治·班克罗夫特[5]就开始发表了发展得最为完备的美国例外主义理论。其巨作《美国史》(《History of the United States》, 1834 -1875) 为人们展现了一部遂从神意而呈现的美国历史。美国是受上帝的旨意向世界展示民主制在道德上和政治上的优越性的。因此，我们所看到的欧洲与美国之间的不同之处是上帝计划的一部分，是上帝想要通过普通人而达到世界的新生计划的一部分。19 世纪末，弗雷德里克·杰克逊·特纳[6]著名的《边疆在美国历史上的意义》(《The Significance of the Frontier》, 1893) 一文为美国例外主义的主题做出了很大贡献。他的理论是世俗的、环境的，然而却是一种圣歌，是作为边疆后代对美国民主的赞颂。特纳认为，边疆是一个严峻的考验，在这个考验当中，古老的欧洲风俗被大火焚毁了，而美式特质的真金属则就此诞生了。

---

[1] 克雷夫科尔（Crèvecoeur, 1735 - 1813），法裔美国作家、博物学家，代表作有《一个美国农民的信》等。

[2] 罗亚尔·泰勒（Royall Tylor, 1757 - 1826），美国法学家、剧作家。乔纳桑兄弟与约翰·牛是其戏剧《对比》中的人物。

[3] 霍桑（Hawthorne, 1804 - 1864），美国小说家，代表作有《红字》等。

[4] 詹姆斯（James, 1843 - 1916），美国及英国作家，美国与欧洲人的交往是其作品中常见的主题，其代表作有《贵妇人画像》、《美国人》等。

[5] 乔治·班克罗夫特（George Bancoft, 1800 - 1891），美国著名历史学家、政治家，《美国史》是其最重要的著作。

[6] 弗雷德里克·杰克逊·特纳（Frederick Jackson Turner, 1861 - 1932），20 世纪早期美国最有影响力的历史学家之一，边疆学派创始人，他强调边疆和西进运动对美国的重要意义。

比班克罗夫特更晚些，路易斯·哈茨[1]重新拾起阿历克斯·德·托克维尔[2]的《论美国的民主》(《Democracy in America》, 1835－1840)，他向我们展示了美国例外主义的另一个版本。他的《美国的自由传统》的主题是，在美国殖民的人大部分都是中产阶级，如果这不是他们的真正身份的话，那也是对他们大概情况的写照。他们来到一片既没有封建贵族也没有农民阶级的土地。因此，他们既有制度上的空间，也有地理上的优势来发展自由资本主义。自由传统就此展开枝叶、兴旺发达，而不像英国和法国——自由主义发展时受到封建制度的阻碍，同时也没有来自欧洲工人阶级的新生社会主义的挑战。美国人，用托克维尔的话来讲，是“生而平等”(Born Equal)的。他们几乎不用挣扎就赢得了自由，这也许就是美国人乐观以及令人烦恼的真正原因。

班克罗夫特、特纳、哈茨——仅仅是信奉美国例外主义的众多学者中的三位，他们也都认同美国的例外有其内在的原因。虽然关于美国例外主义的假说或者对美式特质进行描绘的重要尝试都不曾直接谈及美式体育的本质，但是很可能大部分作家都曾对美式体育进行过思考，都认为我们的体育是独特的美式体育。

例如：约翰·R·杜尼斯[3]将一生奉献于小说和关于美式体育的文章。在《美式体育》(《The American Way in Sport》, 1958)中，他试图解释美国体育的独特性。他的理论非常典型，值得关注。他写到：“体育是民族特征的一条伟大线索。”那什么是美式体育的线索?[1]“是边疆……成就了我们今天的体育。”[2]边疆是流动性、躁动不安以及改革的源头，同时也是平等和个人主义的源头。此外，边疆精神导致了对组织和纪录追求的重视。[3]看来，杜尼斯完完全全说的是特纳的思想。他断言，倘若边疆可以解释美国，那么边疆必可解释美国的体育。(一个类似的谬误似乎诱使了一位澳大利亚板球权威人士，他认为澳大利亚的板球“起源于一个想要征服天然的、具有

---

〔1〕 路易斯·哈茨(Louis Haetz, 1919－1986)，美国政治学家，美国例外主义有影响力的支持者。

〔2〕 阿历克斯·德·托克维尔(Alexis de Tocqueville, 1805－1859)，法国历史学家、社会学家，其代表作有《论美国的民主》等。

〔3〕 约翰·R·杜尼斯(John R. Tunis, 1889－1975)，美国著名作家，其著作时常以美国社会政治、青少年体育为主题。

开拓精神的民族的心和生活方式”。)[4]作为解释性假说，边疆的诱惑一定很强大。这就导致了那个天真的结论，我们在体育中看到的东西一定是边疆的产物。

嘲笑这些想法的无知是很容易的，但是我必须承认，我可以将我本人对体育的比较社会学的兴趣一直追溯到1969年我在柏林的那一刻，当时的我，一个美国人，坐在为1936年柏林奥运会而建的体育场，看着为英式足球比赛而疯狂的德国观众，思考着为什么。为什么这些德国人会如此着迷于英式足球，而我们美国人却固执地忠实于棒球和橄榄球——两项在欧洲几乎不为人知的体育项目呢？在此前的几个月，我在德国电视台观看了1968年墨西哥城奥运会，我被一场体操比赛迷住了，在那场比赛中，前捷克斯洛伐克的维拉·恰斯拉夫斯卡〔1〕击败了来自前苏联和前民主德国的对手，这两个国家的军队刚在几周前占领了布拉格。1968年，竞技体操在美国是一项次要体育项目。难道我对维拉·恰斯拉夫斯卡和赢得男子冠军的日本选手加藤泽男〔2〕感到惊叹不已就显得我非美国了吗？我随后努力地想要孤立美式体育中的独特美国元素，意外地，使我得出了相反的结论，美式体育并不如看上去的那样独特。美式体育的确是现代体育，本质上它与每一个现代社会的体育是一样的。因此我对现代体育兴起现象的解释中，它们对于每一个工业或是后工业社会都是必不可少的这一假说是很不明确的。我所举的事例皆特意取自众多国家，而且总是从这种意义上来举例，即不管体育在具体的国家有什么样的本土化，全世界的现代体育都是相同的。

但是本土化的确存在。例如：斗牛（Bullfighting）和冰壶（Curling）这样的现代以前的体育项目在20世纪还幸存着。棒球和橄榄球没能遍布欧洲，而板球和英式橄榄球也很少在大西洋的这一端受到关注。在丹麦，体操是第二大受欢迎的运动，而且现在仍然如此。尽管近几年来，由于电视转播给美国体操带来了巨大利益，但其仍然是一项次要体育项目。[5]从社会

〔1〕 维拉·恰斯拉夫斯卡（Vera Caslawka，1942－），前捷克斯洛伐克女子体操运动员，曾三次参加奥运会，共夺得7枚奥运金牌。

〔2〕 加藤泽男（Sawao Kato，1946－），日本男子体操运动员，曾三次参加奥运会，共夺得8枚奥运金牌。

学角度来看，德梅因（Des Moines）和杜塞尔多夫（Düsseldorf）的体育之间的相似性显得愈加重要[1]。仔细审视其独特细节，本土化却更加明显了。下面让我们一起来探究，看看我们的“国球”。

二、量化的田园 Quantified Pastoral

当约翰·J·麦格劳（John J. McGraw）——纽约巨人队辉煌时期骄傲而充满传奇的经理——1924年带着他的棒球队到不列颠群岛巡回比赛时，阿瑟·柯南·道尔[2]大胆作出预言，[6]棒球也许会像在美国一样风靡整个英国。这一次，道尔好像不如他笔下的福尔摩斯那样有远见。棒球，本是多种英式球类运动的美国版本，但从未在英国人中流行起来。为什么没有呢？简单的回答就是，我们的国球是独特的、美式的，适合美国国情和美国特质。早在1866年，一位美国休闲方式的观察者就写到：[7]

这是一项特别适合美国禀性和性情的项目，九局在两个半小时甚至更短的时间里就能完成。从第一位击球手就位，并挥起球棒的时候，整个项目就充满了激情与活力……自始至终，没有任何迟缓与悬念。

《哈珀斯》[3]（《Harper's》）1886年就注意到“这项运动令所有美国人民着迷，不论年龄、性别、地位。”[8]最好的棒球历史学家之一总结说，棒球至19世纪后期已“深植于美国人的灵魂当中”。[9]阿尔伯特·G·斯伯丁在《美国的国球》一书的开头坚定地写道：[10]

这是一次深思熟虑的求证，棒球是我们的国球。求证棒球具有美国起源、美国特征，以及符合美国广大群众口味的所有属性，似乎是一份多余的工作。本文是对一个明显的事实的解释；是对一个公理的真实性的认真

---

〔1〕 德梅因是美国艾奥瓦州的首府，杜塞尔多夫是德国威斯特法伦州的首府。

〔2〕 阿瑟·柯南·道尔（Arthur Conan Doyle，1859－1930），英国著名小说家、剧作家，被誉为“英国侦探小说之父”，因作品《夏洛克·福尔摩斯》享誉全世界。

〔3〕《哈珀斯》是一本代表美国进步人士观念及左派立场的月刊，涵盖文学、政治、文化、艺术等诸多领域。

论证，就像是一个郑重的宣言：2+2=4。

卡尔·迪姆曾为德国政府调查美式体育，在其报告中惊奇地写道，“用激情来衡量的话，美国只有一项运动，那就是棒球。”[11]1927年，埃尔默·贝利（Elmer Berry）在《竞技哲学》（《Philosophy of Athletics》）中的评论甚至看似是真理：[12]

> 棒球在禀性和心理上都是特别美式的……棒球是我们的国球，不仅是因为历史与发展，而且还因为其本质和特征。这项运动“适合”美国人；它愉悦我们，满足我们，并代表我们。

比他更晚些时候，阿兰·内文斯〔1〕以棒球是“美国精神的真正表现”这一观点确立了其历史学家的声望，而雅克·巴尔赞〔2〕则极力推荐外国人学习棒球，倘若他们真正想要理解美国的话。[13]

与此同时，无数的普通民众在Tinker to Evers to Chance〔3〕中找到有用的隐喻，为笨蛋默克尔（Bonehead Merkle）进攻二垒时惨重的失败而辩解；为“无鞋乔”·杰克逊（Shoeless Joe Jackson）的道德失足感到伤心；为1932年10月贝比·鲁斯是否作出本垒打预告（Called Shot）而辩解；为临死前宣称自己是世界上最幸运之人的卢·格里格（Lou Gehrig）而流泪；为泰·柯布（Ty Cobb）的优点对乔·狄马乔（Joe DiMaggio）和威利·梅因（Willie Mays）的优点而展开愤怒的公开论战。当棒球的公众形象遭到1919~1920的黑袜事件〔4〕的威胁时，大陪审团将所有涉及人员传唤出庭，以此来判决是否球员们曾收受贿赂，就好像这个案件是亵渎神灵的案件之一。

---

〔1〕 阿兰·内文斯（Allan Nevins，1890－1971），美国著名历史学家、记者，其代表作有《内战》等。

〔2〕 雅克·巴尔赞（Jacques Barzun，1907－），法裔美国文化史、思想史学家，代表作有《从黎明到衰落》、《我们应有的文化》等。

〔3〕 为与美国职棒大联盟有关的英文俚语。里面所提到的3个名字全为当年的职棒选手，分别镇守游击、二垒以及一垒防区。他们三人的防守堪称完美，后成为完美守备的代名词。

〔4〕 在1919年的世界大赛中，由芝加哥白袜队对阵辛辛那提红人队，8名白袜队队员被指控与赌客共谋打假球，该事件被称为“黑袜事件”，是美国职棒史上最黑暗的一页。

在向法官报告时，陪审团团长慷慨陈词：[14]

> 陪审团深知棒球是我们国家精神与特征的标志这一事实。美国的美德与公平竞争原则应该得到普遍认可……国球提升我们对适当权威、自信、公平、敏锐判断和自我节制的尊重。

这是一个自我安慰的仪式。关于美国社会的道德状况的疑问就此平息了。邪恶被铲除了。

美国最高法院密切关注棒球回归。[15]在1922年联邦棒球联盟案（Federal League Case）中，法院决定，以1890年的《谢尔曼反托拉斯法案》（Sherman Antitrust Act）来判断，棒球是一种公开表演活动，而不是商业活动。奥利弗·温德尔·霍姆斯〔1〕(Oliver Wendall Holmes）继续发表意见说，尽管棒球运动员需要跨越州际线，但是棒球的单场比赛始终是在单个州中进行的。因此，棒球得到管理州际商业条例的豁免。在此基础上，法院判定棒球大联盟的垄断是完全合法的。1953年法院在图尔森起诉纽约洋基案(Toolson vs. New York Yankees, Inc.）中重申了这一立场。两年后，最高法院粉碎了国际拳击俱乐部（International Boxing Club）的垄断权力，最高法院认为，只有国会才有权力授予反垄断法的豁免权，而国会并没有授予拳击豁免。1957年，最高法院宣布，拉多维奇案（the Radovich case）中职业橄榄球受制于《谢尔曼法案》及其相关法案。陷入明显的尴尬境地，博学的大法官承认说，倘若在没有联邦棒球联盟案先例的情况下来审判棒球的地位，他们或许会被迫得出以下结论，棒球在法律上同橄榄球一样。然而，当科特·弗勒德（Curt Flood）再次质疑垄断，并将其告上最高法院时，我们的布莱克门大法官（Justice Blackmun）仍完全遵循先例原则（Stare Decis）——这应该由国会来矫正法院的先例判决，倘若国会愿意的话。弗勒德起诉库恩案最没说服力的意见中，最有意思的是大法官冗长的棒球英雄

〔1〕 奥利弗·温德尔·霍姆斯（1841－1935），美国著名法学家，美国最高法院大法官。

介绍和他对棒球辉煌时刻的回忆。[1]

为什么有信仰棒球的必要，把棒球总是放在首位？是什么让棒球如此的不同？阿兰·内文斯提及棒球的“活力、激情、速度和戏剧”，这对回答上面的问题毫无帮助，除非我们愿意相信其他体育项目都缺乏这些特点，但是有几个流行的解释值得我们关注，仅仅是因为他们表现出相信的意愿，这几乎给我们探讨其他的解释带来了希望。

早在1867年，《时代的精神》（《The Spirit of the Times》）——我们第一本著名的体育杂志——评论棒球的普遍性的时候写道：[16]

在所有户外体育项目中，棒球是其中参与人数最多的项目，不管是运动员还是观众……它是最适合我国人民禀性的消遣方式。它所需的设备要比赛马场、水道或者板球场便宜得多，它是一项经济的项目，人人都能享受的项目。

与游艇相比，当然是的，但是每个人都可以打棒球这一论据并不能严肃地将其当作棒球流行的解释。2个人就可以玩传接球，4个人可以玩团队协作游戏，但是棒球要求至少18个运动员、一个球棒、一个球和一块宽敞的空地。英式足球的设备更简易，篮球的运动员更少，排球的球场更小，羽毛球比任何团体体育项目都更容易。对于最容易接触到但要求的设备又最少的体育项目中，很难找到比跑步更好的了。倘若美国人都打棒球，或者至少是垒球，那么只能是因为我们的文化使其然，而非棒球比橄榄球花费少。

近几年，历史学家考虑的不是“设备”（Accessories）的节约，而是科技在棒球传播中的作用。[17]毫无疑问，科技发展改变了现代体育的环境和界限。全国棒球联盟成立于1876年，是有了将球队从一个城市载到另一个城市的铁路，以及19世纪的电报在全国传达赛况成为了可能。20世纪20年代电台的确发挥了很重要的作用，而电视则将比赛带给了无数观众，尽管

[1] 文中涉及的案件，皆球员对棒球俱乐部或大联盟的垄断的控诉，但最高法院都以先例原则维护了棒球的垄断地位，而使棒球在美国成为唯一一项获得《谢尔曼法案》豁免权的体育项目。

这明显地减少了到现场观看比赛的观众数量。现代科技似乎增加了任何一个社会在一个特定时刻观看到同一项体育赛事的人数，但并不能就此推断出棒球要比其他运动从科技进步中获取了更多的利益。当然，一些科技进步的确是更偏爱于某一项运动。例如：倘若人们仅仅是听到一些在平衡木或者高低杠上发生的事情，那么体操就失去了它的本质。在这里，电视就能提供一个电台提供不了的平台。同样，有些人辩解说，电视为橄榄球与棒球竞争时提供了一个优势，棒球仅仅将焦点聚集在击球手身上，这与将焦点只集中在持球球员身上的橄榄球相比，更加扭曲了该项目的整体意义。[18]但是我想不出来棒球有哪些本质的特征，可以使棒球比其他项目更能利用电视以前的技术。

英雄崇拜或者怀旧情结是另一种同样流行的解释，但同样也不具备更强的说服力。最近有位学者提出，棒球之所以流行，至少部分是因为“草根英雄元素”（Folk Hero Factor），因为像贝比·鲁斯一样的传奇人物抓住了我们国民的想象力。[19]每一个棒球爱好者都能想出一百个像“全垒打苏丹（the Sultan of Swat）”之类的传奇人物的名讳——正如布莱克门大法官在弗勒德起诉库恩案那样，但是草根英雄本身并不足以使棒球区别于其他体育项目。拳击，同样也有其传奇人物——约翰·L·沙利文（John L. Sullivan）、吉姆·科贝特（Jim Corbett）、杰克·约翰逊（Jack Johnson）、杰克·邓普西（Jack Dempsey）、乔·路易斯（Joe Louis）、穆罕默德·阿里（Muhammad Ali），但是拳击却从未被当成国家运动。一项运动与其英雄之间必然有着相互影响，而且我并不是断言鲁斯的辉煌没有加强棒球在体育界的地位。然而，棒球的英雄，从安生队长（Cap Anson）到鲶鱼猎人（Catfish Hunter），更可能是这项运动使他们受欢迎，而不是他们创造了这项运动的辉煌，这似乎是更为合理的。他们中很多人在退役之后都证明是很平淡无奇的。换句话说，他们更是结果而不是原因。职业橄榄球现在如此流行的原因，也并不能以现在的英雄更多地选择了这项运动来解释。

唤起怀旧情感这一解释则不那么容易辩驳。历史学家布鲁斯·卡顿（Bruce Catton）让我们注意到棒球唤起乡村旧情的能力，而前棒球会长福特·弗立克（Ford Frick）在介绍棒球官方百科全书时说道：“棒球在我们生活方式中的地位是因为……其丰富的历史。球迷们珍视他们年轻时候打棒球的记忆。”[20]中年人和老年人继续忠实于他们曾经参与过的项目，是因为它能唤起他们年轻时候的回忆。没有哪个去圣彼得堡的游客会否认怀旧情结在吸引年长的球迷时所起到的作用，但是同样地，这里有个因果关系的问题。人们可以很严肃地争辩说棒球特别适合怀旧吗？倘若人们理性地看待这些问题，人们就可能发现怀旧的最大可能性是发生在与年轻时代联系最为紧密的运动中。棒球，40 岁以内的人都可以打职业比赛，从这一层含义要比网球更适合怀旧，因为网球在年龄更大些的时候也可以打，但是篮球对身体的要求通常则使人们要更早地放弃这项运动。然而，尽管约翰·厄普代克[1]的兔子安格斯壮（Rabbit Angstrom）和杰森·米勒[2]的前冠军们仍然是停留在对篮球的怀念当中，但篮球的怀旧潜力从来没有像棒球一样得到开发。威尔特·张伯伦和比尔·拉塞尔[3]并不是民族神话中的一部分，至少远不及“圣婴”（Bambino，贝比·鲁斯的外号）在人们心中的地位。是因为棒球独特的魅力使得人们怀旧，而不是人们的怀旧情结使棒球如此风靡。

所有这四种普遍对棒球魅力的解释——方便参与（Ease of Access）、科技推动、民族英雄的存在、怀旧情结——都存在着同一个致命的错误，即原因和结果的混乱。他们中没有一个回答了这个不可避免的问题：为什么是棒球，而不是其他体育项目？有人绝望地宣布，“这完全是历史偶然的问题。巴基斯坦人打马球，而美国人打棒球。一旦一个体育项目成为了文化的一部分，它就永远是。时间上的优先变成了文化上的偏爱。”在愤怒的争辩中当然有一部分真相。棒球从来不用像德国体操一样与教条主义者、制度上根深蒂固的先有事物抗衡。在一个新生的、相对开放的国家，棒球与板球——曾一度风行于美国——作为心理需要的满足者互相竞争，很大程度上像植物和动物争夺生物链上合适的位置。棒球最终胜出，部分是因为沙文主义（Chauvinism）[4]和想要拥有一个美式体育项目的渴望，但是还有

---

〔1〕 约翰·厄普代克（John Updike，1932－2009），美国著名小说家、诗人，兔子安格斯壮是其代表作《兔子四部曲》中的人物。

〔2〕 杰森·米勒（Jason Miller，1939－2001），美国导演，文中的“前冠军们”指他执导的电影《冠军季节》中的人物。

〔3〕 比尔·拉塞尔（1934－），美国 NBA 传奇巨星，11 次获得 NBA 总冠军，NBA 史上第一位黑人教练。

〔4〕 极端的、不合理的、过分的爱国主义。

别的原因使棒球可以超越其他纯粹的美式体育项目，例如橄榄球和篮球。有两个决然不相同的因素在起作用——棒球在四季循环当中的位置，以及棒球极度量化的倾向。历史学家偶尔探索第一个原因，小说家也时常对第二个原因作些表面上的分析。

在努力找寻棒球——这一个本质上很城市化的体育项目——的乡村特点的过程中，让我们看到了棒球田园倾向的重要性。棒球的起源可以追溯到18世纪波士顿的“市球（Town Ball）”，第一支以公认的现代规则上场的棒球队是纽约的尼克斯队（New York's Knickerbockers），它是由银行家亚历山大·卡特莱特（Alexander Cartwright）于1845年组织的一支来自市区的并且相当文雅的球队。[21]1897年，全国联盟的168名运动员中仅3名是来自南方乡村，而单单来自马萨诸塞州就有31名。棒球早些时候在爱尔兰裔美国人和德裔美国人中很不均衡。但不管棒球的出生情况与早期环境，棒球的意象仍然是倾向于田园的。棒球在小城镇很流行，弗雷德里克·杰克逊·特纳的追随者之一坚持认为：“甚至在遥远的西部，边疆也没有消失。”[22]有些人珍爱“瓦斯房帮”（The Gas - house Gang）的记忆，但是真正的朝圣者是去库珀斯敦（Cooperstown）。1939年发行的纪念棒球的邮票展示的是一块沙地、一个谷仓、一座教堂和一个乡村学校，象征含义十分清晰。除了历史学家和阿布纳·道布尔迪〔1〕，亚历山大·卡特莱特已经被遗忘了。道布尔迪与棒球的创造一点关系也没有，却永远与纳蒂·邦珀〔2〕一起分享库珀斯敦的神话氛围。

田园主义不仅仅是对乡村的注重。田园主义的完整意义是很复杂的，包括广阔的天地、草坪、温和的气候、明媚的阳光。棒球是“一个在阳光明媚的日子，在广阔绿草坪上进行的项目”。[23]正如罗杰·安吉尔（Roger Angell）和罗杰·卡恩（Roger Kahn）所强调的，它是一项夏日运动，是夏日的男孩玩的项目。天气成了棒球民间传说的一部分，那时人们坐在露天看台，祈求着比赛不会因雨受阻或者是因天黑叫停。棒球不像一些别的团

---

〔1〕 阿布纳·道布尔迪（Abner Doubleday，1819 - 1893），美国南北战争时期北方军陆军少将，曾一度被认为是棒球的发明者。

〔2〕 纳蒂·邦珀（Natty Bumppo）是詹姆斯·费尼莫尔·库柏的小说《皮袜子故事记》中的主人公，小说中的故事发生在库珀斯敦。

体体育项目，它不可能在恶劣的环境中进行。这些因素——宽敞的空地、风和日丽的天气、一片草地——编织成了棒球的话语环境。托马斯·沃尔夫[1]像其他作家一样，也表达了这样的含义：[24]

棒球……真的是……我们生活天气中的一部分，是属于我们自己的事物的一部分，是美国无数回忆的一部分。例如，几乎我们每个人的记忆中，有什么能比棒球击进手套的声音、球板撞击马革的声音更能唤起春天——四月一开始那美好的日子：对于我，无论如何，是的，我说的是实话，没有任何修辞成分——几乎我所了解的春天都在里面——第一片落叶、黄水仙、枫树、手上和膝上沾染的青草的气息、四月即将盛开的花朵。有什么能比小城镇棒球公园木质看台的气息，那种古老干燥的木头散发出的树脂的、闷热的和令人兴奋的气息更能道出美国的夏日呢？

杰拉德·麦考林（Gerard McCauley）附和沃尔夫："美国大地刚一回暖，麦基诺厚大衣一脱，换上针织毛衣，美国男孩子就感觉到了棒球打进手套中的那种痛，并且预感到很快树儿会发芽，太阳会更长地逗留，告诉他们打棒球的时候到了。"[25]对于诗人唐纳德·霍尔（Donald Hall），怀旧的主题和田园是交织在一起的，因为"棒球是持续不断的，与美国其他事物都不一样，是不断重复的夏日中永无止境的运动，它将一代又一代的父亲和儿子联系在一起。"[26]

正如引文中所表述的，棒球田园观清晰地出现在美国文学中，特别是在欧文·肖（Irwin Shaw）和马克·哈里斯（Mark Harris）的著作当中。肖的作品题目《夏日的歌声》（《Voice of a Summer Day》）本身就有所暗示。他所说的夏日是中年人本杰明·费多罗夫（Benjamin Federov）在鳕鱼角（Cape Cod）所度过的，他观看儿子迈克尔打棒球，回想着自己的人生，与这项美国运动纠缠在一起的生活。肖的语言中同时传递着田园和怀旧的含义：[28]

---

〔1〕 托马斯·沃尔夫（Thomas Wolfe，1900－1938），美国著名小说家，代表作有《你不能再回家》等。

这些声音一年又一年都是如此——夏日美国的声音、球板遇上棒球的轻敲声、内野手的呼喊声、棒球打进接球员手套中砰的一声、裁判员“三振出局”的叫喊声。一代代的人都围绕着棒球垒，当跑垒手滑入三垒，扬起的灰尘激起了40年间的回忆，逝去的男孩曾击打二垒，著名球星在游击手位置上犯下过的错误，健忘的朋友曾在跨入击球员区时用球棒轻敲钉鞋上的泥土，跨越几十年间教练的高飞球警告，“接杀，接杀！”孩提时代和年青时候那遥远的、殊死激烈的比赛。

正如利奥·马克斯（Leo Marx）在《花园里的机器》（《The Machine in the Garden》）中所表述的，文学中的牧歌是一种和谐的形式，寻找并展示城市与森林之间的美妙风景。在肖的田园中，夏日变成了主人公开始面对自己，面对自己人生的逝去时光。当他回到妻子和女儿身边时，她们问：“你干什么去了？”他回答：“我看了一场球赛”——这个回答已经足够了。

马克·哈里斯的《战鼓轻敲》（《Bang the Drum Slowly》）则是一部更为复杂的作品，书中田园因素与现实原则交织在一起。小说中的叙事者是亨利·维金（Henry Wiggen），他是一名投手和自传作家，其棒球田园观在早期小说《左撇子》（《The Southpaw》）中有所抑制。亨利·维金，作家、保险公司推销员，同时也是棒球选手，他的生活中充满了各种问题：[29]

在我52岁那年我赢了26次，这是我最辉煌的一年，同时我也几乎破产了，因为在锦标赛收入和书出版的费用之间，我还欠美国国内税务局876美元，为了这债务，我拼命努力地工作，在日本和古巴打冬季赛，参加宴会巡回赛，卖年金保险给球员……。我写信给他们（税务局）说，“没用，来把我抓进监狱吧，在里面我每天锤石头，1美金一天来还清欠债。”他们又写催缴信，说，“请汇款，”他们将我告上了法庭。

但是这本书不是关于他的难题。这本书的主人公是布鲁斯·皮尔森（Bruce Pearson）——佐治亚州班布里奇（Bainbrige，Georgia）的一个乡下男孩，他是乡村朴实的象征——是对于亨利·维金这样的城里人所失去知识的象征，维金写到布鲁斯时说：[30]

他根据河流来行走。他不知道河流的名字，但是他凭它们流动的方向能够判断出它们要去向何方，而且甚至在河流停止流动时，他也知道它们如何流淌，如你懂我的意思，甚至是在河水结冰的时候，有时候有的河段会这样，他也能凭河岸截面或者堆积的冰块或者两岸摇摆的杂乱事物来判断出河流的方向。

亨利也对布鲁斯对于动物中最为田园的牛的深刻了解感到印象深刻。带有微微的讽刺，哈里斯让维金这样评论布鲁斯·皮尔森，“布鲁斯不是理想人选（Natural）。”31 这种说法当然含混不清。布鲁斯不是棒球的理想人选，但是他是自然（Nature）中人类的象征，正如威廉·福克纳〔1〕的艾克·麦卡斯林（Ike McCaslin）或者是欧内斯特·海明威（Ernest Hemingway）的尼克·亚当斯（Nick Adams）。他在花生干草地上学会打棒球；他惊奇地发现纽约长象队（New York Mammoths）想要付薪酬请他继续打棒球。这个大的联盟当中混合着来自城镇和乡村的棒球运动员，但是亨利对缺乏自信心的布鲁斯的建议却是饱含深意的：“你所面对的投手一半都只是和你一样的乡村男孩，而另一半则只是来自城市的乡村男孩而已。”32

小说的情节就是鲁·贾里克〔2〕故事的田园版本。布鲁斯从明尼苏达州的梅奥门诊所给亨利打电话，告诉亨利自己只有几个月可以活了。他的话语是喜剧性的：“这意味着我注定要死了！”布鲁斯说。但是小说是喜剧和悲剧的联合体。亨利和布鲁斯在春训之前是在佐治亚州的班布里奇度过的，在那里布鲁斯的家人欢迎他们二人坐在门廊上，讨论庄稼和猪，评论闷热的天气，以舒缓的、乡村的方式缅怀过去。

棒球赛季是一个对比，部分活泼，部分严肃。那里有激烈的争夺竞赛，以及长期处于紧张状态的人在旅途中住在一起时出现的性格摩擦，在嬉戏无间的友谊同时也有敌意和自私。亨利发现自己在得知布鲁斯病情后发生了改变：“当你的室友告诉你，他随时都会死的时候，你不会想到津贴条款（Bonus Clauses），这是一个真理，不管是否有人正好如此想。”33 当其他队友

---

〔1〕 威廉·福克纳（William Faulkner，1897－1962），美国著名小说家，1949 年获得诺贝尔文学奖，艾克·麦卡斯林是其著作《去吧，摩西》中的人物。

〔2〕 鲁·贾里克（Lou Gehrig，1903－1941），美国著名棒球运动员，一直效力于洋基队。

获知布鲁斯的命运后，队里出现了异常和谐宁静的时刻，这时刻是从皮内·伍兹（Piney Woods）——其中一名捕手——唱布鲁斯最喜欢的歌开始的：

啊，哀鼓慢慢击，横笛低声奏，
当他们抬我灵柩时，演奏那送丧曲。
在我棺木上，覆满成束玫瑰，
让那玫瑰，舒缓落下的土块。

“这令我觉得很难过，”亨利写道，“但是我知道他们中有些人也和我一样难过，深知这件事后我感觉好多了。”他继续以笨拙的、感人的方式表达着他的爱，这种方式很适合当时的情境：[34]

你对他们变得更热心了，你看着他们，他们看着你，你们都活着，你或许会说，“这是不是一件很了不起的事？活着，我说的是，这是不是真的是一件相当伟大的事？”如果他们是女人的话，你可能会亲她们，尽管你从来不大声地将这样一件事说出来，而只是继续做自己的事情。

这是一个田园和谐的时刻，很适合棒球。棒球，默里·罗斯（Murray Rose）在一篇优秀论文中写道：“是一个田园体育项目，……这个项目作为那种艺术能被最好地理解。因为棒球做的是所有好的田园诗所做的——它营造了一种氛围，在其中所有事物都和谐相处。”[35]马克·哈里斯意识到这种田园和谐并不能持久。尽管在那首歌之后大家有所顿悟，但布鲁斯死了，亨利是俱乐部中唯一一个参加葬礼的人。

田园主义只是季节重要性中的一个方面。棒球开始于春天，它可以利用现代人身上遗留下来的原始宗教的一切痕迹。在其著名研究成果《从仪式到传奇》（《From Ritual to Romance》，1930）中，杰西·韦斯顿〔1〕借助

〔1〕 杰西·韦斯顿（Jessie Weston，1850－1928），英国独立学者、民俗学家，她的作品主要涉及中世纪亚瑟，《从仪式到传奇》是她最著名的著作。

詹姆斯·弗雷泽[1]的人类学研究表明，中世纪圣杯骑士的长矛是一个与古代宗教中植物诸神的复活有关的男性生殖器象征。她启发了 T. S. 艾略特[2]的长诗《荒原》（《The Waste Land》），但是伯纳德·马拉默德[3]在《天生好手》（《The Natural》）中则比艾略特更胜一筹，他将棒球史与春之祭交织在一起。

《天生好手》中的主人公叫罗伊·豪伯（Roy Hobbs），他来自远西区，而不是巴尔的摩的贫民窟或者纽约的人行道。在他的梦中，棒球孕育了白玫瑰；在小说白昼现实的幻想中，棒球变成了拥有白色翅膀的鸟儿。[36]当罗伊·豪伯来到城市时，外场的草坪变绿了，他“高兴得像草原上的小牛一样狂奔。”[37]这些田园因素被提升到了神话的高度。罗伊·豪伯的神奇球棒——“神奇男孩”——也是他的“完美长矛，”豪伯和他的球棒使得达齐·沃戈尔曼（Dutch Volgelman）惊恐不安，最后这个不幸的投手“死死地昏倒在地。”[38]古代的诸女神——伊师塔（Ishtar）、伊希斯（Isis）、阿斯洛狄忒（Aphrodite）——以神秘的哈里特·伯德（Harrit Bird）的形象出现，马拉默德将其称之为“一位精力充沛的女神。”[39]她说的话足够神奇，可以消除一切对于马拉默德意向的疑问。她喋喋不休地谈论着，旧约、中世纪探险，以及弗洛伊德关于原始部落与原始弑父行为中的俄狄浦斯情结的起源的理论：[40]

> 偶尔她停下来，傻傻地笑她自己，并气喘嘘嘘地一直不停地讲……但是过一会又会飞快地继续——一个马背上的女孩——回顾受感召时的情形……大卫用石头打死菲利士巨人勇士（*Goliath - Whammer*），又或者是珀西（*Sir Percy*）用长矛上的血涂抹玛尔德默（*Sir Maldemer*）吗，又或者是第一个儿子（手中有巨石的）与原始父亲为敌吗？

---

〔1〕 詹姆斯·弗雷泽（James Frazer，1854 - 1941），英国著名人类学家，其著作《金枝》是人类学中的经典。

〔2〕 T·S·艾略特（T. S. Eliot，1888 - 1965），美国著名诗人，1927 年加入英国国籍，代表作有《荒原》等，1948 年获诺贝尔文学奖。

〔3〕 伯纳德·马拉默德（Bernard Malamud，1914 - 1986），美国小说家，其作品曾获国家图书奖、普利策奖等。

小说的第一部分在罗伊·豪伯被哈里特·波特在芝加哥的旅馆房间里射伤时结束了。这一幕将对死去诸神的记忆——塔慕次（Tammuz）、奥西里斯（Osiris）、阿多尼斯（Adonis）、耶稣（Jesus）——与稍欠神秘的埃迪·维特库斯（Eddie Waitkus）在旅馆房间被射杀的类似事件相融合。

舞台是为小说的第二部分而设的，在第二部分马拉默德提出了他的《荒原》版本。统治着荒瘠土地的受伤的菲舍尔王（the Wounded Fisher-King）以珀浦·菲舍尔（Pop Fisher）的形象出现，珀浦是纽约骑士队（the New York Knights）的经理，饱受手癣的痛苦，无助地等待着那场象征性的雨。“脱下帽子，珀浦用他那扎好绷带的手摸摸他的光头。‘这真是个令人讨厌的干旱季节，一滴雨都没有。外野场的草坪脏兮兮的，内野场也开裂了。我的心如那灰尘一样干渴，因为这几年在棒球上的那一点点成绩’。”[41]罗伊·豪伯为那片干热的土地带来了雨，结束了骑士队的低谷期。他第一次击球时，雷声大作，“雨滴洒向大地”，[42]片刻，倾盆大雨。大雨使草坪变得绿油油的，珀浦的手痊愈了，“他的心也是”。[43]不幸的是，罗伊·豪伯表现出一种自私的骄傲，最终使他不能胜任圣杯骑士的任务。他对邪恶的梅默·帕里斯（Memo Paris）——而不是饱含母爱的艾丽丝——固执的爱使他陷入绝境。他对真爱的认识来得太晚。小说不是以丰产神的复活，而是以黑袜事件的回顾作为结尾的。罗伊·豪伯改变了他故意输掉延长赛的主意，但是他心爱的神奇男孩裂成了两半，他三击未中出局了，报纸揭露他过去和现在的不端行为。“告诉我这不是真的，罗伊。”报童恳求道，罗伊·豪伯“将手拿起来蒙住脸，流下了痛苦的眼泪”。[44]

由于世俗的读者可能会拒绝接受我们国球的魅力，不知为何其在宗教上与春分（Vernal Equinox）有联系这一观点，那么在此提及我们极为严肃的历史学家曾思考过球类运动的神秘起源是很有帮助的。在《天生好手》出版的5年前，罗伯特·W·亨德森（Robert W. Henderson）发表了《球、球棒与主教》（《Ball, Bat and Bishop》），在书中他提及：“本书的目的是为了表明，所有以球棒和球为运动器械的现代运动皆从同一起源流传下来：埃及金字塔中祭司王所举行的一种古代丰产仪式。”[45]虽然亨德森的论点看似很极端，但是我们必须铭记许多运动的祭祀起源。仔细分析一下利比亚柏柏尔族的一项奇怪的运动也是很有益的。这项运动很独特，它是一个部落的运动，这个部落以人人一头金发而区别于其他的柏柏尔族部落。Ta

Kurt om el mahag，“朝圣者母亲的球”，给它的发现者，一位意大利人类学家以初级棒球的感觉。这项运动有一个本垒、一个跑垒、一名投手、击球员和外野员。队长允许三击，其他队员两击。一个接杀球则换场。这项运动有很多柏柏尔运动员自己都无法解释的术语。而且，该运动是在不穿托加袍式风雨大衣的情况下进行的，他们的大衣从不脱下，除了正式场合。没人能肯定地解释这项运动是如何来到北非，又或者它真正意味着什么，但是很有可能它是由几世纪前德国侵略者带过去的，并且它包含了一种原始雨祭仪式的残留部分，而现在，这种仪式甚至是对于柏柏尔人也是毫无意义的。[46]

一个关于棒球的游戏时间和空间的古怪事实可能可以加强关于古神话力量猜想的可信度。一位新近的橄榄球学者注意到，“体育被置于神话时间的神圣循环当中，为灵魂从西方漫长时间的乏味中得到所需的解脱。”[47]与橄榄球、篮球、曲棍球、足球、英式橄榄球、陆上曲棍球、网棒球以及欧洲墙手球等以固定时间组织的运动相比，这一敏锐的观察在棒球和板球中显得更为真实。真正意义上棒球是没有时间限制的。在双方势力不均等的情况下，这项比赛可能随着较弱的一方不断徒劳地换场而永远地进行下去。实际上，没人能肯定地说这场比赛什么时候能结束。这使得电视赞助商和节目制作人很沮丧，但是却令那些觉得这场比赛永远不会结束直到最后一个人出局的人非常高兴。不仅是时间上，空间上也是一样，棒球理论上所需的开阔，甚至是板球也不能共享的。倘若一个球要打得好，那就不能是打得太远。边线从本垒板一直延伸出去。

棒球相比其他团体体育项目还存在着另一个空间的区别。其他项目是组织成两极。活动区域是在两队分别追逐的目标之间摆动。棒球的钻石场活动区域则是以跑垒员的路程想象出来的一个圆形。在所有流行的团体体育项目中，它的活动区域特别圆：环绕着垒，迂回本垒板。米尔恰·伊利亚德〔1〕的人类学论文有充分的根据说明，圆形和直线也许是人类对无限循环和短暂唯一的最为基础的隐喻。棒球中的四垒正好在数字上与一年的四季相一致是完全巧合吗？也许是的。然而……尽管我并不准备说美国人喜

〔1〕 米尔恰·伊利亚德（Mircea Eliade，1907－1986），罗马尼亚人类学家、宗教史学家，代表作有《神圣的存在》等。

爱棒球是因为我们的集体无意识（Collective Unconscious）中对神话的坚持，然而我相信田园特征对棒球很重要，现代人并不是完全不受大地每年的新生的影响。

认为棒球近几年相对衰退的一个原因是田园因素的减少，这一解释牵强吗？棒球现在是在电灯下面，而不是在太阳光下进行。人工草皮代替了草坪，而阿斯托洛圆顶运动场（Astrodome）那静止的空气进一步将球迷与西风（Zephyr）和北风（Boreas）隔离开了。对电视观众而言，既没有黑夜也没有白天，有的只是某件遥远的、无天气事件的明亮形象。

第二种因素是量化，似乎与我们目前所提及的田园——原始元素完全相反。它几乎永远不是真正意义上棒球庆典的一部分，这个问题也许并不被大部分美国人所意识到。当然，它是现代体育七大特征中的第六个，是最能表现出现代体育与现代以前的体育的界限的特征。现在我们值得暂时停下来评论一下与棒球相关的现代体育的前五大特征。

世俗化可以简单地谈论一下。倘若我们的论据是有充分根据的，那么棒球保持了体育与神圣之间原始联系的一些东西。它是一项有着神话轮廓的世俗活动。至于竞争机会与竞争条件的平等，棒球与其他运动的情况是同样的。美国人曾赞扬某项运动的民主平等，这个项目是向所有人开放的，在其中个人价值能自由地得到展示，并获得丰富的奖励，但是棒球当然在本质上并不比（英式）足球、英式橄榄球、高尔夫球，或者是任何其他现代体育运动（所有这些运动都被其热爱者赞扬为特别民主）更为民主。在以平等作为标准的基础上是没有任何区别的。专业化和理性化也同样是棒球与其他在转向现代形式的多种体育项目的特征。这两种特征在棒球中更为明显。9 个独立不同的位置分布，以及最为详细的规则在棒球中很早就出现了，同时通过实验和规则的改变来使棒球变得更加完美的尝试也早在棒球运动中有所发展。官员们不断地在各个方面进行着实验，球数和好球数、好球区的定义、投球区土墩与本垒板之间的距离、球棒与球的大小和形状，以及这项运动的其他无数细节。

棒球同时也是美国第一批发展了复杂科层结构的体育项目。1859 年，22 个业余俱乐部共同成立了国家棒球运动员协会（the National Asociation of Base Ball Players）。1871 年，在辛辛那提红人队成为第一支公开得到薪酬的球队的 2 年后，第一个职业联盟建立了。1876 年，国家联盟（National

League）成立，球队的所有者很快就制订出了科层组织的细节，例如，制订了定期举办154场比赛的计划，这样每支球队就能与其他球队进行同样次数的比赛。

从某种意义上讲，棒球为高水平量化做好了社会学上的准备，量化很快就成为了棒球的一项特征。在场上运动员分开的空间位置，以及直接交锋的击球员与投手的相对隔离使得精确的个人和球队数据更容易积累。棒球中的数——3击、4球、3出局、4垒、9局、154场——为无数不同的数学计算提供了机会。记分卡与球队等级表格的发明虽然微小但却重要，这使得球迷，或者是当时的“狂热爱好者”（Cranks）能够了解棒球的数据。报纸急切地对想要了解信息的激情作出了反映，很快推出了附有分数表的体育板块，而《体育新闻》（《The Sporting News》，1886）提供了更加完整的数据信息，不仅有关于大联盟的，还有小联盟的。阿尔伯特·斯伯丁向量化狂们倡导其棒球《指南》（《Guides》）。麦克米伦（Macmillan）出版的庞大的棒球百科全书是这种数字热最显著的象征。它几乎和《韦伯斯特未删节版词典》（《Webster's Unbridged》）一样大，而且更为频繁地被棒球的真正爱好者所查阅。有人真正在乎查尔斯·科米斯基（Charle Comiskey）一生的击球率吗？是的，人们似乎是在乎的。你可以查一下看。

量化与棒球的另一方面紧密相连。时间通常是不被打断的。在关于棒球流行程度的一篇著名文章中，罗杰·卡恩提及运动员动作之间的停顿空隙，球迷们以讲述运动员轶事来填充，但是我想要提出另一个解释。[48]想象一下这个场景。投手拿着球，瞪着正摇摆着球棒等待的击球员。电视屏幕上显示出需要观众处理的信息——击球员的击球率为0.287，但是这名投手此时是0.352，气氛更为紧张了。投手扔出一个旋转球，击球员失手了。电视屏幕提醒观众，这名投手在这个赛季中目前是7赢3负。投手将球投至1垒，没能成功传杀。投手瞪着击球员。电视显示，击球员对左投手的击球率为0.299。投手掷出一个曲线球，没能触摸到本垒板的一角。美国球迷们失望地摇头。裁判员慢慢地喊到3和2，投手慢慢地挥臂。此时，欧洲观众放弃了，宣布这项比赛是难以忍受的无聊。但是节奏的缓慢给数据和战略可能性与制订提供了空间。身体动作之间的停顿是球迷吸收信息以及与其他人讨论已属于自己精神生活中一部分的信息的时候。棒球，罗杰·安吉尔写道：“是我们所有的户外运动当中最激烈、最为数学的项目……科学家提及数学极度感人的美感，或许棒球场是我们能窥视这一神秘事物的少数几个地方之一。”[49]

橄榄球同样具有这个特征，它有连续的界外球、暂时聚集和暂停，以及对量化和数据几乎同等的深切关心，但是橄榄球明显缺乏田园氛围，而且橄榄球的结构可能使其不可能达到棒球的量化程度。篮球、曲棍球和英式足球皆以更为流畅的过程为特征，这就妨碍了运动员的生活和职业生涯的量化与该项运动抽象的、印刷出的、受限制的、绝对化和历史之间的特殊的内在联系。

从数字中我们抽象出纪录。棒球的量化信息之丰富使得创建纪录极其简单，这能与贝比·鲁斯的在一个154场比赛的赛季中的60次本垒打一样具有重要意义，或者与斯坦·穆西尔（Stan Musial）连续两年成为三垒打的佼佼者一样疯狂。有哪个棒球迷不能立即说出与数字511和2130有关的名字吗?[50]运动员将他们的纪录罗列在他们自传的附录中，他们开始互相为了纪录的数字而竞争，而这些数字并没有——如人们所想的——尽头，因为棒球的量化事实上是一座无穷尽的宝藏。

对纪录的关注产生扭曲的行为，甚至以阴谋破坏竞赛表面上的目的。例如，运动员可能在整个球队一蹶不振的时候，表示对自己个人的纪录很满意。偶尔，运动员会抛弃公平竞争的精神以促使他们的对手达到一个新的纪录，正如在1941年对方的投手避免给乔·狄马乔四坏球自由上垒以使他能够保持他的连续安打场次纪录。同样，以一种慷慨的但确实非运动员的方式，丹尼·麦克林（Denny McLain）——在一场倘若不这样就毫无意义的比赛中——给米奇·曼托（Mickey Mantle）提供了一个“肥大的”投球，这使得惊恐的曼托猛烈地完成了他第500次本垒打。

马克·哈里斯曾讽刺对纪录的过分崇拜:[51]

“你创下了一项纪录。”阿格力（*Ugly*）说。“直到昨天，你也许只关了收音机*15738*次。现在你关了*15739*次。”

“正式的还是非正式的?”我问。

“你活着的每一天，你都多活了一天。”罗冶·隆加布科（*Lawyer Longabucco*）说。“你打破了你自己的纪录。”

“正式的还是非正式的?”布朗迪·比格斯（*Blondie Biggs*）问道。

“我今天说了3112个正式词了。”乔纳（*Jonah*）说。“这样我比昨天多说了3112个正式词。”

“今天是我第一次正式地将这件下身弹力护身挂在这一颗钉子上，这是1955年7月9日下午4点02分。”珀利说。

“我打赌今天是我们在淑女节第一局以3比0领先之后，第一天以4比3输给布鲁克林队。”哈里·格里说。

“这些淑女正式吗?”阿格力问。

“有些是，有些不是。”哈里回答到。

幽默可能拯救了我们，甚至是从我们的戏剧手中。

另一位小说家，罗伯特·库弗（Robert Coover），在其独特的小说《环宇棒球协会有限公司，J·亨利·沃，所有者》（《The Universal Baseball Association，Inc.，J. Henry Waugh，Prop.》，1968）中将原始棒球与现代棒球的奇怪混合戏剧化。库弗在一个想象中的世界里展现了一个想象的世界。他的主人公，一位平凡的会计师J·亨利·沃，在茨弗伯布拉特先生公司的平凡现实中工作，但是精神上却秘密地住在自己发明的一项运动的幻想当中，一项利用三个骰子和一个概率表分类玩的运动，具有无数种可能性产生了这项运动的事件，然后他将这些事件认真地记录在纪录本上。棒球的量化倾向，在这本小说的世界里，最终代替了真实的运动。骰子转动，数字出现，概率表报告，结果被记录下来。[52]

美国棒球，通过偶然与反复实验，自1889年有名的运动规则委员会成立开始，已经达到了几乎完美的攻守平衡，而且正是这种平衡，事实上，这种平衡以及对此的解说——每一个动作都永远地记录下来的纪录系统的美——引领亨利走向棒球。

这种解说和纪录系统的美是诱饵。“并不是真正的比赛——说实话，真正的棒球使他觉得无聊透顶——而是纪录、数据、个人与集体之间独特的平衡、攻与守、战略与运气、机遇与原型、权力与智力使他走向棒球。”[53]

真正的棒球使他厌烦，但是这个项目并未就此消失，因为亨利·沃那丰富的想象力创建了整个宇宙，在那宇宙里有成千上万的运动员，活着的与死去的，他们大胆鲁莽的冒险以及非凡的体育才能，对于亨利来说，要比在茨弗伯布拉特那毫无怜悯之心的注视下工作的模糊的职员要更为真实。很早就从环宇棒球协会退休的老会员，聚集在杰克的酒吧唱起歌谣，歌谣讲述了著名的隆·刘·利德尔（Long Lew Lydell）勾引芬尼·麦克卡弗利（Fanny McCaffree）的故事，芬尼的父亲费尼莫（Fenimore）是联盟专员，政治派别之一的活跃领导者。而所有的这些都发生在亨利的脑海中。

小说逆转了数据产生于有血有肉的运动员动作的历史顺序。这里，骰子和数学概率表产生了居住在亨利想象中的运动员。小说中特殊的情节来源于亨利·沃对其年轻的主人公戴蒙·卢泽福特（Damon Rutherford）的爱，戴蒙是老好人布洛克·卢泽福特（Brock Rutherford）的儿子，布洛克是环宇棒球协会最早的运动员之一。杰克·卡西（Jock Casey）的平直球以10077696 比 1 的概率杀死了英俊的年轻投手，而这场悲剧使亨利陷入了绝望。最终，他自己违反规则，操控骰子杀死杰克·卡西——倘若这次投掷是公平的话，那要怎样才能达到同样的概率。亨利伸手操控已经休息了的骰子。这个动作让人感觉像是——谋杀，这要多亏了库弗的高超写作技巧。

这一鲁莽的行动之后是小说技巧中的突然中止。直到亨利干预机遇的那一刻，他一直都是小说的信息中心——故事是从他的视角讲述的，他一直是他想象的棒球比赛的存在原因。现在，亨利消失了。我们进入最后一章，发生在将来的某个时刻，环宇棒球协会的运动员聚集起来庆祝戴蒙日（现在我们知道这个名字的象征含义了——“Daemon”，“Demon”，恶魔）。棒球变成了神话，有些运动员嘲笑这个神话，其他的人相信这个神话。有些当局怀疑“伟大的神人和解传说（The Great Atonement Legend）”，有些人“甚至辩解说卢泽福特和卡西都不存在——只不过是太阳古神话当中另一个版本，以受害者被魔鬼或是黑暗的力量屠杀为象征。”[54] 的古代神话，当然，是那些与塔慕次、阿多尼斯、耶稣有关联的神话。扮演戴蒙·卢泽福特角色的年轻人将要以死作为牺牲，正如玛雅和阿芝特克人用年轻人的死来换取确保大地的丰产，但是“戴蒙”接受了他的命运。它的语言是一种敬畏与熟悉的神秘怪异的结合：“‘这不是一次审判。’戴蒙说，他将手套收拢夹在腋下，手拿着新球。在他身后，他知道，击球员思嘉特·柏特斯金（Scat Batskin）正向本垒板移动。‘这甚至不是一次教训，事情本身就是这样的。’戴蒙将球举起放在他们二人中间。球是坚硬的、白的，在阳光下它是活生生的。”[55]戴蒙·卢泽福特将会死，死后重生。在这部才华横溢的艺术之作中，库弗将现代量化和原始神话的相互作用戏剧化了。库弗现在得到的肯定不及其卓越的成就。

我对棒球的分析自相矛盾了吗？在所有结合了个人主义与团结合作的团体体育项目中，棒球的独特魅力在于其原始——田园因素的共存，也在于其独特的现代性、其与自然季节节奏的紧密性、正式生效的数字领域，我是这样认为的吗？我认为，我们这里不存在一个矛盾体，而存在的是一个复杂体，在这种情况中，一个项目特殊的、认真限制和规定使我们拥有了我们的国球，并且我们沉醉其中，使得我们能计算出一个快速球或是一次成功的短打的概率，同时能使我们享受一个四月午后的温暖阳光。球被猛击进了左外野，击球率为 0.389 的击球手在垒的周围小跑，无意识地效仿着史前赛跑运动员，他们的宗教努力能使荒芜的大地重现生机。我将棒球理解为我们对于我们抛弃的过去，以及我们那不论愿不愿意都会到来的未知的未来的游戏象征。但是这种解释正确吗？哎！好像无法证实。

三、棒球与文化传播问题
Baseball an the Problem of Cultural Diffusion

我对棒球的解释假定了现代与原始——田园元素之间的相互作用。倘若这种解释合理，我们仍然还有一个问题未解决，那就是我们一开始讨论棒球时所暗含的那个问题。为什么美国人——还有加拿大人、古巴人、墨西哥人和日本人——打棒球，而大部分其他国家并不呢？大部分现代体育项目，正如我们所注意到的，皆达到了彻底的国际化。棒球既不是仅属于美国的体育项目，也不是普遍存在的现代体育项目。对于文化传播的这个问题，我没有明确的答案，但是我准备提出一些假设。

正如由英国传播的英式足球和其他众多的现代体育项目一样，棒球被美国教育工作者、传教士和商人带到国外，他们走到哪里，就将棒球介绍到哪里。有些国家接受了这个项目，而另外一些国家则没有。我认为，棒球之所以传到加拿大、日本和加勒比海区域的国家，是因为这些国家在 19 世纪晚期和 20 世纪早期，对美国现代文明典范的形象有着极好极深的印象。模仿的动机可能帮助建立棒球在一个特殊的历史时期作为第一项现代团体体育项目的地位，而这一特殊历史时期指的是在英式足球的英国传播者实行其区域“生态侵略”（Ecological Invasion）之前。换句话来讲，是棒球中的现代元素吸引了加拿大、日本和加勒比海区域的运动员。

这种类型的直接影响可能是对部分难题的答案，但是仍然未解决的难题仍旧存在。我们对于棒球的解释是双重的——现代元素紧密地与原始和田园元素交织在一起。倘若我们认为，棒球传至有些国家是因为其现代性以及其与美国的关联，那我们对于棒球并未传至其他国家这一明显事实又作何解释？答案在前面已经有所暗示了，是英式足球——总的看来——更快地在世界上散播开来。这是英国文化霸权的一个阶段。英帝国在一战之前的那几年达到了权力与影响的顶峰。而正是那时候，英式足球成为了现代团体体育项目中最为流行的项目。

不幸的是，这个答案并不完全令人满意。倘若我关于棒球的解释是对的，那么原始和田园元素在我们现在的讨论中并不能简单地忽略掉，仅仅是因为这种忽略方便了我们的论证。倘若这些因素在精神上是重要的，那么它们对全人类也一定是重要的，而不仅仅是对于美国人和其他接受了棒球的人而言。在那种情况下，其他没有打棒球的国家应该有一些能上演“春之祭”的类似活动，这样能提醒他们自己四季的轮回。而且他们也确实有，但是这种对等物并不一定是一个项目。简单的回答可能是，许多现代社会仍然在工业化、城市化和世俗化水平上比美国要低。农业劳作规律和传统宗教的固定节日都重视季节的循环周期以及大地的死亡与重生。在他们的国家，体育不需要扮演 19 世纪与 20 世纪早期棒球扮演的角色。同时在人们仍然与土地保持着紧密联系的时候，在他们的宗教制度仍然指导他们什么时候播种和什么时候收割的时候，也没有必要让一个城市体育项目来提醒他们人与自然的关系。

棒球也许曾是传播的载体，这项独特运动的现代元素与原始——田园元素的结合曾在情感上协助美国进入一个绝对世俗的现代世界。这样讲并不意味着棒球现在将衰弱和消失，但是让我们相信棒球的原始——田园因素今后不过时是很难的。很有可能，棒球已经过了它在阳光下的日子。

NOTES

1. The American Way in Sport (New York: Duell, Sloan and Pearce, 1958), p. vii.

2 Ibid., p. 16

3. Ibid., pp. 134, 151.

4. R. S. Whitington, An Illustrated ttistory of Australian Cricket (London: Pelham Books, 1974), p. 17.

5. llelge Anderson, Aage Bo - Jensen, N. Elkaer - Hansen, and A. Sonne, "Sports and (;ames in Denmark in the l,ight of Sociology," Sport, Culture, and Society, ed. John W. Loy and Gerald S. Kenyon (New York: Macmillan, 1969), p. 173; Deobakl B. Van 1)alcn and Bruce L. Bennett, A Worm ttistory of Physical Education, 2. d ed. (Englewood Cliffs: Prentice - Hall. 1971), p. 262.

6. See Joseph Durso, The Days of Mr. McGraw (Englewood Cliffs: Prentice - Hall, 1969!, p. 187.

7. Charles A. Peverelly, The Book of American Pastimes (New York, 1866), p. 337.

8. Quoted in Foster Rhea Dulles, America Learns to Play (New York: Appleton - Century - Crofts, 1940), p. 223.

9. ttarold Seymour, Baseball, 3 vols. (New York: Oxford University Press, 1960 -), 2, 4.

10. America´s National Game (New York: American Sports Publishing Company, 1911), pp. ?, -4

I1. Carl Diem, Die Olym#ische Flamme, 3 vols. (Berlin: Det, tscher Archiv - Verlag, 1942), 2, 829.

12. The Philosophy o/ Athletics (New York: A. S. Barnes, 1927), p. 183.

13. See [ )avid Q. Voigt, American Baseball, 2 vols. (Norman: University of Oklahoma Press, 1966 -70), 1, vii; 2, 240.

14. Quoted in I. G. Taylor Spink, ludge Landis and Twenty - Five Years of Baseball (New York: Thomas Y. Crowell, 1947), p. 63.

15. See "Monopsony in Manpower," Yale Law]oumal, 62 (1952 -53), 576 -639; Samuel R. Pierce, Jr., "Organized Professional Team Sports and the Antitrust Laws," Cornell Law Quarterly, 43 (1958), 566 -616; W. Clyde Robinson, "Professional Sports

and the Antitrust Laws," Southwestern Social Science Quarterly, 38 (1957), 133 - 41; "The Superbowl and the Sherman Act," Harvard Law Review, 81(1967), 418 - 35; John P. Morris, "In the Wake of the Flood," Law and ContemOorary Problems, 38 (1977, - 74), 8%98.

16. Quoted in John R. Belts, America's Sporting Heritage (Reading: Addison - Wesley, 1974), p. 93.

17. John R. Betts, "The Technological Revolution and the Rise of Sports," MississiloPi Valley Historical Review, 4 - 0 (1953), 231 - 56.

18. See Robert I. Kelly, "Toward a Theory of Competition and Cooperation m Sports," Journal of Popular Culture, 4 (1971), 604 - 14.

19. Ralph Andreano, No]oy in Mudville (Cambridge, Mass.: Schenkman, 1965).

20. For Carton, see Voigt, American Baseball, 1, xxviii; for Frick, see Andreano, No Joy in Mudville, p. 4.

21. On Cartwright, see ttarold Peterson, The Man who Invented Baseball (New York: Scribner's, 1973).

22. Frederic L. Paxon, "The Rise of Sport," SOort and American Society, ed. George H. Sage (Reading: Addison - Wesley, 1970), p. 34.

23. John F. Rooney, The Geography of American Sport (Reading: Addison - Wesley, 1974), p, 1.

24. Quoted in Tristram P. Coffin, The Old Ball Came (New York: Herder & Herder, 1971), p. 183. Interrogation mark added to last sentence.

25. "The Million Dollar Infield," Playing Around, ed. Donald Hall (Boston: Little, Brown, 1974), p. 45.

26. "Fathers Playing Catch with Sons," Playing Around. p. t66. See also Frank Deford, "Rites and Wrongs of Spring," SI, 40 (February 25, 1974), 70 - 81.

27. Voices of a Summer Day (New York: Delacorte Press, 1965), p. 12.

28. Ibid., p. 223.

29. Bang the Drum Slowly (1956; rpt. New York: Doubleday - Anchor Books, 1962), p. 29.

30. Ibid., p. 12.

31. Ibid., p. 13.

32. Ibid., p. 73.

33. Ibid., p. 139.

34. Ibid., pp. 196-97.

35. Murray Ross, "Football and Baseball in America," S#ort and Society, ed. John T. Talamini and Charles H. Page (Boston: Little, Brown, 1973), p. 103; see also, Peter Grella, "Baseball and the American Dream," Massachusetts Review, 16 (Summer 1975), 550-67.

36. The Natural (1952; rpt. New York: Dell, 1971), pp. 8, 23.

37. Ibid., p. 66.

38. Ibid., pp. 9, 185.

39. Ibid., p. 25.

40. Ibid., p. 26.

41. Ibid., pp. 34-35.

42. Ibid., p. 63.

43. Ibid., p. 74.

44. Ibid., p. 190.

45. Ball, Bat and Bishop (New York: Rockport Press, 1947), p. 4.

46. Corrado Gini, "Ritual Games in Lybia," Rural Sociology, 4 (1939), 283-99.

47. Michael R. Real, "Super Bowl: Mythic Spectacle," Journal of Communications, 25 (1975), 35.

48. "Intellectuals and Ballplayers," American Scholar, 26 (Summer 1957), 342-49.

49. The Summer Game (New York: Viking, 1972), pp. 4, 303.

50. Cy Young (most games won by any pitcher) and Lou Gehrig (most consecutive games played).

51. Bang the Drum Slowly, p. 147.

52. The Universal Baseball Association, Inc.,]. Henry Waugh, Prop. (New York: Random House, 1968), p. 19.

53. Ibid., p. 45.

54. Ibid., pp. 220, 223-24.

55. Ibid., p. 242.

第五章 美式橄榄球的魅力
The Fascination of Football

一、流行与暴力
Popularity and Violence

有没有哪位美国体育新闻记者或者广播员，抑或某位默默无闻的赫伍德·考塞尔（Howard Cosell）或者乔治·普林顿（George Plimpton），〔1〕没有对美国20世纪60年代的美式橄榄球繁荣时期作过评论报道呢？或许没有。随着20世纪50年代和60年代职业橄榄球赛的上座人数，以及大学和职业的橄榄球赛的电视观众人数急剧增长，棒球作为美国的“国球”这一头衔似乎越来越令人质疑。表5－1说明了3种主要职业团体体育项目比赛上座人数的增长情况。[1]

表5－1 职业团体体育项目比赛常规赛正常上座率

（以千为单位）

	1950	1960	1970	1974
职业棒球大联盟	17463	19911	28747	29994
职业美式橄榄球	1987	4054	9533	10236
职业篮球	1986	6900	9154	

尽管棒球的上座人数仍然很多，但是棒球与美式橄榄球的比率从8.83缩小至2.93。另一种表明国民兴趣转变的方法是观察在1959～1973年间，

〔1〕考塞尔是美国体育主播，普林顿是美国记者，在此代指体育媒体工作者。

12 个月以内至少观看一场美式橄榄球比赛的成年人人数的比例由 23% 上升至 33%，而棒球的比例仅从 28% 上升至 30%（而英式足球令人例外地从 1% 上升至了 13%）。[2]电视转播最大赛事的数据——美国橄榄球超级碗大赛以及世界职业棒球系列赛——告诉了我们同样的故事。1975 年，AC 尼尔森公司（A. C. Nielsen）报道称，41.6% 的家庭观看了匹兹堡钢人队打败明尼苏达维金人的比赛，仅有 30.7% 的家庭换台去观看辛辛那提红人队差点被波士顿红袜队打败的那场职业棒球锦标赛（而唯有 13.5% 的家庭观看了 NBA 季后赛）。[3]《体育画报》，美国最为广泛发行的体育类杂志，在 1958 年有 12 个封面是棒球特写，而仅有 4 个是美式橄榄球的；到 1966 年，有 8 个是棒球，而 15 个是美式橄榄球。

是什么导致了这种游戏兴趣的转变呢？威廉·菲利普斯（William Phillips）在《评论》(《Commentary》）中对不同体育项目的兴趣提供了一个非常主观的解释：[4]

> 所有的体育项目都能作为某种放松自己的方式，但是美式橄榄球的节奏已特别调整到了暴力和现代生活中秩序与无秩序的古怪结合状态。棒球节奏太慢，结果太可靠，太像某种地方慢吞吞拉长调子的说话方式。篮球气氛太紧张，节奏太紧凑；曲棍球太过疯狂；拳击太混乱、太平凡。唯有美式橄榄球为人们提供了真正的情绪发泄。

菲利普斯是作为这个项目的赞美者而说的上面那一段话，正如乔治·施塔德在其关于美式橄榄球极具见解力的文章中所说：[5]

> 美式橄榄球首先是一种游戏形式，一种人们本能进行的，而且仅仅是为了进行这个项目而进行的游戏。在众多游戏形式当中，美式橄榄球还是一项有组织的游戏，这就意味着它是基于共同需要，而不是像爬山一样是由于个人原因而组织的。在所有有组织的游戏当中，它是一个体育项目；它对竞技能力有要求，这不像跳棋。在所有的体育项目当中，它是一个以暴力为樺式的项目，并且它的暴力是其独特的辉煌（*Special Glory*）。

对于其他人，这种“独特的辉煌”是一种恐惧。“作为一流美式橄榄球队的粉丝，去年秋天有超过2500万的美国人每个周末促进了他们自己的非人性化……校际和职业美式橄榄球揭示了我们社会的些许法西斯特征（美式橄榄球的极权主义权力制度）反映了我们文化中普遍存在的军国主义。”[6]从相似的角度，保罗·胡克认为，美式橄榄球在20世纪60年代晚期从流行度上超过了棒球，准确地说是因为美国生活中的一种基本军国主义在我们的体育项目中得到了暴力表现，正如其在越南战场上一样。[7]

美式橄榄球的支持者和反对者因此似乎都认同暴力的存在，甚至是当他们对其他问题都不认同时，但是暴力提出了一些关于美式橄榄球和社会的难题。美式橄榄球在美国起源于高校，很多年以来美式橄榄球都被认为是“校际体育项目”。那么这意味着哈佛、耶鲁和普林斯顿大学有着特别暴力的亚文化吗？根据1960年的普洛盖民意测验（Gallup Poll）表示，人们对美式橄榄球的兴趣与大学教育紧密相连，而只有小学教育的美国人则更加喜欢观看棒球比赛（表5－2）。[8]难道我们所谓社会的“些许法西斯特征”在有着学士学位的人当中表现得更为突出吗？这样的问题并不是肤浅的。它们可能能得到肯定的回答，但是我们必须以仔细的分析、观察和实验，以及不带有任何的偏见来看待这些问题。在讨论完美式橄榄球中的原始和现代因素之后，我们将会回到这些问题。

表5－2 从教育程度看所喜爱的比赛

（百分比数）

	小学	高级中学	大学
棒　球	40	34	21
美式橄榄球	10	24	36
篮　球	6	10	13

作为对这些问题理性讨论的第一步，我们必须问，将美式橄榄球称之为一种暴力的体育项目准确吗？倘若我们是用这一说法来指某些不合法的、未经批准的身体暴力，那么美式橄榄球本质上就不是暴力的，而只有当运动员违反比赛规则（不管是明文规定，还是运动员和官员都接受的、不那么严厉的、不成文的规定）的时候才是暴力的。的确，体育最明显特征之

一就是在其他情况下，被禁止的行为在体育的环境中是完全被允许的。在公园将一行人拦腰截住并将他摔在草地上是暴力行径，但是中后卫球员在赛场上做同一动作就当然不是同一意义上的暴力。倘若这个词在我们的语言当中不是如此的根深蒂固，倘若有其他能更好地用于描述中后卫的行为，那么我们也许不会认为美式橄榄球是暴力的。不幸的是，有一种释放出来的能量——在战争中，在自然中（“一种猛烈的雷暴”，A Violent Thunderstorm），以及在体育中——我们称之为暴力的。让我们就此认为，很多体育项目包含了合法的、社会许可的暴力形式，这与我们在认可或者厌恶这些体育项目的时候简单地说这些体育项目的暴力是不同的。[9]

超越对认为美式橄榄球充满暴力这一谴责的讨论并不是否认美式橄榄球中的基本元素——带球跑、阻挡、擒抱、接球、掷球、踢球——都含有很多身体力量，很多情况确实是以暴力攻击的“身体接触”（Body Contact）方式。运动员的确有以技术上合法的，并且明显是为了恐吓他人且造成身体痛苦（倘若不是伤害）的方式进行阻截、擒抱，以及互相碰撞。用美式橄榄球术语来讲，运动员互相“传球（Hit）”，他们“防守（Stick）”，他们喜欢“接触（Contact）”。伍迪·海耶斯（Woody Hayes），俄亥俄州立大学（Ohio State University）的著名教练夸耀说，“我们教我们的男孩子拦截与冲锋……我们想要他们将头盔正好抵住对手的下巴……我想让他们的防护罩正好贴在对方的脖子上。”[10]绿湾包装工的文斯·隆巴迪说的就是这种行为，“美式橄榄球是一个暴力体育项目。打美式橄榄球你必须强壮，身体强壮和心理强壮。”[11]教练所宣扬的正是运动员在做的。被问到他对赛场上的一次震惊的碰撞是什么样的感觉时，一位圣地亚哥闪电队的运动员回答道：“这使我热血沸腾。”[12]一位与匹兹堡钢人队一同度过一个赛季的敏锐观察者总结道：“对接触的喜爱是所有美式橄榄球运动员——除了四分卫和边接应队员以外——都必须拥有的技能。”[13]这里没有秘密。“接触”对于运动员和观众来说都是美式橄榄球必不可少的具有吸引力的一个方面，不管其是否受过大学教育。这是一个具有“有节制的暴力”（Controlled Violence）、“有纪律的暴力”（Disciplined Violence）的体育项目。[14]

传记、自传和小说都经常聚焦在运动员所受到的伤害上，很多伤害是蓄意的。伤害也是美式橄榄球的一部分。乔治·施塔德认为，伤害可以使美式橄榄球显得更有尊严，并且给予了这个项目以激情。[15]最后一个观察非常重要。它暗示着，伤害在美式橄榄球项目中起到了正面的心理作用。这就可以假设，运动员很少希望饱受严重伤害的痛苦，但是当他们在讲述他们参加的那场比赛时，尽管遍体鳞伤，他们的话语中仍然毫无疑问地充满着骄傲。在美式橄榄球术语中，“Play Hurt”并不是伪装受伤而是在受伤的情况下仍然继续比赛。当代美式橄榄球运动员的伤害可与19世纪普鲁士贵族骄傲地带着在决斗时留下的伤疤相媲美。伤害因此成为了男子气概（Viricity）的证明和勇气的勋章——正如弗兰克·吉福德〔1〕在其书《吉福德勇气观》（《Gifford on Courage》，1976）中所说的。施塔德的“激情”（Zest）或许有些夸张，但似乎却是一种可以接受的说法，倘若不是故意寻求伤害来使美式橄榄球变得有尊严的话。正如一名运动员所说，“你必须表现出你不在乎你的身体。”[16]当我们快要混淆暴力体育的优点与治疗性体育教育的优点时，这是一个必须思考的符合实际的想法。关于职业美式橄榄球赛的一个下午，我们想要说些什么，我们都不能断言它对运动员的健康是有益的。[17]

美式橄榄球还有另一个深受批评家们所重视的方面。美式橄榄球类似于战争。它就有如国际象棋，是“一场疯狂的微型战争”，是为其本身而发动的一场游戏之战。[18]这场微型战争的首要目的不是从身体上摧毁敌人，而是对其领地的占领。码线随着美式橄榄球在球场上上下下，就有如在军事地图上标记军事调动一样。站立于正在洗劫的敌人与祖国之间的人们誓死守卫着球门。

英勇的战士由他们的上将，即教练指挥着。许多观察者都认为，在所有体育项目中，教练一职以专制倾向为特征，但是专制甚至是独裁领导的最为杰出的化身似乎都聚集在美式橄榄球的教练身上。[19]过去的著名教练，例如沃尔特·坎普（Walter Camp）、爱默斯·阿隆佐·史塔哥（Amos Alonzo Stagg）和几乎被称之为典范的克努特·罗克尼（Knute Rockne），发展了家长作风式风格，将正规的严肃与父亲式的慈爱相结合，以此来得到学生和校友的忠心。20世纪50～60年代，获胜的压力和失利后面临的失业威胁导致了新型教练的产生，校际美式橄榄球以伍迪·海耶斯、比尔·布

---

〔1〕 弗兰克·吉福德（Frank Gifford，1930－），美国20世纪50年代橄榄球运动员、体育解说员。

莱恩特（Bear Bryant）和达瑞尔·罗亚尔（Darrell Royall）为代表，而职业美式橄榄球则以文斯·隆巴迪为代表。隆巴迪现象本身就值得更为深远地研究，幸运的是，它已经得到了这样的研究。[20]每个走进隆巴迪的人似乎都同意——不管那个人是他强大仰慕者军团的人还是讨厌其爱夸耀性格的人——这个人是个人物（Presence）。尽管“他喜欢将自己看成是这个家庭的领导人，同时也是这个家庭的父亲，”运动员并不是注意不到他对乔治·巴顿将军（General George Patton）狂热的仰慕。[21]正如其在美国橄榄球联盟中的教练同事一样，隆巴迪不能忍受异议，然而，尽管他很严肃，甚至是残忍，绿湾包装工——倘若我们可以相信出版的叙事记录——看上去几乎都崇拜他。他们似乎很珍视将全能的上帝描绘成嫉妒文斯·隆巴迪的模仿者的诸多轶闻趣事。与比尔·布莱恩特和达瑞尔·罗亚尔相比，隆巴迪相对要少受负面批评的伤害。我们必须承认他的尼采式求胜意志被无数美国人所仰慕。美式橄榄球也有其传奇式的经理人，例如：约翰·J·麦格劳、米勒·哈金斯（Miller Huggins）、卡西·史丹格尔（Casey Stengel）、里欧·杜罗秋（Leo Durocher），但是他们出名更多是因为他们的深刻洞察力或者夸张的卖弄，而不是他们训练运动员的能力，激励球员走进几乎为自杀式的球场的能力，以及领导球员进入一场精神战争的能力。

美式橄榄球的好战性，以及其与真实战争的相似性已在诸多小说得到强调，包括加里·卡特怀特（Gary Cartwright）的《百码战争》（The Hundred Yard War，1968）和彼得·杰恩特（Peter Gent）的《北达拉斯队》（North Dallas Forty，1974），但是对美式橄榄球最为尖锐的分析也许是来自唐·德里罗（Don DeLillo）的《球门区》（End Zone，1972）。该书的故事背景为幻想的德克萨斯州，比历史事实要更为古怪些。逻各斯学院（Logos College）的教练，艾玛特·克里德（Emmett Creed）相信痛苦、克己、自我牺牲和自律。他的想法的确是成千上万的——真实的或者是虚构的——教练一直在更衣室所强调的综合：[22]

我们需要更多的自我牺牲、更多自律……我们需要从心理上和精神上增强自己。并且让身体自己照顾自己。我从小就学会了这一点。我从小多病，是一个很虚弱的孩子，有这样那样的疾病，营养也不好。我的两条腿不比那椅子腿粗。但是我以决心和牺牲使自己强壮。首先是精神，然后是身体。对于一个小男孩来说的确是很孤独的生活。我没有朋友，住在我自己的意志和安静的内心世界里。内心的决心，它让我强大，它为我做好了准备。事情又回到了起始点。从那里到这里是很长的一个循环路线。但是所有的教训是真实的。内心生活应该如同手或眼一样受到节制。孤独是一种力量。苏人（*the Sioux*）通过斋戒和独居来使自己得到净化。在一个蒸笼式的小屋里，没有食物，呆上*4*天。在你走出去为你的国家而忧愁之前，你必须要先纯净自我，斋戒和独居。倘若你能挨过孤独，你的内心将会很强大，它可以帮你做成任何你想要做的事情。*4*天，你只穿一条牛皮长袍。我想不到任何事情要比克己更为合理，它是通向道德完善的唯一路径。

克里德的话是真正的信条，是一段非常适合西奥多·罗斯福的富有教育意义的讲话，罗斯福艰苦的生活是教练所说的生活楷模。这一信条是虚构的，并且艾玛特·克里德也是唐·德里罗创造出来的，但他也是对美式橄榄球的创造，是美式橄榄球价值观的化身。

唐·德里罗的叙述者是酷爱思考的美式橄榄球运动员加里·哈克里斯（Gary Harkness），一位渴望找出美式橄榄球本质，以及其与战争之间关系的年轻人。在迈阿密大学，他也曾打美式橄榄球，也是在那里，他就已经开始阅读“关于核战争可能性的鸿篇巨作。”[23]他深深地被迷住了。“问题简单而且可怕：我喜欢这本书。我喜欢读关于无数人死亡的书。”[24]

在逻各斯学院，加里在克里德教练的队里打美式橄榄球，参加后备军官训练队（ROTC）的斯特利少校（Major Staley）的训练课程。少校与罗曼·梅勒（Norman Mailer）的军事哲学家卡明斯将军（General Cummings）有着明显的联系。卡明斯将军对现代科技将战争转变成了一场科技竞争中的勇气考验的诸多方式进行深刻的思考：[25]

战争是现代科技的终极实现。人类已经在战争中考验了自己好几个世纪。战争是终极考验，是最重要的经验，是特权，是荣耀，是自我牺牲等诸如此类的东西，是对你究竟是哪种人的绝对终极决定。战争是挑战，是最好的评估家。它告诉你自己值多少。但是现代完全不同了。很少有人想要去打仗。

战争现在不能实现的，美式橄榄球可以。斯特利少校和克里德教练宣扬的是同样偏狂的世界观的补充版本。

这样小说家的想象就证实了这一论证：美式橄榄球与战争的相似性使其爱好者能表达他们的原始攻击，能证明在一军事哑剧中他们的男子气概，但是小说也同样证实了另一敏锐的观察。正如威廉·菲利普斯所说，美式橄榄球是一种秩序与无秩序的古怪结合状态，是富有策略的复杂比赛，是一种对经验有着重要影响的方式。克里德教练认为，它是“一个系统群。它与其他的体育项目不一样。当我们好好地打美式橄榄球时，它就是多种系统的结合体”。[26]在一场美式橄榄球比赛中有着一部并不确实存在的生物科技研究院西部交换机那样的仪器，加里认为美式橄榄球提供了信息和细节，[27]

印象、颜色、数据、形式、奥秘、数字、习语、象征。美式橄榄球要比其他体育项目，更能满足这种需要。它是一个由语言、话语信号、简单数字、颜色密码和游戏名称所引导的体育项目。当观众的乐趣并不能从动作本身那里得到时，则是从比赛的独特结构本质观念进化而来。这并不只是秩序，而且是文明。

这就是伍迪·海耶斯一直所说的。像战争一样，美式橄榄球需要复杂的策略。它不仅仅是凶暴粗鲁的大混战。

然而，随着小说的情节发展，秩序的冲动被富有感情经验的混乱所战胜。加里不仅需要处理与克里德教练和斯特利少校的关系，而且还需要处理与特别古怪的女友之间的关系，与一个爱尿床的、生活的唯一目的是“拒绝遗产、背景、传统和出生是天生的特权”的犹太人的关系，与独自与路德维希·维特根斯坦（Ludwig Wittgenstein）的海报住在一起的喜爱阅读与暴行有关书籍的研究哲学的前运动员之间的关系。这样的精神环境对任何人来说都太过复杂了，这一点是可以理解的。加里崩溃了，“高烧在我的头脑里烧出了一条直直的航道。最后他们不得不把我送进医院，用塑料管喂我吃东西”。[29]

所有的这些意味着什么呢？德里罗选择沉默，这让来了兴趣的读者不能确定作者最后究竟是如何评判美式橄榄球，德里罗拒绝背离隐喻而陷入到其他文学表达形式中去，但这并不能使他区别于其他富有想象力的作家。他曾提出美式橄榄球象征性战斗的原始特点，以及其与热核战争非人的技术恐慌之间的距离，这就已经足够了。让我们继续从原始和现代两方面探讨这个问题。

我们如何将美式橄榄球的原始因素与棒球的原始因素联系起来呢？这些元素肯定是不一样的，这一部分是因为第一种运动的爱好者对第二种运动的球迷所表现出来的冷淡或者敌意。我们曾假设，棒球的原始特征可以追溯到古代植物神话中的丰产仪式。尽管神话中有着献祭的方面，丰产仪式的重要性是毋庸置疑的。大地成功地挣脱了冬天致命的束缚，四季又开始了新一年的轮回。但是美式橄榄球的原始方面与宗教仪式的关系并没有那么密切，却与史前的生存斗争（Existenzkampf）关系更为密切。"美式橄榄球宣告了当代人与其最远古的祖先的继承性。"[30]最近一期《自然史》（《Natural History》）发表了一篇将美式橄榄球作为四季仪式的一种人类学解释的专题文章，以一名粗陋的满身是泥的美式橄榄球运动员的照片为封面。[31]他看上去像是石器时代的一名幸存者，而他也的确是。这一套精心挑选的服饰似乎强调的是，几乎是同时强调原始和未来。"身着队服的美式橄榄球运动员在一系列的队形变换中显得尤为醒目：首先是从旧石器时代走出来的戴有兜帽的幽灵，然后是来自未来人类的警告。"[32]

二、现代性
Modernity

然而，美式橄榄球是一项有着现代体育所有特征的真正的现代体育项目。它的情感功能也许是原始的，甚至是返祖的，但是它的结构很明显是现代的，与篮球、棒球、英式足球有着一样的形式。要想理解美式橄榄球现代性的程度，我们需要考虑其历史起源和发展。

像罗伯特·W·亨德森（Robert W. Henderson）这样的历史学家将美式橄榄球的起源一直追溯到埃及神话，并且他们认为埃及神话也是棒球和所有其他球类运动的起源，但是我们的目的要求我们不要超过中世纪，那时的文献和图像资料都相当丰富。美式橄榄球是由发展自法国和英国民间体育的英式橄榄球演变而来——这一状况暗示了其与掌管棒球起源的植物诸神之间的联系，但这种联系现在因美式橄榄球的赛季移至秋天而断裂了。

修道士在复活节和忏悔节的时候通常会在修道院的范围以内踢英式足球。“这个‘圣灰星期三’〔1〕(Ash Wednesday）之前星期二与足球联系如此紧密以致于忏悔星期二被简单地称之为‘足球日’。”[33]12 世纪，在欧塞尔，球由一位神职学院的学生传递给教长，“之后教众唱……复活节的……圣歌”。[34]任何对于足球与丰产仪式联系的怀疑都会被 J·J·朱塞兰（J. J. Jusserand）关于布洛涅拉格拉斯（Boulogne - la - Grasse）仪式的叙述所驱散，在那里“圣灰星期三”包括一篮子鸡蛋和一根尾部悬挂着饰有缎带的皮制足球的权杖。[35]在英国，在忏悔节的足球比赛中，让已婚妇女挑战单身女性是很平常的。[36]足球可以追溯到比丰产神话更为古老的起源，但是中世纪足球肯定与寒冷冬天之后的重生有关。

农民阶级沿袭了这个体育项目，但是是以一种与现代足球远远不相同的形式，这就更不用提与现代美式橄榄球的区别了。伊利艾斯的亚历山大·巴克莱（Alexander Barclay）在 1514 年描绘“强壮的农民”：[37]

健康、强壮、勇敢，
踢着足球战胜了冬天的煎熬，
忘记了辛劳和那许多次严重的摔倒。

这个农民也很有可能在比赛中承受住了许多次“严重的摔倒,”这项运动是一次相对立村庄之间的混战。规则是最少的，也没有人来强制实施规则。倘若公开的目的是踢球，而不是使其他运动员残废的话，几乎任何行为都是可以忍受的。比赛通常会沦为一场野蛮的混战，运动员像“狗抢骨头一样”争相抢球。[38]在《统治者之书》（The Governour，1531）中，托马斯·埃利奥特〔2〕(Thomas Elyot）宣布这项运动“什么也不是，只不过是野兽般愤怒的极端的暴力”。[39]那么其他卫道士明确地表示他们对它的失望也就不足为奇。该项运动通常被国王敕令和当地立法机构所禁止。英国的詹姆士一世禁止在他的宫廷里进行“一切粗陋的暴力的运动，如足球，在

〔1〕 ∇称大斋首日，在当日基督教会要举行涂灰礼。

〔2〕 托马斯·埃利奥特（1490 - 1546），英国人文主义教育家、政治家。其思想推动 J 文艺复兴在英国的发展。

该项运动中参加的人不是使自己变得健康而是伤害他人”。[40]规则中对于界限表述得非常模糊，正如对体罚所允许的范围一样。球被踢过田野与河流，踢过高墙，踢至乡村街道，踢至遥远的球门，球门通常是牧区教堂的大门。大量的村民参加这项运动，但是究竟有多少人还不得而知。有多少“分”才算赢？我们也毫无头绪，因为中世纪的运动员并没有想到要将比赛的数据记录下来。更无须说，创建任何纪录。

这项有部分游戏性质，并且有部分参与自由的运动，似乎一直不断地以更为优雅的方式在法国、英国和意大利进行着，直到19世纪晚期。朱塞兰在1901年评论道：“足球运动仍然存活了下来……以其原始的形式，同样的基本规则，同样类型的参与者，在同样的日子里进行，正如圣战时期一样。”[41]至19世纪早期，这个项目的许多种不同版本在温彻斯特大学、哈罗公学、伊顿公学以及其他英国私立学校中进行着。1848年，有一群学生，他们是这些私立学校的毕业生，聚集在剑桥大学将英式足球的规则正式化。15年后，这个项目开始普遍流行起来，足球联盟成立。理性化的步伐加快，“在1863~1878年之间——不是之前，也不是之后——这个项目发生了很多变化”。[42]它也有其传奇性的一面，1823年，英式足球演变成了英式橄榄球，这期间有着突飞猛进的变化。拉格比学校墙上的匾额使威廉·韦伯·艾利斯〔1〕(William Webb Ellis）不朽，他将球捡起来，公然不顾比赛的规则，拿着球跑。威廉·韦伯·艾利斯启发性的成就似乎和阿布纳·道布尔迪属于同一类型，所谓阿布纳的发明也是同样具有不确定的历史性（在两种情况当中，传奇似乎都是在所谓的事件发生足足两代之后才开始的）。埃里克·邓宁认为，后来演变为英式足球的民间体育版本从来没有规定不能用手。现代英式足球的确要比英式橄榄球出现得更晚，后者与中世纪那项运动更为相像。直到1849年，伊顿公学采用的规则当中才禁止拿球或者扔球。[43]

足球联盟（Football Association）开始于1863年，而英式橄榄球联盟（Rugby Union）开始于1871年。而且足球很快就传至了全世界，而英式橄榄球则在法国、南非、澳大利亚、新西兰和美国流行了起来，很快就演变

〔1〕威廉·韦伯·艾利斯（1806－1872），英国圣公会牧师，他被公认为橄榄球的创始人。

成了美式橄榄球，而英式橄榄球本质上仍然是一项很英式的运动，来自中上层阶级的男学生打的就是英式橄榄球，他们不需要精心的理性化。运动员们都了解规则。他们知道什么是“英式橄榄球”，以及什么不是。例如，他们知道在“并列争球”中“意外地”把球踢出去时，将球捡起来然后拿着跑合不合适。但是美国人并不知道，他们需要将英国人都熟知的诸多细节写成明文规则。

正如大卫·理斯曼[1]（David Riesman）和里尔·邓尼[2]（Reuel Denny）在一篇优秀论文中所表示的，英式橄榄球变形为美式橄榄球本身就是文化传播中的一个有趣的实例。[44]尽管1869年11月6日普林斯顿对拉特格斯的那场比赛传统上被称之为美国第一场校际美式橄榄球比赛，但这场比赛更像是英式足球比赛而不是英式橄榄球。后者，作为美式橄榄球的前身，其首次校际比赛是在1874年5月15日，一支来自蒙特利尔麦吉尔大学的球队来到剑桥市挑战哈佛大学的新手们。1876年，来自普林斯顿、哥伦比亚、哈佛和耶鲁众大学的球队聚集在马萨诸塞州的斯普林菲尔德，他们试图在存在太多令人烦恼的当地橄榄球变体的情况下将美式橄榄球的规则正规化。美式橄榄球在快速转变时期传播得很快。自1880年，球从争球时的固定线被“开球”（Hike）踢至中央所取代；至1882年，实行单一位置球员交替制度（Single－platoon Football），11个固定位置建立，“首攻”（First Down）被发明了——3次进攻前进5码（Three Tries for Five Yards）。1906年，出现前进传球（Forward Pass），这使得这项运动成为了真正现代意义上的美式橄榄球，那就是脚在比赛中几乎毫无作用的足球。在这一时期，校际美式橄榄球协会（Intercollegiate Football Association）在1876年成立，此后一直不断地在实践经验的基础上改进评分系统。

至第一次世界大战，美式橄榄球已经是现代体育项目中彻底专业化、理性化、科层组织化的典范。当然，从理论上来讲，美式橄榄球向所有想要提高作为带球员、阻挡员、阻截员、传球员、接球员或者踢球员的技能的年轻人开放。实际上，该体育项目一直被优秀的东部学校所统治，直至

---

〔1〕 大卫·理斯曼（1909－2002），美国社会学家、教育家，代表作有《孤独的人群》等。

〔2〕 里尔·邓尼（1913－1995），美国诗人、学者。

19世纪80年代晚期，东西部的大学才开始扭转局势。随着时间的推移，沃尔特·坎普的全美代表队名单上除了有英国和德国名字也开始出现了波兰和意大利名字。至少有一位学者相信，耶鲁早期优于哈佛是因为前者在招新球员时是以球技为基础，而不像老波士顿球队那样更多的是以族群作为标准。[45]

正如棒球、篮球和其他现代体育项目一样，美式橄榄球也以高度量化为特征。尽管美式橄榄球要比棒球更强调团队协作，因此要将比赛结果归功于球员个人要更加困难，但是美式橄榄球的数据要包括带球跑动所得码数、成功传球次数、首攻等。以这些量化为基础，纪录就能够被计算出来。每一赛季，都有新的纪录产生，可想而知，给球员和观众带来了多少满足感。那些为永久记录成功球队而写的书，总是以关于输赢纪录和队伍等级的附录而结尾。赞扬单个球员的传记也总是会提供一份个人纪录单。然而，美式橄榄球中的量化和对纪录的追求可能并不像在棒球中一样发达。从这一方面来讲，美式橄榄球没有棒球那么现代，但是我们再一次需要面对原始因素和现代因素的矛盾结合，正如我们在对棒球进行讨论时一样。

我们已经注意到了这一事实，美式橄榄球中的时间和空间与棒球不一样，但是却与篮球、曲棍球、网棒球和欧洲墙手球（一种结合了英式足球和篮球元素的项目）相同，那就是时间是计时时间，而空间运动范围是两边摆动式，而不是圆形循环式。棒球的时空独特性，部分解释了其之所以未能传至欧洲的原因，但是美式橄榄球呢？既然美式橄榄球的起源很明显要比棒球更为欧式，那么为什么这项运动没有跨越大西洋捕获英国人和法国人的心（正如其捕获许多英裔和法裔加拿大人的心一样）呢？也许简单地来讲，是因为英式橄榄球充分地满足了他们本能上的需要。英式橄榄球同样是一项能满足人们发泄攻击原始欲望的团体体育项目。它同样能满足现代人们对量化的狂热。生理上的功能已经被填满了。在英式橄榄球不流行的地方，例如德国和意大利，我们的美式橄榄球也许可以赢得它的据点。德国电视台上我们的美国橄榄球超级杯大赛的出现就是一个兆头。

三、精神宣泄与战争
Crtharsis and War

在讨论完美式橄榄球的原始实质和现代形式之后，我们可以回到那个令人烦恼的问题了，即美式橄榄球流行度上升的曲线与美国在越南、柬埔寨和老挝的军事扩张之间可能存在的关系。保罗·胡克和其他一些人断言，两者趋势的相同绝非偶然。他们认为，对职业美式橄榄球的狂热同样来源于导致美国在东南亚的丛林之中的灾难性军事冒险的社会心理因素。这一控诉的合理性大部分取决于是否人们接受通过体育而达到精神宣泄的理论。

康罗·洛伦兹（Konard Lorenz），在其最具影响力的著作《攻击与人性》（《On Agression》，1963）当中暗示着，体育能给人提供一种精神发泄经验，这样人的攻击就能从更为破坏性的发泄方式转移过来，并且毫无伤害地在体育场上宣泄出来。[46]

> 然而，体育的价值远胜于一些直截了当的攻击发泄。例如怒吼或连击沙包。它教导人们有意识且带责任地控制自己打斗的行为。自我控制很少像在拳击赛中任意发脾气那样立刻且严重地遭受惩罚。更重要的是，限制的教育价值，此限制乃出于公平和骑士精神的需要，即使面对最强烈的引发刺激时，也必须公平和有骑士精神。[1]

这一有趣的广泛接受的理论暗示着，运动员和观众将得到情感上的安静，这也是亚里士多德认为观看悲剧的观众所能得到的，通过悲剧的观看，人们的恐惧和同情将得到“净化”（Purged）。[47]倘若这一理论是真的，那么将攻击倾向转向体育这一得到安全控制的范围以内，就减少了攻击在社会其他地方的发生率。年轻人将愤怒通过阻挡和阻截发泄出来，他利用了一种社会可以接受的排解暴力情绪的方式，倘若这种情绪得不到宣泄的话，就可能导致他杀人或者是强奸。同样地，观众也有机会，通过心理认同，间接地感受那紧张的兴奋，以及随后的平和状态。美式橄榄球减少了国内暴力犯罪和国外军事行动的可能性。

非常遗憾的是精神宣泄理论并没有适当的根据。有证据表明，球员他们自己在比赛后要比在开球前更少攻击性，这一效果很有可能大部分是来源于在实际比赛中大量精力的耗尽，但是关于观众所经历的所谓的精神宣

---

〔1〕 见《攻击与人性》第 293 – 294 页，康罗·洛伦兹著，王守珍，吴雪娇译，作家出版社 1987 年版。

泄在心理学家中却很少能达成共识。48难以达成共识主要是基于两种类型的实验。第一种类型，对观众在参加各种体育项目之前和之后进行纸笔测验。例如，在一研究中，热心的美式橄榄球球迷回答采访者的问题，采访者会问他们来自巴斯 - 德尔基敌意量表（Buss - Durkee Hostility Inventory）中的36个问题（加上“填表人”信息）。作者们会用同一测验来测试观看体操项目的观众。他们得出结论，“现有研究中并未得到支持精神宣泄效果的结论。”49事实上，数据倾向于表明在一赛事后观众——甚至是球迷所喜爱的球队获胜时——的敌意上升。第二种测验类型是由里欧纳德·伯考维茨[1]与其同事所发展的。尽管这一实验以许多种变体进行过，但是基本形式可以描述如下：给实验对象观看暴力和非暴力的电影，例如，一部关于拳击比赛的电影与一部旅行见闻讲座。然后会测试实验对象施与他人身上的动作中有多少攻击的意愿。这是通过测试对象认为在测试另一个人对问题的反应能力时所施予另一个人的电击量来计算的（另一个人其实并未接受电击，但是实验对象并不知道这一点）。整个复杂的实验是来源于斯坦利·米尔格拉姆[2]所做的一些著名的研究，他在《权力服从》（《Obedience to Authority》，1974）对此有描述。观看关于暴力体育电影的实验对象要比那些观看另一种电影的实验对象更愿意施予高强度电击，由此我们可以得出结论，所谓通过观看体育比赛来达到所谓的精神宣泄是不存在的。

以纸笔测验或者是实验情况为基础来猜测人们在社会中的实际行为时，我们最好采取谨慎的态度，但是我们有另一个理由来对精神宣泄理论表示怀疑。我们知道在英国的体育赛事最近经常会发生破坏性的“足球流氓主义”（Soccer Hooliganism）现象，并且南美的足球比赛也曾激怒观众，并导致了许多人死亡以及成百上千的人受伤。50美国的一些市政府在很多情况下都曾因群众暴力事件而停止举办传统的星期五晚高校美式橄榄球比赛，许多这样的体育赛事现在都是秘密举行，没有其他人在场，除了竞赛者和官员以外。对精神宣泄理论有利的证据目前还没有得到。

---

[1] 里欧纳德·伯考维茨（Leonard Berkowitz，1926 - ），美国社会心理学家，人类攻击性是其研究的主要课题。

[2] 斯坦利·米尔格拉姆（Stanley Milgram，1933 - 1984），美国社会心理学家，人们对权威的服从是其研究的主要课题。

让我们现在回到我们在考虑美式橄榄球问题之初所提出的那种可能性。倘若美式橄榄球观众在心理上要比棒球球迷更带有攻击性，倘若同时美式橄榄球在富人当中要比在穷人当中更加流行，那么我们能就此断言攻击性是与高收入、良好教育和高地位相联系，这一推论的问题是，我们从大量的研究中发现，攻击性行为和暴力犯罪在社会底层的人中间要比在社会上层的人中间更为频繁。

要想走出这一理性困境也不是很难。我们必须铭记，以心理测试来衡量的“攻击性”至多是一种指向导致社会混乱行为的心理倾向。社会上层人士通常是已经被社会化了，能控制住这种倾向。他们要比其受教育程度更低的市民更具有“攻击性”的同时更加克制。从一场美式橄榄球赛的原始内容中得到刺激，中产阶级的观众要比其他人更能找到一种社会能够接受的方式平静下来。的确，我们可以更深入地就此问题进行逻辑推理。在诺贝特·埃利亚斯[1]（Norbert Elias）和埃里克·邓宁的优秀文章《在不兴奋的社会中追求兴奋》（《The Quest for Excitement in Unexciting Societies》）中，作者假定现代社会日常生活的习惯化与像足球、英式橄榄球、曲棍球和美式橄榄球这样的体育运动的流行之间有一种相反的关系。“与发展更为欠缺的国家相比，在我们这一时代更为发达的工业化国家里，公开表达强烈激动心情的场合变得越来越少。”[51]类似美式橄榄球之类的比赛可以提供一些农神节式的纵情狂欢场合，在这种场合下人们可以无拘束地表达自己在现实生活中必须紧紧抑制住的情感。嘶喊、尖叫的观众角色可以弥补我们作为父母、员工和市民这些角色时的压抑。并且，倘若这种激动过度了，那么也会溢出来导致暴乱行为的发生。

倘若这种假说是正确的，那么我们就可以解释美式橄榄球在美国教育中的作用了。我们的高级中学和大学都是社会化机构，这些机构主要是为了培养理性行为的。在美式橄榄球的校际顶盛时期，从19世纪80年代到20世纪50年代，美国的大学是强调纪律和社会控制的机构。学生大多数是来自中产阶级，被要求要学习。同时他们也料想到了，男孩子终究是男孩子，即使他们是阿姆赫斯特大学的学生也是一样，他们也会展现出与青少

〔1〕 诺贝特·埃利亚斯（1897－1990），波兰著名社会学家，代表作有《文明的进程》等。

年有关的那种悸动。校际体育，特别是美式橄榄球，为学生们提供了一个正当的社会所允许的机会来展现男人的勇气、酗酒狂欢的爆发，以及从星期一到星期五大学校规压抑情感的释放。而且，学生一旦毕业了，怀旧的力量与日程表（比赛是在周末，那时中产阶级市民工作完得以休息）共同协作给美式橄榄球在许多情感“休息时间”（Time Out）的版本中提供了特殊的位置。[52]

因而，没有理由认为世纪之交的常春藤联盟拥有一种特别暴力的亚文化，或者是美国社会中的“些许法西斯成分”最有可能出现在教育程度最高的人当中。反而是社会化程度最高的市民最需要现代体育的补偿。是他们最需要美式橄榄球和其他暴力运动提供的情感“休息时间”。他们购买大多数美国人买不起的门票，他们将波旁威士忌酒塞进他们考究大衣的口袋里，他们在尽情享受社会所允许的情感狂欢。因为他们是社会化最彻底的公民，所以他们很少让这种加强的攻击堕落成身体攻击。棍子和石头会打断我们的骨头，但是为主场队歇斯底里的呐喊伤害的只是我的端庄得体。

但是我们能够在否定观众精神宣泄的可能性的同时，仍然将美式橄榄球比赛描述成纵情狂欢的情感“休息时间”的场合吗？可以，倘若我们考虑的不仅仅是最为狭隘范畴的观众角色——观看一场体育比赛的人——而是更为广泛的剧团里面的角色。例如，美式橄榄球周末的学生，或者比赛前后中的中年职业球员所扮演的角色。对竞赛的一种需要长坐的、被动的反应，正如在伯考维茨实验中看电影的人那样，很有可能最终会导致上升的敌意和攻击，但是在“重要的周末”这一更大的戏剧当中一个积极的角色可以得到情感的释放，通过一系列的行为，包括赛前浮躁、比赛时的狂热呐喊，以及比赛后的狂欢。比赛本身被认为是为一些特定行为所提供的一个场合，而这些行为只有在美式橄榄球周末才能获得认可。从这一更广的意义上讲，一些精神宣泄理论的修正版也许是有据可循的。体育赛事使观众兴奋不已，提供了一个释放通常被谴责和禁止行为的环境。这种行为有时候会过激，但是“过激”（Too Far）的定义通常是由中产阶级所设定的。因此，一场美式橄榄球比赛胜利之后的恶意破坏被看成是与伴随着激进政治抗议出现的“破坏”（Trashing）截然不同的。而且也的确是不同的。为了庆祝俄亥俄州击败密歇根大学的那场比赛而推翻的那一辆车的象征意义，与在一场激进的动乱中，或者是在一次反战争的游行之后的动乱中撞碎的那辆车的象征意义是完全相反的。

为了进一步探讨社会阶级与体育的“情感休息时间”，我们可以看一下关于加拿大美式橄榄球最近的一项研究。与我们的超级碗大赛相类似的加拿大的比赛是西部联合会与东部联合会（Western and Eastern Conferences）的胜利者之间的一场决赛。因为最终的胜利者将获得由格雷伯爵赞助的一个奖杯和一笔颇为丰厚的奖金，这场比赛所引发的激动场面通常被称之为“格雷杯节”（Grey Cup Festivities）。为了深入调查这些节日，一个社会学家小组在安大略省的汉密尔顿——即格雷杯赛的举办城市——的11个中产阶级和下层阶级的休息室和酒吧里观察人们的行为。中产阶级休息室中都是青春期式的狂欢场景：[53]

这些场合中都过度地充满着高度的合群行为和喧闹举止的气氛，而且随着时间越来越晚，以及酒喝得越来越多，这种合法的异常行为的程度还在继续升高。发自内心的尖叫、嘶喊和喇叭声不断地从酒吧的各个角落传出，彼此竞争着……音量……男人加入到情绪高昂的友谊与友好的行为当中。偶尔会爆发激烈的打斗。

与此同时，下层阶级的酒吧里几乎就好像没有冠军需要决定一样，一切如常，“整个下层阶级的酒吧里的情形可以描述为‘一切如常’（Business as Usual）”。[54]而“一切如常”这一短语并不是描述一种完全安静的气氛。“打斗差不多每一个小时都会发生。”[55]尽管这一研究的作者继续谴责“加拿大社会的垄断资本主义性质”，思考美式橄榄球比赛带来的“合法异常行为”（Legitimate Deviance）与在下层阶级的酒吧中的“正常”暴力之间的不同之处，对于我们的目的来说已经足够了。发生在休息室的打斗是与一种特别的庆祝相联系的不寻常事件，而在酒吧中的打斗是“一切如常”，甚至是从激进的角度来看也是如此。用平常的话来讲，每一个社会中的低下层阶级都可能倾向于以直接的异常行为来表示他们的绝望，而中上层阶级的人则会好好利用农神节式狂欢的场合，以及制度化的“时间休息”。因为美式橄榄球将原始因素与一个复杂的团队和策略系统结合在一起，所以看上去特别适合其双面功能，既是作为现代社会组织的典范，又是作为原始情绪释放的场合。

让我们继续推断下去。倘若美式橄榄球比赛增强了观众的敌意和攻击情绪，正如否定精神宣泄理论时所暗示的，那么新马克思主义者断定美式橄榄球的流行与一种干涉外国政策，即他们所指的“军国主义”（Militarism）之间有着某种联系就很有可能是对的。倘若，另一方面，美式橄榄球比赛是一个释放积压情绪的农神节式狂欢的“休息时间”场合，正如精神宣泄理论修订版所暗示的，那么这项运动从逻辑角度上来讲，倾向于减少其他地方攻击的可能。至少有一位人类学家曾试图以实证来检验这个问题。通过将民族志文件中以“好战的”（Warlike）为特征的10个原始文明与10个爱好和平的文明相比，他发现好战的行为与好战性体育的存在之间有着重要的关系。他继续对美国1920年至1970年间作为观众体育的棒球和美式橄榄球的流行度进行研究，只是发现美式橄榄球和战争时期没有任何数据上的重要关系——在二战和朝鲜战争时期，美式橄榄球的流行度有所上升，但是两次战争之间的那几年美式橄榄球也很流行。棒球和美式橄榄球之间，对于美式橄榄球的偏好也许与在越南战争中支持“鹰派”（Hawkish，即强硬派）政策的数据上有着重要的联系，但是似乎没有人曾检验过这种假说。倘若是这样的话，利用像教育和固定收入这样的因素，我们或许可以探索原因。由比赛所激起的攻击性是否增强了想要在社会允许的（达到了这一程度）战争行为中释放情绪的愿望？或者是人们对游击战争升级的失望将市民送到至少他们能够和同样失望的同胞一起尖叫呐喊的体育场吗？对于这类问题的研究几乎还没有开始。

NOTES

1. Data taken from the Statistical Abstract of the United States.

2. John W. by, “The North American Syndrome,” Sports or Athletics?, ed. I. Alex Murray (Windsor, Ontario: University of Windsor Press, 1974), pp. 94 – 95.

3. World Almanac and Book of Facts, 1976.

4. “A Season in the Stands,” Commentary, 48 (luly 1969), 66.

5. “Game Theory,” Columbia Forum (Fall 1966), 173.

6. Eugene Bianchi, “Pigskin Piety,” Christianity and Crisis, 32 (February 21, 1972), 31 – 32.

7. Rip Off the Big Game (New York: Doubleday – Anchor Books, 1972), p. 7.

8. The poll was published nationally on January 4, 1960; see George H. Gallup, The Gallup Poll, 3 vols. (New York: Random House, 1972), 3, 1699 – 1700.

9. See Georges Magnane, Sociologie du sport (Paris: Gatlimard, 1964), p. 35.

10. Quoted by Morton Sharnik and Robert Creamer, "A Rough Day for the Bear," Sl, 17 (November 26, 1962), 16.

11. Quoted in Tom Dowling, Coach (New York: Norton, 1970), p. 46.

12. Quoted in Arnold I. Mandell, The Nightmare Season (New York: Random House, 1976), p. 19.

13. Roy Blount, Jr., About Three Bricks Shy of a Load (Boston: Little, Brown, 1974), p. 113.

14. Ray Nitschke and Robert W. Wells, Mean on Sunday (Garden City: Doubleday, 1973), p. 253.

15. "Game Theory," 174.

16. Quoted in Blount, About Three Bricks Shy of a Load, p. 117.

17. Although the structure of the game, the testimony of the players, and the witness of a number of recent novels all indicate the football player's need to express aggression in the form of physical collisions, psychologists have not been able to devise personality tests which separate football players from other athletes. Repeated experiments with the Minnesota Multiphasic Personality Inventory, the Cattell Sixteen Factor Personality Questionnaire, the Edwards Personal Preference Schedule, and the Thematic Apperception Test have provided a wealth of contradictory evidence. See William L. Lakie, "Personality Characteristics of Certain Groups of Intercollegiate Athletes," RQ, 33 (1%2), 566 – 73; Howard S. Slusher, "Personality and Intelligence Characteristics of Selected High School Athletes and Nonathletes," RQ, 35 (1964), 539 – 45; Richard A. Berger and Donald H. Littlefield, "Comparison between Football Athletes and Nonathletes on Personality," RQ, 40 (1969), 663 – 65; Brent S. Rushall, "An Evaluation of the Relationship between Personality and Physical Perfonnancc Categories," Contemporary Psychology of Sport, ed. Gerald S. Kenyon (Chicago: Athletic Institute, 1970), pp. 157 – 65; William F. Straub, "Personality Traits of College Football Players," International loumal of Sport Psychology, 2 (1970), 33 – 41, Bront S. Rushall, "Three Studies Relating Personality Variables to Football Performance," International Journal of Sport Psychology, 3 (1970), 12 – 24; William P. Morgan, "Selected Psychological Considerations in Sport," RQ, 45 (1974), 374 – 90.

18. Mike Holovak and Bill McSweeney, Violence Every Sunday (New York: Coward, McCann, 1967), p. 17.

19. See George H. Sage, "Machiavellianism among College and High School Coaches" and "Value Orientations of American College Coaches," Sport and American Society, ed. George H. Sage, rev. ed. (Reading: Addison - Wesley, 1974), pp. 187 - 228.

20. Paul Hornung and AI Silverman, Football and the Single Man (New York: Doubleday, 1965); } erry Kramer and Dick Schaap, Instant Replay (Cleveland: World, 1968); Kramer and Schaap, Farewell to Football (Cleveland: World, 1969); Dowling, Coach; Kramer, ed., Lombardi: Winning Is the Only Thing (Cleveland: World, 19701; Leverett T. Smith, Jr., The American Dream and the National Game (Bowling Green: Bowling Green University Popular Press, 1975), pp. 209 - 56.

21. Ibid., p. 251.

22. End Zone (Boston: Houghton Mifflin, 1972), p. 200. Copyright - 1972 by Don DeLillo. Reprinted by permission of Houghton Mifflin Company. World rights, exclusive of U. S. and its dependencies, Canada, and the Philippines, by permission of William Morris Agency, Inc.

23. Ibid., p. 20.

24. Ibid.

25. Ibid., pp. 83 - 84.

26. Ibid., p. 199.

27. Ibid., p. 112.

28. Ibid., p. 77.29. Ibid., p. 242.

30. Michael Novak, The/oy of Sports (New York: Basic Books, 1976), p. 85.

31. William Arens, "The Great Ainerican Football Ritual," Natural History, 84 (October 1975), 72 - 81.

32. Stade, "Game Theory," 175.

33. Carl Diem, Weltgeschichte des Sports, 3rd ed., 2 vols. (Frankfurt: Cotta, 1971), 1, 513.

34. Robert W. Henderson, Ball, Bat and Bishop (New York: Rockport Press, 1947), p. 36.

35. Jean I. } usserand, Les Sports et ieux d'exercice dans l'ancienne France (Paris: Plon - Nourrit, 1901), p. 282.

36. Christina Hole, English Sports and Pastimes (London: B. T. Batsford, 1949),

p. 53.

37. Quoted in Percy M. Young, A History o[British Football (London: Arrow Books, 1973), p. 44.

38. Michel Bouet, Signification du sport (Paris: Editions universitaires, 1968), p. 257.

39. Dennis Brailsford, Sport and Society: Elizabeth to Anne (Toronto: University of Toronto Press, 1969), p. 20.

40. Young, History of British Football, p. 58.

41. Les Sports et /eux d'exercice dans l'ancienne France, p. 282.

42. Young, History o[British Football, p. 161.

43. Eric Dunning, "Industrialization and the Incipient Modernization of Football," Stadion 1 (1976), 136 – 38.

44. "Football ill America," American Quarterly, 4 (1951), 309 – 25.

45. Allen Sach, "American Business Values and Involvement in Sport," Women and Sport, ed. Dorothy V. Harris (University Park: Pennsylvania State University College of Health, Physical Education and Recreation, 1972), pp. 277 – 91.

46. On Aggression, trans. Marjorie Kerr Wilson (New York: Harcourt, Brace, and World, 1966), pp. 280 – 81.

47. Fbr the catharsis theory in sports, see Robert A. Moore, Sports and Mental Health (Springfield, lllinois: Charles C. Thomas, 1966); Norbert Elias and Eric Dunning, "The Quest for Excitement in Unexciting Societies," The Cross – Cultural Analysis of Sport and Games, ed. Gtinther Ltischen (Champaign, illinois: Stipes, 1970), pp. 31 – 51.

48. For evidence against the catharsis theory, see Emma McCIoy Layman, "Aggression in Relation to Play and Sports," Contemporary Psychology of Sports, ed. Gerald S. Kenyon (Chicago: Athletic Institute, 1970), I'P. 25 – 34; Edward T. Turner, "The Effects of Viewing College Football, Basketball and Wrestling on the Elicited Aggressive Responses of Male Spectators," Contemporary Psychology of Sports, pp. 325 – 28; Leonard Berkowitz, "Aggressive Clues in Aggressive Behavior and Hostility Catharsis," Psychological Review, 71 (1964), 104 – 22; Berkowitz, "Some Aspects of Observed Aggression," Journal of Personality and Social Psychology, 2 (1965), 359 – 69; Berkowitz and Edna Rawlings, "Effects of Film Violence on Inhibitions against Subsequent Aggressions," Journal of Abnormal and Social Psychology, 66 (1963), 405 – 12; Berkowitz and Russell

C. Green, "Fihn Violence and the Cue Propeyries of Available Targets," Journal of Personality and Social Psychology, 3 (1966), 525 – 30; Russell G. Green and Edgar C. O′ Neal, "Activation of Cue – Elicited Aggression by General Arousal," Journal o[Personality and Social Psychology, 11 (1969), 289 – 92; Donald P. Hartmann, "The Influence of Symbolically Modeled Instrumental Aggression and Pain Cues on Aggressive Behavior," Journal of Personality and Social Psychology, 11 (1969), 280 – 88; Meinhard Volkamer, "Sport als aggressives Verhalten – aggressives Verhalten als Sport," Die Leibeserziehung, 21 (1972), 409 – 15; Jeffrey 1t. Goldstein and Robert L. Arms, "Effects of Observing Alhletic Contests on Hostility," Sociometry, 34 (1971), 83 – 90.

49. Ibid., 89.

50. On the violent behavior of spectators, see lan Taylor, "Hooligans: Soccer′s Resistance Movement," New Society, 14 (August 7, 1969), 204 – 6; Taylor, " 'Football Mad′: A Speculative Sociology of Football Hooliganism," Sociology of Sport, ed Eric Dunning (London: Cass, 1971), pp. 352 – 77; Michael Smith, "Violence in Sport," SW, 4 (1974), 164 – 73; Smith, "Significant Others," IRSS, 9, nos. 3 – 4 (1974), 45 – 56; Smith, "Sport and Collective Violence," Sport and Social Order, ed. Donald W. Ball and John W. Loy (Reading: Addison – Wesley, 1975), pp. 281 – 330; Gladys Engel Lang, "Der Ausbruch von Tumulten bci Sportveranstaltungen," Die Soziologie des Sports, ed. Gfinther Lt – schen und Kurt Weis (Darmstadt: Luchterhand, 1976), pp. 273 – 95; Clifford Bryan and Robert ttorton, School Athletics and Fan Aggression," Educational Researcher, 5, no. 7 (Summer 1976), 2 – 11.

51. Elias and Dunning, The Ques – t for Excitement in Unexciting Societies, p. 31.

52. A sensitive account of sport and turn – of – the – ceutury colleges can be found in Guy Lewis, Enterprise on the Campus: Developments in Intercollegiate Sport and Higher Education, 1875 – 1939/′History o[Physical Education and Sport, ed. Bruce L. Bennett (Chicago: Athletic Institute, 1972), pp. 53 – 66.

53. Alan Listiak, " 'Legitimate Deviance′ and Social Class," Canadian Sport, ed. Richard S. Gruneau and John G. Albinson (Don Mills, ( ) ntario: Addison – Wesley, 1976), p. 416.

54. Ibid., p. 418.

55. Ibid., p. 419.

56. Richard G. Sipes, "War, Sports and Aggression," American Anthropologist, 75 (1973), 64 – 86.

第六章　重读个人主义
Individualism Reconsidered

美国人喜欢认为他们自己是个人主义者（Individualist）。这个词本身是在亨利·里夫（Henry Reeve）翻译法语词“Individualisme”时以“个人主义”（Individualism）而进入我们的语言中的，阿历克西斯·德·托克维尔曾将个人主义作为他美国民主分析的一部分。托克维尔同时代的拉夫尔·沃尔多·爱默生[1]对个人主义作出了他自己的超验主义表达，使自助成为了美国的一个信条。到1929年赫伯特·胡佛（Herbert Hoover）当选为总统时，“不屈不挠的个人主义”（Rugged Individualism）这一短语已经早就成了陈词滥调。路易斯·哈茨和其他人将自由主义传统（Liberal Tradition）视为美国政治观念的关键，而自由主义传统源自于最大化的个人自由原则。美国个人主义者与欧洲唯从主义者（Conformist）之间明显的对比曾是我们政治辞令中最主要的部分。当大卫·理斯曼和其他人为当今美国所谓的唯从主义感到哀痛时，通常认为我们时代令人惋惜的顺从行为与前几代美国人的独特个人主义方式之间存在着明显的对比。

美国文学史学家同样特别重视个人主义这一主题。海斯特·白兰[2]（Hester Prynne）对清教主义社会的自我反抗，亨利·戴维·梭罗[3]对所有他不愿参与组织的拒绝，亚哈船长[4]（Captain Ahab）愤怒的亵渎，哈克贝

〔1〕拉夫尔·沃尔多·爱默生（Ralph Waldo Emerson，1803－1882），美国著名思想家、文学家、诗人，超验主义运动最主要代表。

〔2〕霍桑的小说《红字》中的女主人公。

〔3〕亨利·戴维·梭罗（Henry David Thoreau，1817－1862），美国著名作家、哲学家，超验主义运动代表人物，代表作有《瓦尔登湖》等。

〔4〕梅尔维尔的小说《白鲸》中的主人公。

利·费恩[1](Huckleberry Finn)向边疆的逃亡，伊莎贝尔·阿切尔[2](Isabel Archer)对选择自己命运的权力的坚持，弗雷德里克·亨利[3](Frederic Henry)永别了与奥地利军队之间的战争，而选择了一条和平之路——文学批评家和普通读者都曾为我们文学中的这些时刻而狂热。我们的自我形象是个人主义者。

同时我们的自我形象也是乐于合作的。正如约翰·威廉·沃特（John William Ward）和其他历史学家所指出，托克维尔不仅对美国的个人主义感到惊奇，而且也对美国的乐于合作而感到惊叹。对组织志愿者社团的偏好使得这位法国贵族认为这才是更具美国特色的特征，而不是急于反抗一切组织，不管是志愿性的还是非志愿性的。尽管超验主义者与他们的后继者一直强调自助，社会的主要机构则强调的是合作的美德。纳蒂·邦珀或许会独自去拓荒；但是大多数拓荒者追求的是安全和努力合作的同伴关系。尽管亨利·梭罗为了发掘生活中的真正必需品而退居（一段时间）瓦尔登湖，他的同胞们却长途跋涉或是选择新修的铁路来到波士顿、纽约，或者芝加哥，在那里他们追求的是不那么孤独的个人主义版本。像约翰·杜威[4]和乔治·赫伯特·米德[5]这样的理论家不是将个人的本质解释为内部特质的神秘形式，而是解释为社会相互作用的产物。而极具口才的政治领导人也不断地催促美国人加入到团队中来。

加入团队（Team)。团队这个单词原本与体育一点关系也没有（英语中一群牛称之为 A Team of Oxen)。现在我们很难将“团队”这个词与体育分开来，因为美国人曾在团体体育项目中追寻一种个人主义与合作精神的结合，一种仍然鼓励个人主义发展的集体努力的形式。阿兰·内文斯写道：“当然，个人主义最突出的主题反映在我们的消遣方式中。”1 但是，是这样吗？美国最流行的体育项目都是团体体育项目，难道这不是真的吗？倘若

---

〔1〕 马克·吐温小说《哈克贝利·费恩历险记》中的主人公。

〔2〕 詹姆斯小说《贵妇人画象》中的女主人公。

〔3〕 海明威小说《别了，武器》中的主人公。

〔4〕 约翰·杜威（John Dewey，1859 – 1952)，美国著名实用主义哲学家、教育家、心理学家。

〔5〕 乔治·赫伯特·米德（George Herbert Mead，1863 – 1931)，美国著名社会学家、哲学家，符号互动论奠基人。

梭罗式的冲动在起着主导作用，那么我们也许会期望美国人选择像游泳、滑冰、山地越野跑，甚至是高尔夫或网球这样的项目，在这些体育项目中，个人很清楚地与团队分离开了，不像在棒球、篮球、美式橄榄球和曲棍球这些团体体育项目中，团队合作是取得成绩的必要条件。

在最早对体育和国民性（National Character）所做的调查中，约瑟夫·斯图特（Joseph Strutt）写道：[2]

> 要想对任何特定民族的性格作出公正的评判，就一定有必要调查在他们中通常最为流行的体育项目和消遣方式。战争、政策（政治），以及其他偶然的情况，或许可能有效地在不同时期使他们产生不同的观点，但是，当我们跟随他们进入他们的休闲世界时，那里任何伪装都是没有必要的，在那里我们最可能看到他们真正的状态，或许能最好地对他们的最自然的取向做出判断。

讨论棒球和美式橄榄球时，我试图像斯图特所说的那样，跟随美国人进入他们的游戏当中，进入他们相对自由的世界中，“那里任何伪装都是没有必要的。”但是我必须承认，大多数以特定种类的现代体育项目为基础来解释国民性的尝试都是不成功的，原因很简单，那就是现代体育都是广泛传播的，倘若说内容不相同的话，其结构上却都十分相似。意大利足球风格与瑞典足球或者是巴西足球的风格之间的不同之处毫无疑问是很真实的，但是这些不同之处或许太过于细微，以致于我们不能从它们中建构出任何关于国民性的合理解释。对瑞典球员的“没有生气”（Lethargic）性质，或者对意大利球员的“充满激情”（Fiery）特征的评论，并不能帮助我们更好地了解国民特征。然而，我们有很好的理由认为，个人体育项目和团体体育项目之间的显著区别，不管是从心理上还是文化上来讲都是很重要的。既然有这种可能性作为动力，我们可以查看下在美国和其他现代社会中个人和团体体育项目的参与率。

一、个人体育项目与团体体育项目的比较
Individual versus Team Sports

美国人在被民意测验者问到要列举其最喜爱观看的体育节目时，回答

如表 6-1 所示。[3]两性对团队运动的偏爱都是势不可挡的。类似的结果出现在另一调查当中，当明尼阿波利斯和圣保罗的 562 位居民被要求说出他们所能想到的与“体育”一词相联系的事物时，他们的回答是很明确的。72.7% 的人提及美式橄榄球，66.9% 棒球，42.6% 篮球，然而网球——最经常被提及的个人体育项目——却仅仅有 21.6% 的人提及。[4]同样的结果出现在电视体育节目的收视率中。当 1975 年的超级碗大赛吸引了 41.6% 的观众，而世界职业棒球竞标赛的收视率也达到了 30.7% 时，高尔夫竞标赛的总平均收视率为 8.6%，而温布尔登网球公开赛则仅仅只达到 4.5%。对团体体育项目的这种偏好的部分原因——但不是全部——是因为超级碗是在单独一个下午举行的。[5]与此相对比，德国电视台的团体体育项目霸权则显得不那么明显。81% 的观众收看了 1966 年的足球锦标赛（德国对前苏联），52% 的人观看了花样滑冰锦标赛和自行车世界锦标赛。3 年之后，77% 的人收看足球（德国对苏格兰），而 36% 的人收看田径运动。

表 6-1 最喜欢观看的体育项目

（百分比）

	男	女	总计
棒 球	41	27	34
美式橄榄球	27	16	21
篮 球	6	12	9
保龄球	1	8	5
摔 跤	3	6	5
拳 击	4	2	3
曲棍球，滑冰			3
滑 雪			1
高尔夫			1
游 泳			1
其 他	9	12	4
拿不准	9	17	13

《体育画报》的封面代表了编辑对大众体育爱好者最关心运动的判断。因为这本杂志面向所有体育运动（以及一些非体育项目，如桥牌和国际象棋），所以必须努力尽量包含更多的项目，但是封面的分布仍然表明对团体体育项目的格外重视，并且这一趋势还在日渐增强。正如表 6-2 所示，《体育画报》出版的头 20 年中，20.7% 的封面特写是美式橄榄球，而棒球占去另外 17.8%。[7]高尔夫作为最经常展示的个人体育项目，仅仅只占总数的 8.8%。在整整 20 年中，团体体育项目封面的比例不断在上升，而个人体育项目的比例则下降了，但真正使人惊奇的是，篮球封面特写比例的上升速度甚至要比美式橄榄球还快。在 20 年间，体操——在欧洲和日本最为流行的体育项目之一——仅在封面上出现过两次。除了表示团体体育项目的倾向之外，这些封面还表明了对本质上为现代以前的体育项目兴趣的明显降低，例如钓鱼、狩猎、游艇和划船，以及爬山（最后一项在刚开始 8 年间 3 次上了封面，之后就再也没有在封面上出现过了）。总的看来，不同体育项目上封面的次数都在下降，但是个人体育项目下降得最为明显。

表 6-2　《体育画报》封面特写的体育项目次数

	1955~1958	1959~1962	1963~1966	1967~1970	1971~1974
美式橄榄球	22	25	52	58	53
篮　球	6	10	18	36	39
棒　球	41	28	30	43	38
高尔夫	9	29	23	16	12
曲棍球	4	5	6	11	11
拳　击	8	9	16	5	9
赛　车	5	7	4	5	6
网　球	5	4	5	1	6
田　径	12	13	13	10	5
赛　马	13	13	7	1	4
滑　雪	9	9	10	5	2

续表

	1955～1958	1959～1962	1963～1966	1967～1970	1971～1974
游泳、跳水	3	8	0	1	2
滑　冰	3	2	1	1	1
钓鱼，狩猎	11	7	3	0	0
划　船	7	7	5	0	0
其他团体体育项目	0	3	1	0	2
其他个人体育项目	16	7	1	0	1
多种体育项目结合	10	1	0	3	6
非体育项目	19	11	6	7	6
总　计	203	201	202	203	203

对团体体育项目的偏好同样也出现在报纸的体育版面，以及由体育英雄出版的或关于体育英雄的无数书籍当中。保罗·加德纳（Paul Gardiner）关于美国体育的社会重要性的最新研究《好人不得志》（Nice Guys Finsh Last，1975）中涉及棒球、美式橄榄球、篮球和足球，然而却几乎彻底地忽略了个人体育项目的存在。从迈克尔·诺瓦克（Michael Novak）的《体育的乐趣》（The Joy of Sport，1976）中，我们也可以看出这种对团体体育项目的强调。

为了以一种系统的、比较的方式来理解人们对于团体体育项目的这种普遍偏好，发明一种测量偏好的度量制度是很有益的。个人体育项目与团体体育项目的参与比率就是一种这样的度量制度。利用这种度量制度，我们可以比较欧洲、日本和美国的数据，即使是当许多特定项目是不相同的时候。倘若我们将这种度量制度应用到从1955年到1974年间《体育画报》的1012个封面中，那么我们会发现，个人与团体比率是以0.93开始，以0.31结束的。

作为电子媒体和印刷媒体资料的实际参与数据显示的是同样的结果。表6－3展示的是从1971年至1972年间，以及1974年至1975年间最受欢迎的10种校际体育项目男女的总参与情况。[8]我们可以看到，有一项团体体育项目在4列数据中都排在首位，并且在4项最受男孩欢迎的校际体育项目中有3项是团体体育项目。对于男孩来讲，个人与团体比率从0.69上升到0.71，而对女孩来讲，上升的速度要稍微快点，从0.77到0.81。

表6-3　美国高级中学校际体育参与情况

男子体育	1971~1972	1974~1975	女子体育	1971~1972	1974~1975
美式橄榄球[1]	878187	1011809	篮　球	132299	307608
篮　球	645670	688690	田　径	62211	299219
田　径[2]	642639	667974	网　球	26010	84495
棒　球	400906	409510	排　球	17952	198313
摔　跤	265039	319048	游　泳	17229	73946
越野赛跑	166281	214840	体　操	17225	61424
高尔夫	120078	135813	垒　球	9813	110140
游　泳	91309	114645	草地曲棍球	4260	59106
网　球	91179	124208	滑雪/高尔夫[3]	2659	17956
足　球	78510	98482	越野赛跑	1719	12301
总　计	3379798	3785019	总　计	291377	1224504

表6-4显示的是从1956~1957年到1971~1972年在大学阶段最受欢迎的10种体育项目的对比数据[9]（美国大学生体育联合会每5年进行一次校际体育情况调查）。我们从这些数据中可以看出几点。美式橄榄球在每一次调查中都处于领先位置，并且其在总参与者中的比例在上升。棒球的比例下降了，但是其相对位置有所上升，因为田径项目甚至要比棒球下降得还要快。个人体育项目与团体体育项目的男子比率与高级中学的比率相似——0.68、0.73、0.69、0.67。这一相似性表明兴趣的相对稳定，但是这一趋势表明个人体育项目的流行度有所下降。女子的数据也很有趣。在高

[1] 仅限于11人美式橄榄球——作者注。
[2] 仅限于户外田径——作者注。
[3] 1971~1972年的滑雪，1974~1975年的高尔夫——作者注。

级中学阶段，她们要比男性更多地参与到个人体育项目中去。在大学阶段，却相反，个人与团体比率降到了0.49。

表6－4 美国大学校际体育参与情况

男子体育	1956～1957	1961～1962	1966～1967	1971～1972
美式橄榄球	28032	30519	36799	42187
田径运动	16441	18180	18967	19190
棒　球	16378	16798	17101	19487
篮　球	14477	15125	15247	16760
游　泳	6524	7913	8269	8667
足　球	6120	8270	10370	12024
网　球	6062	6936	7155	7445
摔　跤	5720	7630	7889	9437
越野赛跑	4828	6047	6281	9194
高尔夫	4788	5440	6160	6795
总　计	109370	122858	134238	151186
女子体育				1971～1972
篮　球				6176
草地曲棍球				5012
排　球				4124
垒　球				3185
网　球				3071
游　泳				2429
体　操				1855
田径运动				1389
网棒球				827
羽毛球				800
总　计				28868

无论是男子体育还是女子体育，大学阶段个人与团体比率都要比高级中学时要低。这就强烈地表明教育系统偏重于团体体育项目。尽管人们总是说个人体育项目，例如高尔夫和网球，这些可以在成年时期一直玩的运动，这虽然是非常重要的，但是学院和大学仍然继续，甚至要比高级中学还要强烈地强调团体体育项目。当然，或许教育系统仅仅只是满足学生们的需要，学生选择体育就像他们选择专业和课程一样自由。这一想法与杰克·斯科特（Jack Scott）、保罗·胡克和其他改革者的论点要恰恰相反，他们严厉谴责体育管理者在校际体育中的无人性行为，包括应受谴责的对团体体育项目的偏重，但是校内体育的数据似乎表明，倘若给他们自由选择，他们还是更加喜欢团体体育项目（表6－5）。[10]

表6－5　美国校内体育参与情况

男子体育	1956～1957	1971～1972	女子体育	1971～1972
篮　球	129005	362375	排　球	61144
垒　球	106672	309608	垒　球	51083
美式橄榄球	100996	296876	篮　球	49871
排　球	66375	158769	游　泳	16676
保龄球	35394	57893	保龄球	16431
田径运动	32847	51347	触身式美式橄榄球	16336
网　球	24038	38043	羽毛球	10362
游　泳	22814	45049	网　球	10148
乒乓球	22470		草地曲棍球	5903
高尔夫	15417		乒乓球	5767
足　球		49545		
墙手球		31609		
总　计	556028	1401114		243721

数据显示了校内体育参与情况，一个被体育部门所忽视的区域，进而是参与者自身的价值更能体现的区域。团体体育项目更加明显地主导了校

内体育。男子校内个人与团体比率从 1956 ~ 1957 年的 0. 38 降到了 1971 ~ 1972 年间的 0. 19。而且这一降低是发生在总参与人数翻了 2 倍之多的情况下。女子的比率是 0. 32——高于男子比率，但是要比女子校际体育的比率更低。倘若学生是真的喜欢个人体育项目，而不是团体体育项目，那么很难想象这么低的比率是怎么出现的。

遗憾的是，我们并没有很好的数据来对成人作类似的计算，但是印象中的资料和部分数据表明，美国成年人的确会从团体体育项目转向个人体育项目——在他们并没有完全放弃体育参与的情况下。报纸曾报道，有 6000 万美国人现在打网球，但是这一估计似乎有所夸张。美国户外娱乐局（U. S. Bureau of Outdoor Recreation）1972 年报道说，所有 12 岁以上（包含 12 岁）的美国人中 5% 滑雪、滑水、打高尔夫和打网球。该局也估计，22% 的人参加“其他户外游戏或是体育项目”，这并不能告诉我们想了解的。倘若这些“其他的体育项目”是棒球、垒球、美式橄榄球、排球、篮球和足球，那么团体体育项目又一次占了大多数，但是它们也可能是掷马蹄铁和槌球游戏，我们也不好说。

因为美国体育大部分是作为教育系统的一部分来组织的，而不是通过私人或者州立体育俱乐部（像大部分欧洲国家一样），成年人相对来说要处于劣势。各种公共的和私人的体育设备供成年人来积极参与体育运动，但是这个系统使得美国成年人很持续地参与团体体育项目。倘若美国观众要么是正在参加，或者是想要参加他们所出席的或是观看的体育项目，而欧洲的情况正是这样，那么美国成年人参加高尔夫、网球、壁球和其他个人体育项目的情况不断地呈上升趋势可能是因为他们喜爱运动的缺乏。打网球的人其实宁愿打篮球，但是这种可能性是相当令人怀疑的。

欧洲体育系统和美国不一样，重视通过俱乐部进行体育参与，在西欧体育俱乐部通常是私人的，在东欧体育俱乐部是国家工业部门的一个部分（例如，大多东欧国家最负盛名的体育俱乐部通常都是迪纳摩俱乐部，罗兰德·马特斯和科内利亚·恩德都是该俱乐部的会员）。因为这些设备没有与高级中学和大学紧密联系起来，所以人们也许会期望欧洲人重视团体体育项目。毕竟，成年人不需要在 18 岁或是 22 岁的时候，仅仅因为他们不再是学生了而放弃体育。将近 300 万前联邦德国人是足球俱乐部的会员，并且德国足球协会（Deutsher Fuballbund）是德国最大的体育组织。只要你还可以跑，你就可以踢足球。

然而事实上，欧洲人要比美国人更加热爱个人体育项目。这是事实，尽管足球是唯一一种观众和参与者都最喜爱的体育项目。在我们看一些量化证据之前，我们必须要讨论几种使得这种跨文化比较如此困难的因素。第一，最好的证据来自体育俱乐部会员的数据，但是并不是所有会员在竞技方面参与体育都很积极活跃。很多人加入俱乐部是为了社会交际，甚或是为了增加他们的商业投资（在美国也有所耳闻）。第二，许多活跃的体育爱好者——特别在滑雪这样的个人体育项目中——并不是俱乐部会员。第三，尽管欧洲体育俱乐部从年轻人（25 岁以下）中吸收了少量会员，但是这一部分会员仍然不能与美国的学生数量相比。第四，我们必须注意在不同调查中所采用的定义。我们曾将体育定义为非功利性身体竞赛。这就意味着只有当游泳是竞争性时它才是一项体育。去沙滩上躺着晒太阳、溅水玩耍，甚或是游几米，那不是体育。我们可以从实际中看出不同，在一项奥地利的研究当中，在 1000 名青少年当中，28% 的人只是娱乐性的游泳，而仅有 6% 将游泳当成是竞争性的比赛。[12]同样地，骑自行车可以是一项真正的体育运动，也可以是一项非竞技性的娱乐活动，这取决于自行车手是否参加一项比赛。在一次前捷克斯洛伐克的研究中，48% 的女孩子被认为是活跃的自行车手，但是仅有 1% 是竞争性的自行车手。[13]大多数研究——欧洲的和美国的——都将纯粹的本能游戏或者是将有组织的游戏与那些严格意义上的体育混为一谈。既然共产主义国家经常将旅游和国际象棋与真正的体育项目归于同一种分类栏目下，那么我们必须要谨慎才行。最后，即使是当我们有理有据地肯定我们所涉及的真正体育项目，而不是像远足那样的非竞争性身体活动，我们也必须解决个人体育与团体体育项目的分类问题。体操有时候是一项大规模的表演，而不是个体竞赛（团体竞赛在体操中不是问题，因为个人表现是单独记分的；团体分数只不过是一个分数的总和）。网球包括双打和单打。赛艇包括单桨、双桨、双人有舵手、双人无舵手、四人有舵手、四人无舵手和八人有舵手。

幸运的是，这些难题并不是很严重。因为我们比较的不是绝对数而是比率，所有我们关心的都是比例。倘若加入体育俱乐部活跃的足球运动员的比例与活跃的游泳或是举重运动员的比例是几乎相同的，那么并不是每一个运动员都加入了俱乐部这一事实就不会影响我们的比率。倘若，从另一方面来讲，美式橄榄球俱乐部里到处都是懒散的人，他们就是简单地喜欢那种适意的氛围，而网球俱乐部则大部分都是热情的运动员，那么我们的比率就会被歪曲——但是我并没有发现这种差异存在的理由。事实上，更大的问题是，我们的样本都是取自不同年龄阶层，因为年老一些的人大多都倾向于放弃团体体育项目，而这种倾向将会歪曲我们的比率。不过在欧洲的数据中，年轻人的超额代表现象将会很大地将其更正过来。第四个难题也是可以解决的。倘若我们保持小心谨慎，那么我们通常可以判断一个调查当中是否有将自发的玩耍与真正的体育相混淆。

谨记这些限定条件后，让我们来看看前联邦德国和前民主德国体育俱乐部会员的情况（表6－6）。[14]

表6－6 1973年体育俱乐部会员情况〔1〕

（男女会员人数）

体育项目	前联邦德国	前民主德国〔2〕
足　球	3197759	487570
体　操	2567116	344372
射　击	777049	
田　径	629644	159244
游　泳	517951	72187
网　球	503215	
墙手球	468082	133031
乒乓球	387056	68353
滑　雪	276987	32296
骑　马	259340	
保龄球		138903
排　球		71395
柔　道		35609
总　计	9584199	1542960

〔1〕表中仅列出会员最多的十种体育项目。

〔2〕前民主德国的人口是前联邦德国人口的四十分之一。

尽管足球在两国都位于榜首，体操也很强势地位于第二。但前联邦德国的个人与团体比率是1.61，表明人们对个人体育项目有着明显的偏好。事实上，这个比率差不多是美国学生比率的2倍。尽管前十项运动有所差别，但是前民主德国体育俱乐部最终的比率也很是相近——1.23。

法国和德国类似。在表6－7中，足球以占所有会员38%的比例领先（与前联邦德国的33%和前民主德国的32%相比），但是个人与团体比率为0.98，比前民主德国和前联邦德国都要低，但比美国要高很多。[15]一份对丹麦所有15岁与40岁之间的积极参与者的调查表明了体操在丹麦的强大力量——12.1%的人为积极的体操运动员，而仅有13%的人踢足球，但是许多积极的体操运动员可能都只与自我的卓越相竞争。[16]丹麦的个人与团体比率是1.15，可与法国和前民主德国的结果相比较（表6－8）。

表6－7　1963年法国体育俱乐部会员情况

体育项目	男女会员数
足　球	443898
滑　雪	259107
篮　球	103601
网　球	82300
柔　道	54544
体　操	53004
田　径	51512
英式橄榄球	44300
游　泳	39084
自行车	37705
总　计	1169055

表 6－8 1953 年丹麦积极体育参与者情况

体育项目	男女会员
足 球	199079
体 操	184687
墙手球	119983
射 击	47994
游 泳	31273
田 径	30651
羽毛球	30327
网 球	20524
赛 船	14259
拳 击	5728
总 计	684505

在我们选择性调查的研究中的最后一项从另一个不同的角度说明了问题。日本很明显不是一个欧洲国家，但是它是一个现代社会，而且肯定是一个大多数美国人都认为不比美国更为个人主义的国家。日本业余田径联合会（Japanese Amateur Athletic Association）仔细地调查了 35 个体育联合会的会员情况。1967 年的调查结果如表 6－9 所示。[17]最为值得注意的是体育的现代性。尽管柔道（Judo）和剑道（Kendo，日本剑术）并没有灭绝的危险，但是它们拥护者的总人数要比打棒球的人数少。相扑（Sumo）一直被美国人视为最具有日本特色的运动，只在所有有组织的体育中占不到 5%。除了剑道和相扑以外，体育项目列表几乎和美国的一模一样，但是这一表面现象却是有点骗人。计算一下个人与团体比率，结果为 1.34。日本也比我们更多地参与个人体育——尽管他们经常将棒球当成他们的国球。一次细心执行的以事实为基础的儿童游戏调查有力地支持了这一相当令人意外的结论。将 120 名美国儿童与 120 名日本儿童相比，M·V·斯格尔（M. V. Seagroe）从数据中发现意义重大的“日本对于非正式社会游戏的重视，以及美国对于团体体育项目的重视”。[18]

表 6－9　1967 年日本体育组织的会员情况

体育项目	会员数	体育项目	会员数
棒　球	824728	英式橄榄球	52431
排　球	612080	步枪射击	50868
乒乓球	526035	墙手球	34585
板网球运动	492836	相　扑	29123
篮　球	413770	划　船	22835
柔　道	407782	溜　冰	15113
田　径	386220	马　术	13181
剑　道	329299	自行车	8910
垒　球	178958	游　艇	8711
体　操	152801	陶土飞靶	7661
高尔夫	114178	摔　跤	7205
箭　术	103588	举　重	4847
足　球	103204	拳　击	4720
爬　山	101677	曲棍球	4593
游　泳	100408	击　剑	4561
网　球	92632	独木舟	1094
羽毛球	89670	现代五项全能	818
滑　雪	63544	总　计	5364666

这 5 个研究都是在国家范围内进行的。地方研究大量存在，研究结果随地点和时间的不同而发生变化，但是它们都倾向于支持国家范围研究的归纳总结：美国的年轻人更喜欢团体体育项目，而不是个人体育项目，而欧洲和日本的青少年和年轻的成年人则相反。[19]我们有理由相信，总结了 17 项研究的表 6－10，是美国对欧洲和日本偏爱的精确指示。

表6－10　个人/团体比率比较

美　国			个人/团体
高级中学校际体育	男子	1971－1972	0.69
		1974－1975	0.71
	女子	1971－1972	0.77
		1974－1975	0.81
大学校际体育	男子	1956－1957	0.68
		1961－1962	0.73
		1966－1967	0.69
		1971－1972	0.67
	女子	1971－1972	0.49
校内体育	男子	1956－1957	0.38
		1971－1972	0.19
	女子	1971－1972	0.32
其他国家			
前联邦德国俱乐部会员人数		1971	1.61
前民主德国俱乐部会员人数		1971	1.23
法国俱乐部会员人数		1963	0.98
丹麦积极参与者人数		1953	1.15
日本俱乐部会员人数		1967	1.34

有足够多印象中的证据来证实在跨文化语境下美国的量化数据。约翰·R·杜尼斯在其早期作品中评论说，法国“更偏爱并擅长个人体育项目——高尔夫、网球、回力球等等”。一代人以后，罗伯特·戴利〔1〕评论道：“欧洲体育中最值得尊敬的是个人英雄行为。”[20]这样的意见什么也证明不了，但是他们的确表明不是所有的体育记者都迷恋于体育中所体现出来的

〔1〕罗伯特·戴利（Robert Daley，1930－），美国著名小说家，代表作有《只是一个游戏》等。

美国个人主义理论。

还有另外一种支持性的证据能从心理测试研究中获得，特别是性格测试。尽管学术界存在着诸多关于体育的相互矛盾和使人迷惑的研究结果，致使我们从这些研究中得出结论变得十分冒险，但是有一试探性的结论的确似乎有道理。平常的经验告诉我们，大多数人不仅仅积极参加一种运动。例如，专业美式橄榄球球员似乎特别喜欢将高尔夫球作为娱乐体育。然而，大多数人似乎都既对团体体育项目也对个人体育项目感兴趣。例如加利福尼亚个性调查表〔1〕、爱德华个人爱好测验表〔2〕、卡特尔16种人格因素问卷〔3〕，以及其他广泛使用的纸笔测验等工具，的确显示个人体育和例如内向、自主、独立与个人主义这样的个性特征之间存在着很重要的联系。特别是对于妇女，倘若她们表现出对竞争性体育严肃的忠实，她们则必须承受住很大的社会压力。从体育界所观察到的"不确定的结果"（Equivocal Results）和"矛盾的总和"（Mosaic of Contradiction）当中，从大量学术的不一致意见当中，这一主题的确出现了。[21]

二、小说中的赛跑者
Fictive Runners

小说家的模式与社会学家和心理学家的不一样，他们提供的是另一种视野，但是他们的作品倾向于对欧洲和美国的团体体育项目和个体运动以实证的方式提出试探性的结论。

查尔斯·埃米特·范隆（Charles Emmett Van Loan）是最早在其小说中认真面对体育的美国作家之一。他的其中一部短篇小说集《被判失败》（《Take the Count》，1915）都奉献给了拳击台和职业拳击手的世界。另一部小说集《以局记分》（《Score by Innings》，1919）是关于棒球的。这种在拳击和棒球之间的兴趣至今在美国小说家、戏剧家和诗人中都是很典型的。从杰克·伦敦的《深谷猛兽》（《The Abysmal Brute》，1913）到里欧纳德·加德纳的《肥城》（《Fat City》，1969）中的一位老是挨打、毫无希望的拳

〔1〕 California Personality Inventory

〔2〕 Edwards Personal Preference Schedule

〔3〕 Cattell Sixteen Factor Personality Questionaire

击手的可怕形象，许多美国最好的作家都曾利用拳击台来将人与人之间的无法调停的争斗戏剧化。[22]从范隆和林·拉德纳（Ring Lardner）的时代到罗伯特·库弗和菲利普·罗斯（Philip Roth）的时代，甚至有更多的一流作家将棒球视为人类现状的一个隐喻。[23]20世纪60年代，许多的小说家开始探索美式橄榄球和篮球。[24]仅在最后的5年里才有作家突然开始关注网球和高尔夫球。[25]倘若我们想一想专为成年读者而写的严肃著作，那么文学重视的仍旧是历史中所重视的团体体育项目。

在欧洲，至少是在西欧，情况却是很不相同。倘若我们检索一下英语、法语和德语的“体育文学”语料库，我们会发现如同乔治·萧伯纳和贝尔托·布莱希特（George Bernard）这样风格迥异的作家却都对拳击手有过同样的着迷，会发现有些重量级的小说家也曾写过团体体育项目（主要是足球），也会发现有一批一流的作家曾以个体运动员孤独的奋斗史为主题写出了伟大的作品。[26]当美国小说的主人公都集体走向球棒，在并列争球线上蹲下或者带球直奔篮筐时，欧洲小说中的主角则更倾向于赛跑运动员、自行车手、游泳运动员或者桨手——孤独的、与世隔绝的人，想要对他们有着敌意的世界证明他们自己的人。[27]当马克·哈里斯和伯纳德·马拉末（Bernard Malamud）以渴望集体和自我中心主义的危害为题材时，英国、法国、德国和瑞士的作家则倾向于以长跑者的心理挣扎为主题。涉及棒球的小说的基调通常为喜剧性的。而欧洲短篇小说的基调则是悲剧性的。

伊夫·吉布（Yves Gibeau）的《直线》（《La Ligne Droite》，1956）则是以上总结的一般情况中的部分特殊情况。尽管它一定是一部有关于孤独努力和个人痛苦的小说，但是它不是一个悲剧。相反，《直线》讲述的是与雷·尤里（Ray Ewry）、威尔玛·鲁道夫（Wilma Rudolph），以及其他战胜了身体残疾的冠军故事相类似小说中的故事。吉布的小说是关于史蒂夫·沃尔克（Stefan Volker），一位在二战中深受重伤的德国运动员。在被一位感兴趣的教练发现时，史蒂夫是一名苦闷的报纸推销员，一名安静的幸存者，他只想静静地呆着为自己截肢的右臂而悲伤。多亏了教练耐心地开导，史蒂夫才又迟疑地开始跑步。小说的高潮是一场竞赛，他与来自世界各地的运动员进行比赛，并创下了800米的自我纪录。因为吉布是法国人，小说的主题很明显是国际大家庭（International Comity），以在国际田径运动会中沃尔克[1]代表德国民族为象征。因此，小说最后以一象征性的暗示结束了，德国从自己给自己所带来的灾难灰烬中像凤凰涅槃一样重生了。

伯特·布赫纳（Bert Buchner），《面包与游戏》（《Brot und Spiele》，1959）中的长跑运动员，是从西格弗里德·伦茨（Siegfried Lenz）早一年发表的短篇小说《赛跑者》（《Der L·ufer》）中的主人公改编而来。严格地来说，小说极其简单——作为叙述者的记者描述了一场欧洲冠军赛中的1000米跑步比赛，并且回忆他与伯特·布赫纳的第一次相遇，那时他们都是德国战俘。他回忆起伯特的第一次跑步比赛是代表一个不知名的工人阶级体育俱乐部，以及他之后迅速地成为欧洲最好的长跑选手。他经常跑得“就好像是这场比赛维系着他的生命一样”，而他也是这样跑这1000米的。[28]这场比赛是象征性的，无名的叙述者想要他之前的朋友和门生输掉比赛，这样他朋友就会为他那残酷的野心和对朋友的背叛而受到惩罚。尽管叙述者断言——“这次他一定不会赢”——但是读者还是感到很矛盾。[29]为什么读者不能认同这位栩栩如生的、刻画生动的赛跑运动员——8位参赛选手中最为年长，跑步跑得像这场比赛维系着生命一样的运动员呢？但是伦茨是一位坚定的卫道者。伯特在离终点线几米处摔倒了，他爬行着前行，最终完全崩溃了，最后他令人费解地笑了——就好像是接受了这不可改变的命运。他被带走了。“他们会把他带到哪里去呢？哪里？”[30]

伯特·布赫纳道德上和体育上的失败与布莱恩·格兰维尔（Brian Glanville）的《奥林匹亚山神》（《The Olympian》，1969）中工人阶级1英里赛跑者艾克·隆（Ike Low）的故事有着离奇的相似性。在格兰维尔的小说中，关注得更多的是桑姆·迪（Sam Dee），艾克那狂热的教练，而不是艾克他本身。“力量不只是身体的力量。”他吟诵着，“它是精神的力量。意志的力量胜过身体的脆弱……冠军是会训练身心的人，是学会征服痛苦并利用痛苦来达到自己目的的人。”[31]桑姆·迪，似乎明显是以澳大利亚教练珀西·切鲁迪（Percy Cerutty）为原型，他是一名极端的专制主义者和理想主义者，他要求艾克超越人类的极限。通过学生的胜利，那个因非传统理论而遭到蔑视和否认的老师将能够证明自己。情节是很复杂的，但是失

---

〔1〕 沃尔克德语为 Volker，是由意思为人民、民族的名字 Volk 加上代表人的后缀 er 组成。

败——正如伯特·布赫纳一样——似乎是不可避免的。在奥林匹克运动会上，艾克追赶着领先的非洲选手。艾克跑过“痛苦的障碍”，听见桑姆催促他向前的声音，但却无法完成不可能的事情。正如伯特·布赫纳一样，他摔倒了，“再也跑不了了。只是摔倒、摔倒”。[32]

我们的赛跑者是最后一个也是最出名的一个。科林·史密斯（Colin Smith），阿兰·西利托（Alan Sillitoe）的小说和电影《长跑者的寂寞》（《The Loneliness of the Long - Distance Runner》，1963）中的主人公，他的父亲在缩绒机上工作劳累过度死了，留给家里的仅仅是几乎毫无价值的保险金，而就是这一点钱也很快就被他的遗孀挥霍光了，科林充满着怨恨和愤怒。科林的沮丧导致他犯了一些小罪，并进了青少年犯教养院。在那里他发现了自己的可取之处——他能跑步。“我一直都是一个好的赛跑者，频率快，并且跨幅也很大，唯一的问题是，不管我跑得有多快，超越别人多少，即使我也经常这样对自己说，当我在面包店干过那事之后，跑并不能阻止我被警察抓。”[33]现在，有着监狱中渴望名声的监护长狂热的支持，他开始训练，跑步穿越乡村，他体验到一种他从未感觉过的自由。他跑得越来越快了，监护长开始谈论让他代表英国参赛的事情。但这是最基本的讽刺，“英国”是囚禁他的社会。他被要求加入敌人的团队。监护长更为直接的目的是一个奖杯，但是科林很清楚地知道等待着他的是什么：[34]

那个眼睛凸凸的大肚皮长官对坐在他眼睛凸凸的大肚皮的妓女老婆旁边的眼睛凸凸的大肚皮议员说，我是他获得（全英国）山地越野长跑比赛青少年犯教养院蓝丝带奖杯的唯一希望，我也的确是，这让我在内心暗笑，我并没有对任何眼睛凸凸的大肚皮的狗杂种说过一句给他们真正希望的话。

（电影是对小说的一个改进，在电影中观众直到最后一刻才知道结果。）象征性地，科林与青少年教养院赛跑，与英国社会的阶级制度、与他所遭受的难以言语的种种不公正赛跑。他跑着，接近终点线了，他听到每个与监狱有关的人狂热的加油声，他停了下来：[35]

我听到了从大看台上传来的公爵和夫人们的呐喊声，能够看到他们站起来为我加油：“跑！”他们用他们那上等人的声音叫喊着。“跑！”但是我聋了，傻了，盲了，站在那一动不动，嘴里仍然嚼着树皮，仍然像个婴儿一样哭泣，但现在我是出于高兴，我终于打倒他们了。

他拒绝他的压迫者要求他得到的胜利，他在道德上战胜了那些剥削他、伤害他、羞辱他的人。这是一部好小说，也是一部极好的电影。

史蒂夫·沃尔克、伯特·布赫纳、艾克·隆和科林·史密斯都是长跑运动员，而不是短跑选手。他们的创造者需要时间，需要时间让他们遭受痛苦，发出质疑，陷入绝望，甚至有时候是失败。从冲刺、跳跃或者是投掷的那些宝贵时刻中，诗人可以作出优美的抒情诗，但是体育个人主义的小说家需要一个延伸的动作，一个穿越了时间的动作。他们需要空间来延伸这一时刻，需要时间来研究与几乎不可能承受的内心痛苦的孤独抗争。对于那些欧洲的作家，以及像帕特里夏·内尔·瓦伦（Patricia Nell Warren）这样例外的美国作家，孤独的比赛变成了生命本身的一个悲剧性的暗喻，“所有赛跑者都跑的跑道。”现代体育与原始、古代以及中世纪的体育极其不同，阿伯切年轻人从代表着太阳的环跑向代表月亮的环，从他们的世界到我们的现代体育经历了很长的一段时间，但是最终，无论有多少差别与不同，都只有一场比赛，所有其他的比赛都只是象征。

NOTES

1. Quoted in David Q. Voigt, American Baseball, 2 vols.（Norman：University of Oklahoma Press, 1966－1970）, 1, xxiv.

2. Joseph Strutt, Sports and Pastimes of the People of England, 2nd ed.（London：Thomas Tegg, 1838）, pp. xvii－xviii.

3. George H. Gallup, The Gallup Poll, 3 vols.（New York：Random House, 1972）, 3, 1699－1700.4. Gregory P. Stone, “Some Meanings of American Sport,” Aspects of Contemporary Sport Sociology, ed. Gerald S. Kenyon（Chicago：Athletic Institute, 1969）, pp. 5－27.

5. The World Almanac and Book o[Facts, 1976.

6. Josef Hackforth, Sport im Fernsehen（Mdnster：Verlag Regensburg, 1975）, p. 261; see also the French situation as discussed by Edouard Seidler, Le Sport et la presse

(Paris: Armand Colin, 1964).

7. 1 have used four – year intervals to make sure that the predictable occurrence of the Olympic games didnt distort the results.

8. See John F. Rooney, A Geography o[American Sport (Reading: Addison –. Wesley, 1974), p. 69; "Participation Survey" of the National Association of State High School Federations, 1975. I have used the top ten sports.

9. National Collegiate Athletic Association Report Number 4, 1974, pp. 7, 13.

10. Ibid., p. 17.

11. Statistical Abstract o[the United States, 1976.

12. Stefan Grossing, Sport und] ugend (Vienna: Verlag fur Jugend and Volk, 1970), pp. 28 –29.

13. B. Petrak, "Sport Activity in the Life of the Population of the Czechomoravian Plateau," IRSS, 1 (1966), 146.

14. Dieter Voigt, Soziologie in der DDR (Cologne: Wissenschaft und Politik, 1975), p. 69; Gerd Hortleder, Die Faszination des FuOballspiels (Frankfurt: Suhrkamp, 1974), pp. 56 – 57. See also Heinz Schiele, "Ergebnisse und Erfahrungen yon FDGB und DTSB," TPK, 21 (1972), 505 –13.

15. Jean Meynaud, Sport et politique (Paris: Payor, 1966), pp. 12 –13.

16. Helge Andersen, Aage Bo – lensen, N. Elkaer – Hansen, and A. Sonne, "Sports and Games in Denmark in the Light of Sociology," Sport, Culture, and Society, ed. John W. Loy and Gerald S. Kenyon (New York: Macmillan, 1969), p. 173.

17. Kohsuke Sasajima, "History of Physical Exercises and Sport in Japan," Geschichte der Leibesiibungen ed. Horst IJberhorst, 6 vols. (Berlin: Bartels& Wernitz, 1972 –), 4, 211.

18. "Children's Play as an Indicator of Cross Cultural and Intercultural Differences," Journal o[Educational Sociology, 35 (1962), 280.

19. See, for example, Gtinther Lfischen, "Social Stratification and Social Mobility among Young Sportsmen," Sport, Culture, and Society, ed. Loy and Kenyon, p. 265; Fred Gras, "The Shaping of tire Interest in and the Need for Sport," IRSS, 9, nos. 3 –4 (1974), 77; Leopold Rosenmayr, "Sport as Leisure Activity of Young People," IRSS, 2 (1967), 23; Fritz Nigg and Otto Heidrich, "Young Girls and their Sport," IRSS, 3 (1968), 131; Peter Sendlak, "Leibes/ibungen und Sport in der Soviet Union," Geschichte der Leibesübungen, ed. Oberhorst, 4, 113.

20. John R. Tunis, Sports (New York: John Day, 1928), p. 261; Robert Daley, The Bizarre World o[EuroOean Sports (New York: William Morrow, 1963), p. 2.

21. Quoted phrases from George H. Sage, "An Assessment of Personality Profiles between and within Intercollegiate Athletes from Eight Different Sports," SW, 2 (1972), 408; Leon E. Smith, "Personality and Performance Research – New Theories and Directions Required," Quest Monograph, no. 13 (1970), 74. See also Jean M. Williams, Barbara J. Hoepner, Dorothy L. Moody, and Bruce D. Ogilvie, ′: Personality Traits of Champion Level Female Fencers," RQ, 41 (1970), 446 – 53; Walter Kroll and William Crenshaw, "Multivariate Personality Profile Analysis of Four Athletic Groups," Contemporary Psychology of Sports, ed. Gerald S. Kenyon (Chicago: Athletic Institute, 1970), pp. 97 – 106; Evelyn I. Bird, "Personality Structure of Canadian Intercollegiate Women Ice Hockey Players," ibid., pp. 149 – 56; Theresa M. Malumphy, "The College Woman Athlete – Questions and Tentative Answers," Quest Monograph, no. 14 (1970), 18 – 27; Sheri L. Peterson, Jerome C. Weber, and William W. Trousdale, "Personality Traits of Women in Team Sports versus Women in Individual Sports," RQ, 38 (1967), 686 – 90; Abraham P. Sperling, "The Relationships between Personality Adjustment and Achievement in Physical Education Activities," RQ, 13 (1942), 351 – 63; Lance Flanagan, "A Study of Some Personality Traits of Different Physical Activity Groups," RQ, 22 (1951), 312 – 23; William L. Lakie, "Personality Characteristics of Certain Groups of Intercollegiate Athletes," RQ, 33 (1962), 566 – 73; Carl E. Klafs and M. Joan Lyon, The Female Athlete (St. Louis: C. V. Mosby Co., 1973), p. 87.

22. Joseph Moncure March, The Set – Up (New York: Covici – Friede, 1928); Clifford Odets, Golden Boy (1937; rpt. in Six Plays o[Clifford Odets [New York: Modern Library, n. d.]); Nelson Algren, Never Come Morning (New York: Harper & Bros., 1942); Budd Schulberg, The Harder They Fall (New York: Random House, 1947); Francis Pollini, The Crown (New York: Putnam's, 1967); Michael Shaara, TheBroken Place (New York: New American Library, 1968). Stories about boxers by Ernest Hemingway and others are too many even to list.

23. In addition to Van l_ – an, Lardner, Harris, Malamud, and Coover, see itcywood Broun, The Sun Field (New York: Putnam's, 1923); Eliot Asinof, Man on Spikes (New York: McGraw – Hill, 1955); Ed Fitzgerald, The Ballplayer (New York: A. S. Barnes, 1957); Martin Quigley, Today's Game (New York: Viking, 1965); William Brashler,]′ he Bingo Long Traveling All Stars and Motor Kings (New York: Harper & Row, 1973);

Philip Ruth, The Great American Novel (New York: Random House, 1973); Jay Neugeboren, Sam's Legacy (New York: Holt, Rinehart & Winston, 1975); Lamar Herrin, The Rio Loia Ringmaster (New York: Viking, 1977).

24. Football: William Manchester, The Long Gainer (Boston: Little, Brown, 1961); Robert Daley, Only a Game (New York: New American Library, 1967); Gary Cartwright, The ftundred Yard War (Garden City: I)oubleday, 1968); David Scott Milton, The Quarterback (New York: Dell, 1970); Don Jenkins, Semi - Tough (New York: Atheneum, 1972); James Whitehead, Joiner (New York: Knopf, 1971); Don DeLillo, End Zone (Boston: Houghton Mifflin, 1972); Peter Gent, North Dallas Forty (New York: Signet, 1974); Sam Koperwas, Westchester Bull (New York: Simon and Schuster, 1976). Basketball: Jeremy Larner, Drive, He Said (New York: Dell, 1964); Jay Neugeboren, Big Man (Boston: Houghton Mifflin, 1966); Charles Rosen, Have Jump Shot, Will Travel (New York: Arbor House, 1975).

25. Tennis: Wright Morris, The ltuge Season (New York: Knopf, 1954); Robert Barker, Love Forty (Philadelphia: Lippincott, 1975); Archie Oldham, A Race through-Summer (New York: Dell, 1975); lane and Burr Boyer, Worm Class (New York: Random House, 1975); Edwin Fadiman, Jr., The Professional (New York: David McKay, 1973); Ralph M. Demers, The Circuit (New York: Viking, 1976). Golf." Dan Jenkins, Dead Solid Perfect (New York: Atheneum, 1974).

26. Shaw, Cashel Byron's Profession (1885 - 1886; rpt. Carbondale: Southern Illinois University Press, 1968); Brecht, "Der Kinnhaken," Scherls Magazin, 2 (1926), 48 - 50. On team sports, see Friedrich Torberg, Die Mannschaft (1935; rpt. Vienna: Verlag Fritz Molden, 1968); David Storey, This Sporting Life (1960; rpt. London: Longman's, 1968); Peter Handke, Die Angst des Tormanns beim Elfineter (Frankfurt: Suhrkamp, 1970); Dieter Krusche, Obenau[(Munich: Metaverlag, 1973); Alfred Behrens, Die Fernsehliga (Berlin: Rotbuch Verlag, 1974).

27. In addition to the four works discussed briefly in the text, see Henry de Montherlant, Les Olympiques (1920, 1938; rpt. Paris: Gallimard, 1954) and Le Songe (Paris: Gallimard, 1923); Knud Lundberg, The Olympic Hope (London: Stanley Paul, 1958); Hugh Atkinson, The Games (London: Cassell, 1967); Georges Magnane, La TrOve Olympique (Paris: Albin Michel, 1950); John Henry MacKay, Der Schwimmer (1901; rpt. Treptow: Bernhard Zacks, 1911); Pierre Naudin, Les Mauvalses Routes (Paris: Gallimard, 1959); Uwe Johnson, Das Dritte Buch fiber Achim (Frankfurt: Suhrkamp,

1961); Ralph Hurne, The Yellow Jersey (London: Weidenfeld & Nicolson, 1973).

28. Brot und Spiele (1959; rpt. Munich: Deutscher Taschenbuch Verlag, 1964), p. 19.

29. Ibid., p. 7.

30. Ibid., p. 173.

31. The Olympian (1969; rpt. London: Secker & Warburg, 1974), pp. 6–7.

32. Ibid., p. 310. An African runner also wins in Hugh Atkinson's novel, The Games (London: Cassell, 1967), but this thematically similar work is artistically much less impressive than Glanville's book. In an earlier novel about soccer, The Rise of Gerry Logan (New York: Delacorte, 1965), Glanville portrays a ruthless athlete successful both at sports and in the world of television.

33. The Loneliness of the Long-distance Runner (London: W. H. Allen, 1959), p. 7.

34. Ibid., p. 39.

35. Ibid., p. 52.

结 语
Conclusion

从新马克思主义者的角度来看，现代体育是自由的敌人。现代体育从其本质特征来看——并不只是从滥用、过失或是无人性的行为来看——是不人道社会组织的缩影。人类精神的无限可能性被摧毁，被彻底压垮成了“单向度人类”和“丧失人性的”的轮廓。我们已经思考过了这一论点，并认为其有所夸张，至多是含有部分事实。尽管现代体育有种种不完美甚至错误的着重点，现代体育仍然滔滔不绝地讲述着相对自由世界——倘若不是绝对自由——的可能性。运动员的证词，不管是初学者还是冠军，都证实了例如汉斯·伦克、米歇尔·布埃特和保罗·韦斯（Paul Weiss）这样的哲学家所作的分析。在体育中，我们能够找到一种心满意足的感觉，完整（Wholeness）、自主（Autonomy）和潜力（Potency），这些都可以在体育中体验到，但这些在可怕的庸俗作品中却丝毫不见，这也是大多数人的命运。

难道在考虑完团体体育项目对个人体育项目的复杂问题之后，我们现在是想要更正我们乐观的结论，想要提议说个人体育要比团体体育更为自由，并且美国人偏好后者就透露了其人格特征中的唯从主义和逆来顺受吗？谨慎要求我们稍作犹豫，并且深入地思考。

那我们可以认为个人体育表现了运动员的自主，而团体体育则表明对他人的依赖吗？有历史证据表明，许多美国人都曾认为团体体育是抑制个人主义过度的有效途径。1893 年，在哈佛的美国大学优等生荣誉学会（Phi Beta Kappa）演讲中，弗兰西斯·A·沃尔克[1]赞扬了体育对热心公益精

[1] 弗兰西斯·A·沃尔克（Francis A Walker，1840 – 1897），美国著名经济学家、教育家、作家。

神的培育，以及对“长年以来的自私个人主义倾向”[1]的抑制。10 年后，格特鲁德·达德利（Gertrude Dudley）和弗兰西丝·凯洛尔（Frances A. Kellor），当时著名的两位体育教育家，发表了《妇女教育中的体育运动》（Athletic Games in the Education of Women）。他们为在男性中被称之为“自私的个人主义”的横行感到担忧，极力推进合作精神的发展，特别是在女学生当中，因为他们觉得女学生似乎在认识“社会道德本质上是团队合作的结果”时十分迟钝。那些拒绝任何运动、缺乏合作精神的女孩将继续“在她们今后所参加的活动中充当个人主义者”，这是他们极力抨击的一种结局。[2]1919 年，沃尔特·坎普，耶鲁大学著名的“美式橄榄球之父”，声明体育“教会人们与个人主义和自私个人目的相对立的团队合作”。[3]对个人主义的反对以及对“自私”这一词的强调现在听起来似乎很奇怪，但是或许那时的体育教学方法要比当代的更为实际，当代的体育教育方式认为，团体体育发展了一种内心主导的自助精神。

似乎没有任何方法能阻挡我们做出以下结论，对团体体育的偏好代表了一种合作倾向，而不是以长跑者所象征的自主倾向，但是倘若我们认为合作永远是个人主义的敌人，那么我们就大错特错。或许我们的个人主义观念是错的，或者过于局限。或许并不是在个人主义和唯从主义之间——而是在个人主义的先决条件的两种观念之间——作选择，这两种观念又反过来与自由的两种观念相联系。当代哲学家有时候称自由的两种观念为“消极自由”（Freedom from）和“积极自由”（Freedom to）观念。

自由传统的一个方面总是强调个人主义，当一个人不被制度规定所限制和束缚时，这种个人主义就会在一种消极自由（Negative Freedom）之下盛行。亨利·戴维·梭罗选择依靠自己，并宣布完全独立于社会。哈克贝利芬离开“前往边疆”（For the Territory），在那里他可以免受波利姨妈的管束，以及被“文明化”（Sivilize）的种种经历。自由传统的另一方面，即后来发展成为了民主社会主义的那一方面，强调的是在积极自由（Positive Freedom）下盛行的个人主义，即一个人能自由地在众多选项之间选择，并且可以按照自己的意愿选择行动。这与那些以在瓦尔登湖的生活为例的斯巴达式的缩减生活需要是相反的。对于这种自由的观念，社会组织从传统到现代形式的转变代表的是一种纯粹的收入，是每个人最大化自己潜力的一种扩大的机会。在现代民主的情况下，社会自由了，解放了，因为在社会里的人可以自由地做以前没有人单独做过的事情。例如，我们能旅行到月球然后又回来。

这种旅行是受限制的，难就难在这里。这个难题就是，第二种自由的完全实现以及它所包含的那种合作个人主义通常是以第一种自由为代价的。合作扩大了行动的选择和机会，但是它也强加了义务，并缩减了以纳蒂·邦珀（Natty Bumppo）一个人在荒野所象征的那种自发的自由。在某种程度上，我们陷入了两种自由观念的道德平衡当中。当然，我们也应该承认，有些情况下“消极自由”的损失要比“积极自由”所获得的要大得多。合作可以堕落成限制性的唯从主义。确实，有着这样的一些社会存在，在这样的社会中，个人自由在国家利益的祭坛之上被牺牲了。但是这太容易了，以致于我们不能失去信仰；不能将过去浪漫化；不能忘记过去200多年间急剧增长的人类自由。有时我们倾向于接受“积极自由”的利益，就好像它们是很平常的事情甚或是“自然的”，而在此同时我们又憎恨对“消极自由”的缩减，就好像是我们被缩减成了奴隶一样。我们走进飞机场的候机大厅，买一张飞往东京或是内罗毕的机票，我们抱怨我们必须排队等候安检。

这两种自由观念之间的平衡在体育中要比在其他现代机构中看得更为清楚。那些在体育盛会中完全将团体体育项目排除在外的极度个人主义的希腊人，同样也是那些在无休止的战争中筋疲力尽并将自己的独立自主输给了马其顿人和罗马人的极度喜爱战争的希腊人。现代体育，甚至是现代奥林匹克运动会与希腊运动会是不同的。例如，月球旅行或者是到东京的航班，他们都要求高水平的合作。他们要求我们必须放弃一部分的“消极自由”，而“消极自由”的最纯粹的表现形式是自发的游戏。的确，这一整本书的主要论点是现代体育要比我们在初级模型中所定义的体育要求更多的合作。在比赛的那一天，也是体育部门提前几个月就已经预先安排好的那一天，赛跑选手在他们的电子起跑器前焦急地等待着，他们每个人都站在分配好的跑道上（并且每个人的T恤上都有一个号码）。他们向前跳跃的时候并不是他们选择向前的那一刻，而是在裁判员开枪的那一刻。损失是真实的，但是得到也是真实的。

像“损失”（Loss）、“得到”（Gain）和“平衡”（Trade - off）这样的词都是从经济学家的词汇中借过来的，我们不能用不劳而获这一愉快的想法来迷惑我们自己，为此经济学家为他们的职业是否有必要存在而感到焦急，但是现代体育的秘密及其近乎全球流行的基础是，我们得到的要比我们所失去的更多。在现代体育中，正如在好的艺术作品或是纯粹的科学中一样，最为集中的合作结果通常是以个人成绩出现的，并且是以个人成绩而被接受的，当然的确是这样，尽管并不是以亨利·戴维·梭罗所提倡的那种方式。这的确是现代体育幸福的讽刺之一，我们可以在游戏中迷失我们自己，忘记富有创造力维系着的（以及限制的）社会组织，以及作为我们这本书主要论题的文化假象。[4]

举例是很有用处的。纳迪娅·科马内奇的高难度空翻之所以可能实现，多亏了两名教练、一名编舞者、一名医生、一名助理音乐大师和一名职业按摩师，更不用说创造出体操运动并使奥林匹克运动会这样的国际戏剧登上舞台的一整个文明。但是她是一个人表演的，她就在那里。纽约洋基队是棒球冠军的象征，并且我们也清楚地知道他们赢得1932年世界大赛背后需要多少合作的努力。但是记忆单独挑选出了贝比·鲁斯笨拙的形象，或许正指着中心场地上的旗帜，在那里他会——在那里他也的确——完成他令人无可忘怀的本垒打。他曾在那里。

正如他们一样，我们也以我们自己不那么引人注目的责任与成绩合作着。我跑过网球场，将球以对于我来说似乎是最为完美的一次击球打过去了，正确的一次击球，在网球的规则之下的一次击球。我将我自己屈服于网球的规则之下，自相矛盾地，我有一种广阔和自由的欣喜若狂的激动感觉。

最后再作一次评论也是合适的。我们曾希望从系统上准确地区分游戏、有组织的游戏、竞赛以及体育，但是一次理性区分的稳定精确性不能与普通经验的起伏相混淆。自发的游戏从模型上来看是与现代体育不相符的，但是对于其中一项的偏好并不意味着要将另外一项完全从我们的生活中去掉。当我们厌烦了现代体育时，当合作堕落成了唯从主义时，总是会有另外一种选择。当我们不再能承受过度的规章制度时，当我们疲倦了——就像罗伯特·弗罗斯特的摘苹果的人——我们所渴望的丰收时，我们总是可以将我们的跑表丢到一边，抛弃煤渣跑道，踢掉钉鞋，像罗杰·班尼斯特一样奔跑，光脚，在海边，在干硬的沙地上。

NOTES

1. Quoted in George M. Frederickson, The Inner Civil War (New York: Harper & Row, 1965), pp. 223 –224.

2. Athletic Games in the Education of Women (New York: Holt, 1909), pp. 9, 15 –16, 37. See also Frances A. Kellor, "Ethical Value of Spoils for Women," American Physical Education Review, Xl (1906), 70.

3. Athletes All (New York: Scribner's, 1919), p. 277.

4. On the emancipatory possibilities of sport, Ommo Grupe is especially persuasive; see "Bewegung und Sport – M6glichkeit der Erfahrung und Selbstverwirklichung?" Der Mensch im Sport, ed. Gerhard Hecker, August Kirsch, Clemens Menze (Sehorndoff: Karl Hofmann, 1976), pp. 16 –29.

后 记
Afterword

——《从仪式到纪录》：回顾性批判
From Ritual to Record：A Retrospective Critique

一

《从仪式到纪录》是我在*1977*年的冬天和春天写的，它结合了两个相联系的主题。前三章尝试提出一个模型，利用这个模型我们可以理解——甚或是阐释——现代体育的独特性。后三章尝试区分出美国体育与欧洲体育的明显区别。

为什么我要将两个不同的主题放在同一本书里面呢？事情是这样的：*1969*年的春天，我在德国休假，假期中我恰巧在柏林著名的奥林匹克体育场观看了一场足球比赛，那时我就诧异——天真地——为什么欧洲人会如此痴迷于一项那时在美国相对来说几乎不出名的运动。*3*年之后，在我的学术工作都已告一段落时，我决定研究美国体育与欧洲体育之间的不同。体育偏好或许与性格类型相联系，这一想法令我痴迷。体育也许会是研究国民性的一条线索（在当时，历史学家仍然在谈论着国民性）。

我对美国有关资料研究了一年，在这一年中约翰·罗伊（*John Loy*）给了我很大帮助，在这一年之后作为富布莱特学者（*Fulbright Scholar*）（*1973－1974*），我又回到德国度过我的另一个假期，并开始对欧洲关于体育史和体育社会学的研究做深入的探索。法国和德国的著作越是看得多，它们中有些著作着实令人印象深刻，我越是确信，传统体育与现代体育之间的历史区别要比美国体育与欧洲体育之间的当代差异要重要得多。换句话说，现在与历史的对比要远比这里与那里的对比重要得多。

到我坐下来开始写《从仪式到纪录》时，我为第一种对比（现在与历史）感到激动不已，但是我却不想完全地放弃对第二种（这里与那里）的探索。这就解释了为什么一本关于现代体育本质的书会包含讨论棒球、橄榄球，以及美国人偏好团体体育而不是个人体育的倾向的章节。

在差不多27年之后再一次回顾，我始终相信，棒球和橄榄球都融合了现代以前以及现代的特征，能够告诉我们一些关于美国文化的东西。我没看到任何理由需要撤回我当初对这两种体育项目的解释。然而，我现在的确对当时想当然地利用文学来充当我论据的一个来源表示怀疑。杰克·贝里曼（*Jack Berryman*）在《美国历史评论》（*American Historical Review*）中很鄙夷地评论我这本书，对他所称之为的“虚构性文学人物”[1]表示了强烈的反对。

我希望，在最近体育研究中的“语言转向”〔1〕(*Lingustic Turn*）之后，利用文学不再是一个问题了，并且我关于马克·哈里斯、罗伯特·库弗和其他小说家的简单讨论也不再使要求“事实”[2]（*Facts*）的读者感到失望了。然而，我必须承认苏珊·比勒尔（*Susan Birrell*）对“个人体育项目与团体体育项目的比较”那部分内容的评论是对的。在替国际体育社会学委员会期刊（*ICSS Bulletin*）评论此书时，她认为该章节在方法论上有很大缺陷。[3]我曾读过许多心理学家尝试将体育偏好与人格类型相联系的文章。我得出这样的结论，他们在几十年前的尝试都是可笑的失败。基于心理学家毫无希望的且自相矛盾的结论，人们至多可以说，那些被团体运动所吸引的人们在自主分量表中要比那些偏好个人运动的人所得的分数更低些。没什么了不起。不过，尽管我已经意识到了这一点，我还是使用了那令人不怎么满意的结果并查看了美国与欧洲团体运动和个人运动的参与情况。不幸的是，可用的调查都不是在同一时间做的，而且他们也没有一整批可比的样本。我对体育的分类有些主观任意（我将体操归为个人体育项目，体操是精英层次的，但也许并不是娱乐层次的）。从文学中寻找更多的资料来支撑我那摇摆不定的论据时，我发现欧洲小说家倾向于描写个人体育运动

〔1〕 语言转向是用来标识西方20世纪哲学与西方传统哲学之区别与转换的一个概念，即集中关注语言。20世纪西方哲学的一个显著特征，语言不再是传统哲学讨论中涉及的一个工具性问题，而是成为哲学反思自身的一个起点和基础。

而美国小说家则是集中于描写团体运动。最后，我间接表明，在我们自认为比欧洲人要更为个人主义时，我们美国人其实迷惑了我们自己。我现在仍然相信在我们吹嘘“美国个人主义”时我们迷惑了我们自己，但是第六章并未对此进行印证。幸运的是，《从仪式到纪录》很大部分是基于前三章而不是后三章来评判。

二

现在我们进入正题。回到*1977*年，我最想做的事情在前三章中已经做到了。我设计了一个模型，以此来区分现代体育的形式——结构特征，我提出了这些特征是以什么样的方式出现，或者未出现在体育的早期时代。为此，我觉得我需要一个有效的体育定义。在完全否定路德维希·维特根斯坦关于这样一个定义的不可能性的论断之后，我继续深入并作出了一系列探索性的区分。我将体育作为竞赛的一个子范畴，而竞赛是有组织的游戏的子范畴，进而有组织的游戏又是游戏的一个子范畴。我将以上所做的区分用一个倒树形图的方式呈现。这些区分将我带至了一个韦伯式理想型定义，体育是本身具有目的的身体竞赛。[4]令我高兴的是很多学者接受了这一定义，并认为其可行。但是遗憾的是很少有学者认同既有非竞争性游戏也有竞争性游戏的观点。我那时认为现在也仍然认为，这是布莱恩·萨顿·史密斯忽略的很重要的一个方面，并且其他人类学家也错误地断言，有些文化中根本没有游戏。萨顿·史密斯认为所有游戏都是竞赛，这要比他所研究的那些关于文化的资料要透漏更多关于文化的信息。

在我仍然相信我的定义是很有用的时候，女性学者很适当地将注意力集中到了我那含蓄的假定，“本身具有目的的身体竞赛”的原型几乎都是男人的体育，即大部分是男人搞的体育项目。我并不这样认为，例如，缝被子比赛和缝衣服比赛是体育项目。这是乔德纳·德里森（*Jodella Dyreson*）在一篇关于*19*世纪早期德克萨斯州体育活动的文章带给我的最有力的一点。[5]

应用我那有用的但是很不幸却是以男性为中心的一系列定义，我试图在第二章阐述现代体育的本质。在我很早开始研究体育历史以前，我就已经熟知了一些现代化理论的权威性著作——例如丹尼尔·勒纳（*Daniel Le-*

rner）的《传统社会的消逝》（《*The Passing of Traditional Society*》）和理查德·*D*·布朗（*Richard D. Brown*）的《现代化》（《*Modernization*》）。[6]在我写《从仪式到纪录》时，这些著作并未在我脑海中占据首位，“现代化”这一术语也并未出现在本书当中。当时这一标签非常合理，我接受了，因为我那时坚信并且现在仍然坚信，现代以前的世界和现代世界这两种之间存在着很大的区别。*19*世纪和*20*世纪最伟大的社会理论学家——卡尔·马克思、斐迪南·滕尼斯、爱弥儿·涂尔干、马克斯·韦伯、塔尔科特·帕森斯、罗伯特·埃利亚斯——所有人都意识到了现代以前与现代的基本区别。当然，这些社会理论学家对现代性的概念化和评估方面各有不同，但是他们都认为现代性与现代以前的东西有着本质的区别。倘若韦伯式“理想型”的传统体育与现代体育之间真的存在着明显的对比，那么从前者向后者的过渡可以很合理地被描述成为现代化的一个实例。[7]*19*世纪与*20*世纪早期的社会学历史，很大程度上，是连续不断地尝试描述和阐释穿越时间与空间的社会文化的不同之处的历史。中世纪的君权神授与现代的以维护大多数人利益的立法之间的对比，就好像是文字社会之前部落的神圣等级制度与现代社会的科层机构之间的对比一样，区别太大了，我们不可能予以忽略。有多种术语曾被用来分析这种对比。马克思写过封建主义与资本主义、滕尼斯的社区与社会、涂尔干的机械团结与有机团结、韦伯的传统社会与现代社会、帕森斯的社会组织的特殊形式与普遍形式、埃利亚斯的从“不文明”行为到“文明”行为的过渡。他们的“宏大叙事”（*Grand Narrative*），当然，仅仅是最为著名的概念（并且很明显他们的思想要远比那几个短语所能暗含的更为微妙与复杂）。我并没有将他们中的任何一种理论当成是绝对的真理，但是我也并没有被后现代主义者所说服，他们认为“巨型理论”（*Grand Theory*）等同于谬论。

不幸的是，现代化理论受到了冷遇。在详细描写“后现代时期的体育历史著作”时，科林·豪威尔（*Colin Howell*）声称，现代理论“臭名昭著”（*Widely Discredited*）。[8]尽管那些拒绝现代化理论的人几乎都没有觉得有责任表明一下他们之所以拒绝的理由，那么让我来总结并回应一下他们的批判。[9]他们的批判通常是基于现代化理论所声称的关于现代化的不可避免、普遍存在和可取之处的简单设想。米歇尔·福柯（*Michel Foucault*）在其极具影响力的历史不连续性的研究中特别批评了这种设想。因为我仍然相信现代化是一种有效的和启发性的概念，所以我现在想要做一些澄清和告诫。

尽管我现在仍然不能想出任何要比每个历史学家都认可的基本转变更为有效的方式，但是现代化模式有着不可否认的缺陷。很明显这一模式太过抽象，以致于它不可能能够解释广阔的历史全景中的每一个细节。它很容易被误解为，我们观察到的每一个变化都是一些无变化的不可避免的历史进程中的一个部分，是必不可少的，每一个变化、每一个变化的每一个方面，以及每一个社会都是以完全相同的方式依照着预先注定的计划在转变着。更重要的是，现代化理论被误用为伦理评判的一个简易工具——就好像是现代方式不知为何既是超越了传统习俗的一种科技进步，同时又是一种道德伦理一样。理查德·*D*·布朗很明智地告诫过我们不要轻信这种自以为是的设想：

> 作为一个建构性的概念，“现代化”与西方社会主要进程这一历史进程的老观点有些相似……但是……现代化的概念并不意味着不可避免性甚或是必要的改进。科技发展、复杂化、专业化和理性化并不一定会产生一个更好的、更公正的、更人道的，或者是更为令人满意的社会。[10]

换句话说，我们这些经历过20世纪的人有理由在考虑现代化好处的同时想想它相反的效果。有毒的废物垃圾、核灾难与激光手术以及电子通信一样是现代性的一部分。

倘若以上的限定条件和告诫并不是针对现代化理论批判的一个合适的回击，那么我们可以将这些批判由劣势变为优势：有将过去与现代的区别概念化的更好的方式吗？在体育领域，有更好的方式来理解中世纪可自由参加的民间运动与全球直播的世界杯之间的对比吗？正如皮特·斯特恩斯（*Peter Stearns*）很久以前在一次关于现代化概念的史学优势与劣势的展望会上评论说：“对这种方式的不满意要比条理分明地评论，或者是展示另一种方式更有意义些。”[11]

简而言之，尽管现代化概念很容易被误解和歪曲，但是我仍然认为它要比后现代主义更为有效，后现代主义目前在曾被称之为社会科学的领域非常流行。关于历史事实的一个不完美的、公认的选择性的解释似乎偏向于这一惊人发现，绝对真理是不存在的。

三

然而，现代化理论的可行性并没能使我对它的独特应用免受批评。有一群批评家指责我未能理解和欣赏马克思主义和新马克思主义对体育研究的贡献。这一批评的确有其正当性。我是在1972年至1977年间为本书做的研究。我读了大量的东欧社会主义的作品。那时是冷战最为严峻的时期之一。前民主德国、波兰和前苏联的体育历史学家和体育社会学家忙于生产一书架一书架的书和文章，那时对我来说——并且现在仍然是——他们的简化论几乎到了幼稚的地步。他们声称，所有体育都是生产工具的一种功能。资本主义之下的体育是民族主义的、军事主义的和具有剥削性质的。而在共产党庇护之下的体育则是国际的、和平的和人道的。

倘若我在1977年没能欣赏一个马克思主义——即一个唯物主义——对现代体育的阐释，那么其中一个理由是对体育最为深奥微妙的唯物主义分析，那时还没有出炉。理查德·格鲁尼奥（*Richard Gruneau*）的《阶级、体育和社会发展》（《*Class*，*Sport*，*and Social Development*》）出版于1983年；约翰·哈格瑞夫（*John Hargreaves*）的《体育、权力与文化》（《*Sport*，*Power*，*and Culture*》）出版于1986年。[12]当这些书以及与它们相似的书出版之后，我很严肃认真地对待它们并试着改正我在《从仪式到纪录》中对物质因素的相对忽略。我在《游戏与帝国》（《*Games and Empires*》）对安东尼·葛兰西（*Antonio Gramsci*）思想的采用或许显得不够专业，但这至少是一次比我在《从仪式到纪录》对社会阶级概念所做的要更为充分的一次尝试。然而，我的确想要坚持，《从仪式到纪录》从未想要成为一本关于社会阶级与经济力量的书。它主要是一本关于现代以前体育和现代体育的形式——结构特征的书。在27年之后，对于我而言，马克思主义仍然是有很多关于社会阶级和经济力量的内容，但是却极少有关于形式——结构特征的内容。

然后是新马克思主义。在20世纪60年代和20世纪70年代早期，有一群法国和前联邦德国学者利用马克思和弗洛伊德的思想来谴责所有的现代体育，不管是东方的还是西方的。他们指出，体育和在其形式——结构特征之下工作毫无区别。在尤里克·珀克（*Ulrike Prokop*）的精确判断中，

“体育是资本主义制度下扭曲了的游戏形式。”[13]这一批评要远比正统的东欧马克思主义者的简化论分析更为复杂，但这一批评那时对于我而言——现在仍然如此——是夸张到了自我讽刺的地步。然而，回顾一下，我意识到我应该对他们夸张的批评更为耐心些才对。他们对现代体育猛烈攻击的猎枪有时候正中要害。例如，贝罗·里戈尔（*Bero Rigauer*）的《体育与工作》（《*Sport und Arbeit*》，*1969*）要先于并在一定程度上启发了约翰·霍伯曼（*John Hoberman*）意义深远的《致命引擎》[14]（《*Mortal Engines*》，*1992*）。（顺便提一下，对阿兰·英厄姆（*Alan Ingham*）以及其他指责我“对马克思主义有一种个人的厌恶”[15]的人，我必须指出我的确有将里戈尔的书翻译成英文，并安排哥伦比亚大学出版社将其出版。[16]）

尽管《从仪式到纪录》主要是描述性的，但我的确——非常试探性的——讨论了起源的问题。相当难以置信地拒绝了马克思主义认为现代体育是工业资本主义的产物的断言之后，我为我将起源描述成为理想主义者的解释的猜想而辩解（当批评家们真的被我惹恼了的时候，他们称我为理想主义者）。下面两句话是对我的观点最为简明的阐述：

> 现代体育的出现既不代表资本主义的胜利也不代表新教的兴起，而是代表着一个实践的、实验的、数学的世界观的缓慢发展。英国早期领导工业化与现代体育的发展，与新教伦理及资本主义精神的关系要小一些，而与知识革命的关系则更加密切，这场知识革命是以艾萨克·牛顿（Isaac Newton）和约翰·洛克（John Locke）为代表，以英国皇家学会（Royal Society）为制度基础……英国皇家学会以科技的发展为目的……[17]

紧跟着那两句话之后，我承认了哲学家汉斯·伦克和历史学家赫宁·埃克伯格的影响，他们二人都对现代体育的起源有过类似的见解。尽管我是在我研究的尾声阶段才发现的埃克伯格的第一本书及其早期文章，但这真的是一次重要的发现。[18]（对于那些拒绝德国社会学家的人，我会推荐看《身体文化》（《*Body Culture*》），是一本埃克伯格后期文章的文集，里面包含有约翰·贝尔（*John Bale*）和苏珊·布劳内尔（*Susan Brownell*）对埃克伯格的精彩分析。[19]）为回应那些认为我没能充分地承认埃克伯格思想的人，我也应该补充，埃克伯格的著作《成绩、兴奋、速度》（《*Leistung*，

Spannung，*Geschwindigkeit*》，1978）是在《从仪式到纪录》出版之后不久发行的。[20]

四

对于理论来说，我上面已经谈得足够多了，或许是远远足够了。《从仪式到纪录》的批评家们同样也试图通过反例证的方式来反驳我的论证。批评家们认为，倘若能够找到现代以前社会的量化和体育纪录的例子，我关于现代量化体育纪录的独特性能够被驳倒。对量化和体育纪录的反例证的猎取可谓是相当活跃，而猎人们也声称他们成功了。下面我们来看看他们的猎物袋。

沃尔夫冈·德克尔（*Wolfgang Decker*）在其关于古埃及体育的研究当中表示，埃及第十八王朝的法老们创下了箭术纪录，当时他们每个人都声称要比其前任射穿更为厚的金属目标。[21]这当然看起来似乎是埃及人有量化体育纪录的概念，但是德克尔的辩论中至少有两个问题。第一个问题是法老们的箭术表演很明显是一个特殊现象；第二个问题是法老们不太可能做到像他们的文士所声称他们做到的那样。当我们阅读一个石碑上的文字时，我们会发现，图特摩斯三世（*Thutmosis III*）拉开弓，其射出的箭“一瞬间”杀死了120头牛和7头狮子，至少我们怀疑其夸张是很正确的。法老们的表现或许应该归为宣传而不是体育史。

大卫·扬（*David Young*）相当令人信服地表示，当每一个运动员都试图超越其对手，并声称其是在一系列比赛项目中是第一个胜利的人时，希腊人是被量化体育纪录的意识所驱动。[23]例如，雅典的潘塔科斯（*Pantakles of Athens*）曾夸耀说，他是第一个在连续两届古奥林匹克运动会赢得运动场跑步比赛（*Stade Race*）冠军的人。扬的文章绝对是相当令人信服的，但是他一点也没有必要说服我承认希腊人的思想与行动是一致的。在《从仪式到纪录》中，我已经承认了这一点：“职业运动员们经常吹嘘说他们是在7个不同运动会上获得7次冠军，或是在某次著名的运动会连获3次冠军的第一人。这类的评价方式与现代传记后的一连串数据附录还相差甚远，但是这是量化的第一步。”[24]我在书中已经关注了这样的事实，却被人忽略了，这是相当烦人的。

我对迪特里希·兰芭（*Dietrich Ramba*）的回应和我对扬的回应是一样的。除了一些令人很是怀疑其真实性的传奇性数字之外，[25]兰芭还引用了例如狄奥克勒斯这样的罗马战车手的量化成绩来驳倒我古代体育从未被量化这一主张。[26]这里的问题是我从来没有做过兰芭想要驳倒的那一主张。我不仅承认战车赛曾被量化；而且我量化的主要例子就是同一个战车手，即狄奥克勒斯。

兰芭的文章使我很恼火，但是乔基姆·鲁尔对我主张中世纪马上比武缺乏量化的驳斥就让我只有欣赏的份了。[27]鲁尔深入调查档案库，并发现了传令员用来计分的马上比武的票证。并且他们的确有计分。多亏了鲁尔不辞艰辛的工作，研究中世纪马上比武比赛的所有历史学家要比我在*1977*年所知道的更多。

现代体育的一个或是一个以上的特征在古代或是中世纪出现能使我在《从仪式到纪录》中的论证全部站不住脚吗？倘若真是这样的话，那么在我将我的论证简缩成表格的时候我就太过于疏忽了。第二章结尾时的那张表格很清楚地表明，除了我所列出的*7*大特征中的两个之外，所有的特征都——至少是间歇地——出现在了古希腊体育当中，并且是除了一个特征之外，所有的特征都——至少是间歇地——出现在了古罗马体育当中。然而，在同一页，我提出这种间歇性的出现是不够的。现代体育的特征在系统上是相互影响相互作用的。换句话说，它们是无处不在的（倘若不是普遍的）世界观的一部分。孤燕不报春，*5*个法老并不能足够预料整个现代体育。很后悔我没有更加强调这一观点。

我也很后悔没能在《从仪式到纪录》中讨论文艺复兴时期的体育。我这一缺陷部分是约翰·麦克兰德（*John McClelland*）的作品告诉我的，特别是其在两个文集当中的文章：《文艺复兴时期现代体育的开始》（《*Die Anf·nge des modernen Sports in der Renaissance*》）与《仪式和纪录》（《*Ritual and Record*》）。[28]尽管我并不赞成麦克兰德的主张，他认为文艺复兴时期的体育被量化了并且我们能从它们中看出对纪录的追求这一预兆，然而直接从中世纪跳跃到了早期现代时期是我的错。倘若赫宁·埃克伯格的《成绩，兴奋，速度》能在*1976*年出版，而不是*1978*年，那么我或许会受到启发来分析文艺复兴时期的马上长矛比武选手和击剑者。例如，我那时或许会写——如同我后来在《体育观众》（*Sports Spectators*）和《体育中的性欲》

(*The Erotic in Sports*) 中一样——有关于骑士斗争的美化和击剑者距离的几何学研究。[29]如果我那样做了，如果我在1977年的分析中有讨论文艺复兴，那么并不是出于我本意的直线进化的暗示可能就可以得到避免。那时我在后现代主义者的眼中就可能会稍显得不那么愚昧无知一些，他们从米歇尔·福柯那里了解到历史——或者宗谱——一系列的迂回曲折、起起伏伏。在一个世纪的最后一个季度中，体育史的研究同样有其迂回曲折。《从仪式到纪录》似乎对他们中有些人还是有些用处，这令我很是欣慰。

NOTES

An earlier version of this essay appeared in *Sport History Review* 32, no. 2(2001): 2 – 11. It was accompanied by four essays that criticized *From Ritual to Record* from four different perspectives: Colin D. Howell's "Of Remembering and Forgetting: *From Ritual to Record* and Beyond"(12 – 18); Douglas Booth's "*From Ritual to Record*: Allen Guttmann's Insights Into Modernization and Modernity" (19 – 27); Susan Brownell's "The Problems with Ritual and Modernization Theory, and Why We Need Marx: A Commentary on *From Ritual to Record*"(28 – 41); and Gerd von der Lippe, "Sportification Processes: Whose Logic? Whose Rationality?"(42 – 55). This issue of the *Sport History Review* also included my "Laconic Response" to these criticisms (56 – 57).

1. Jack Berryman, review of *From Ritual to Record*, *American Historical Review* 84 (April 1979): 429. Berryman concluded that apart from this ill-advised use of literary sources, the book had nothing new to contribute to sports studies.

2. A recent issue of *Sociology of Sport Journal* was devoted to autobiography and fiction; see *Sociology of Sport Journal* 17, no. 1 (2000).

3. Susan Birrell, review of *From Ritual to Record*, *ICSS Bulletin* (November 1978) 8 – 9.

4. Max Weber, *Wirtschaft und Gesellschaft*, 2 vols. (1920; reprint, Cologne: Kiepenheuer & Witsch, 1964): 1:15.

5. Jodella K. Dyreson, "Sporting Activities in the American-Mexican Colonies of Texas, 1821 – 1835", *Journal of Sport History* 24, no. 3 (Fall 1997): 269 – 84; see also

Linda J. Borish, "'A Fair, Without *the* Fair, is No Fair at All,'" *Journal of Sport History* 24, no. 2 (Summer 1997): 155-76.

6. Daniel Lerner, *The Passing of Traditional Society* (Glencoe, Ill.: Free Press, 1958); Richard D. Brown, *Modernization* (New York: Hill and Wang, 1976).

7. Having read Eric Hobsbawm and Terence Ranger, I understand very well that the term "tradition" is problematic; see their *The Invention of Tradition* (Cambridge: Cambridge University Press, 1983). Some of my critics have observed that some traditional sports have survived into modern times. I never doubted this any more than I have doubted the survival of fundamentalist monotheism in our allegedly secular age. Some critics have observed that there are many different kinds of traditional sports. Indeed there are. That, in fact, was one of my points. The devotees of traditional sports prize them for their uniqueness. The players of Japanese *Kemari* do not want their game to become more like soccer or any of the other "football codes".

8. Colin D. Howell, "On Metcalfe, Marx, and Materialism," *Sport History Review* 29. no. 1 (May 1988): 100; see also Colin D. Howell and Christopher Fletcher, "Modernization Theory and the Traditional Sporting Practices of Native People of Eastern Canada," *Journal of Comparative Physical Education and Sport* 10, no. 2 (1997): 79-84.

9. For a more detailed response, to which I subscribe, see Melvin L. Adelman, "Modernization Theory and Its Critics," in *Encyclopedia of American Social History*, ed. Mary Kupiec Cayton, Elliott J. Gorn, Peter W. Williams (New York: Scribner's, 1993), 347-58.

10. Brown, *Modernization*, 19.

11. Peter N. Stearns, "Modernization and Social History," *Journal of Social History* 14, no. 2 (Winter 1980): 189.

12. Richard Gruneau, *Class, Sports, and Social Development* (Amherst: University of Massachusetts Press, 1983); John Hargreaves, *Sport, Power, and Culture* (Oxford: Polity Press, 1986).

13. Ulrike Prokop, *Soziologie der Olympischen Spiele* (Munich: Hanser Verlag, 1971), 21.

14. Bero Rigauer, *Sport und Arbeit* (Frankfurt: Suhrkamp, 1969); John Hoberman, *Mortal Engines* (New York: Free Press, 1992).

15. Alan Ingham, review of *Games and Empire*, *Sociology of Sport Journal* 14 (1997): 305.

16. Bero Rigauer, *Sport and Work*, trans. Allen Guttmann (New York: Columbia University Press, 1981).

17. Allen Guttmann, *From Ritual to Record* (New York: Columbia University Press, 1978), 85.

18. Eichberg later joined Richard Mandell and me as one of the Three Bad Guys in a book of critical essays: Arnd Krüger and john Marshall Carter, eds. *Ritual and Record* (Westport, Conn.: Greenwood Press, 1990).

19. Both essays appear in John Bale and Chris Phil, eds. *Body Culture* (London: Routledge, 1998).

20. Henning Eichberg, *Leistung, Spannung, Geschwindigkeit* (Stuttgart: Klett-Cotta, 1978).

21. Wolfgang Decker, *Sport und Spiel im Alten Aegypten* (Munich: C. H. Beck, 1987), 63 – 67.

22. Wolfgang Decker, *Quellentexte zu Sport und Körperkultur im Alten Aegypten* (Sankt Augustin: Hans Richarz, 1975), 50.

23. David C. Young, "First with the Most," *Nikephoros* 10 (1996): 1 – 19.

24. *From Ritual to Record*, 50.

25. For example, the fifty-five-foot long jump of phayllos of Kroton.

26. Dietrich Ramba, "Recordomania in Sports in Ancient Greece and Rome," in *Ritual and Record*, ed. Arnd Krüger and John Marshall Carter (Westport, Conn.: Greenwood Press, 1990), 34.

27. Joachim K. Rühl, "Measurement of Individual Sport-Performance in Jousting Combats," in *Actas del Congreso Internacional ISHPES*, ed. Roland Renson, Teresa Gonzalez Aja, Manfred Lämmer, and Roberta Park (Madrid: Institutuo Nacional de Educación Fiscica de Madrid, 1993), 226 – 37.

28. John McClelland, "Einleitung," in *Die Anfänge des modernen Sports in der Renaissance*, ed. Arnd Krüger and John McClelland (London: Arena Publishers, 1984), 9 – 18; John McClelland, "The Numbers of Reason: Luck, Logic, and Art in Renaissance Conceptions of Sport," in *Ritual and Record*, ed. Arnd Krüger and John Marshall Carter (Westport, Conn.: Greenwood Press, 1990), 53 – 64.

29. One of Eichberg's seminal essays may already have been in print, but I had not yet discovered it when I began to write in January 1977: Eichberg, "Geometrie als Barocke Verhaltensform," *Zeitschrift für Historische Forschung* 4 (1977): 17 – 50.

中英文对照

Aaron, Henry　亨利·亚伦
Achievement principle　成绩原则
Adonis　阿多尼斯
Adorno, Theodor　西奥多·阿多诺
Aggression　攻击
Alienation　异化
Ali, Muhammad; see Muhammad Ali　穆罕默德·阿里
Alpine Club　伦敦登山俱乐部
Amateur Athletic Union, American; British; Japanese　业余田径联合会
Amateur Swimming Association　业余游泳协会
Amateurism　业余主义
Angell, Roger　罗杰·安吉尔
Anne, Queen　安妮女王
Anson, Cap　安生队长
Antiaircraft defense as sport　对空防御(运动项目)
Aphrodite　阿斯洛狄忒
Apollo　阿波罗
Archery　射箭
Archimedes　阿基米德
Aristotle　亚里士多德
Arts, in relation to play　技术(与游戏有关的)
Ashe, Arthur　亚瑟·阿什
Association for Intercollegiate Athletics for Women　大学校际女了体育协会
Augustus　奥古斯都
Authoritarianism　专制主义
Autonomy　自主
Auto racing　赛车
Badminton　羽毛球
Ball playing, Mayan – Aztec　玛雅人(Mayans)和阿芝特克人(Aztecs)的球类游戏
Bancroft, George　乔治·班克罗夫特
Bannister, Roger　罗杰·班尼斯特
Barclay, Alexander　亚历山大·巴克莱
Barthes, Roland　罗兰·巴特
Barzun, Jacques　雅克·巴尔赞
Baseball　棒球
Basketball　篮球
Beamon, Bob　鲍勃·比蒙
Bear – baiting　逗熊游戏
Beckenbauer, Franz　弗兰茨·贝肯鲍尔
Beisser, Arnold　阿诺德·贝尔赛
Belmont, Oliver H. P.　奥利弗·H.·P·贝尔蒙
Bergmann, Gretel　葛瑞朵·贝格曼
Berkowitz, Leonard　欧纳德·伯考维茨
Berry, Elmer　埃尔默·贝利
Besson, Colette　科莱特·贝松
Best, George　乔治·贝斯特
Bicyclists Union, British　自行车手联合会,英国
Black, W. O.　W·O·布莱克
Blackmun, Harry　哈里·布莱克门
Black Sox　黑袜事件
Blind man's bluff　瞎子抓人
Boating　划船

Rugby Football League　英式橄榄球联盟
Rugby Football Union　英式橄榄球联合
Running　跑步
Russell, Bill　比尔・拉塞尔
Ruth, Babe　贝比・鲁斯
Scheler, Max, vii　马克斯・舍勒
Schiller, Friedrich　弗里德里希・席勒
Scientific world - view, as explanation for modern sport　科学世界观,解释现代体育
Scipio Africanus　非洲征服者西庇亚
Scott, Jack　杰克・斯科特
Seagroe, M. V.　M・V・斯格尔
Secularism, as characteristic of sports　世俗主义,作为体育的特征之一
Sexuality　性爱
Shaw, George Bernard　乔治・萧伯纳
Shaw, Irwin　欧文・肖
Sheard, Kenneth　肯尼斯・谢尔德
Shintoism　道教
Shooting　射击
Shotputting　掷铅球
Shuffle board　沙壶球
Sillitoe, Alan　阿兰・西利托
Skiing　滑雪
Smith, Michael D.　麦克・史密斯
Soccer　英式足球
Socialism　社会主义
Socrates　苏格拉底
Softball　垒球
Spalding, Albert G.　阿尔伯特・G・斯伯丁
Spear - throwing　掷长矛
Specialization, as characteristic of sports　专业化,体育的特征之一
Squash　壁球
Stade, George　乔治・施塔德
Stagg, Amos Alonzo　爱默斯・阿隆佐・史塔哥
Steelers, Pittsburgh　匹兹堡钢人队
Stengel, Casey　卡西・史丹格尔
Stones, Dwight　德怀特・斯通斯
Strutt, Joseph　约瑟夫・斯图特
Sublimation　升华
Suits, Bernard　伯纳德・休茨
Sullivan, John L.　约翰・L・沙利文
Sumo wrestling　相扑
Sutton - Smith, Brian　布莱恩・萨顿 - 史密斯
Swimming　游泳
Swinging　秋千
Table tennis　乒乓球
Ta Kurt om el mahag　朝圣者母亲的球
Tammuz　塔姆兹
Tarkenton, Fran　法兰・塔肯顿
Team sports, contrasted to individual sporls　团体运动,与个人运动相对比
Technology, as explanation for baseball ′s popularity　科技,解释棒球的流行性
Tennis: court, 30; lawn　网球,室内网球,草地网球
Theagenes of Thasos　萨索斯的特阿根尼
Thoreau, Henry David　亨利・戴维・梭罗
Thorpe, Jim　吉姆・索普
Throwing clubs as sport　以高尔夫球棒击目标
Tilden, William　威廉・蒂尔登
Tocqueville, Alexis de　阿历克斯・德・托克维尔
Tennies, Ferdinand　斐迪南・滕尼斯
Top spinning　玩陀螺
Tourescheva, Ludmilla　柳德米拉・图里谢